大学歳時記

山田耕路

Yamada Koji ● Watanabe Tetsuji

渡辺哲司

海鳥社

装画・久冨正美

はじめに

　平成17（2005）年8月に学生向けの教育書『大学でどう学ぶのか』を、平成18年9月には教職員向けの『大学教育について考える』を出版した。これらの書物は大学法人化や大学評価の流れのなかで、大学教育を円滑に実施するための情報を提供するために出版したものである。本書は、『大学教育について考える』の続編であり平成18年における教育担当副学長業務を紹介することにより、教育関連業務に関する情報と今後の教育改革のオプションを提供することを目的として執筆した。
　第1章から12章までの内容は、この1年間に実施した主な業務の記録である。大学の教育業務に限らず、多くの人達は毎年同じ時期に同じような業務を行っているものである。ここでは各月に行われる業務を示すことにより、1年間を通した業務計画の作成に寄与することを目標とした。年間を通して繰り返し現れる業務については、まとめて記載することが望ましい。そこで、大学の組織、教育、修学支援について3つの章を設け、それぞれの章で関連事項を記載することとした。
　これらの副学長業務に関連して、小文を依頼されることが多い。そこで、本書に取り上げた項目に関連する小文を、本文中に再録して参考に供することにした。また、受験生雑誌に掲載した記事を、参考として巻末に再録した。
　本書では、情報の幅を拡げることを目的として、共同執筆をお願いすることとした。第16章および第17章は、九州大学アドミッションセンターに勤務する渡辺哲司氏により執筆されたものであり、私とは違った視点から大学入試および大学での学びに関する情報が書き込まれている。これらの章では、体裁を揃えるための修正をお願いしたが、同氏の個性を活かすために修正は必要最小限に留めることとした。
　大学の教員は、主として研究者教育を受けてきており、教育に関する正

式の訓練を受けた教員は少ない。それぞれの教員が、自分の経験を活かして学生教育を行っているのが現状である。本文中でも記載したが、大学の本務は教育であり、研究は教育を行うための素材である。教員の教育能力を向上させ、学生の資質を十分にひきだすためには、教育に関連するさまざまな情報を各教員に伝達する必要がある。本書は、私が執筆した3冊目の教育関連書であるが、これらの書籍が教育現場で活用されることを願っている。

　平成19年5月10日

山田耕路

目　次

はじめに　3

第1章　1月 ……………………………………………………………… 9
　役員会／部局長会議等・教育研究評議会／記者懇談会
　課程博士学位審査／センター試験／博士後期課程入試

第2章　2月 ……………………………………………………………… 21
　21世紀ＣＯＥ合同発表会／前期日程入試／入試問題の作成
　修士論文発表会／戦略的研究拠点育成事業
　21世紀ＣＯＥプログラムと専攻改編

第3章　3月 ……………………………………………………………… 34
　卒業論文発表会／後期日程入試／学士学位記授与式
　大学院学位記授与式／学会

第4章　4月 ……………………………………………………………… 43
　初任者研修／ハラスメント／入学式／平成18年度学士入学者
　平成18年度大学院入学者／伊都キャンパスの施設整備
　前期授業開始／新入生歓迎会／分野スポーツ大会／運営費交付金

第5章　5月 ……………………………………………………………… 61
　開学記念日／開学記念講演会／認証評価説明会
　九州地区大学体育協議会／専門職大学院コンソーシアム
　総長諮問会議／全国大学入学者選抜研究連絡協議会
　科学研究費補助金

第6章　6月　…… 77

農学部同窓会総会／「魅力ある大学院教育」イニシアティブ
九州地区国立大学合同進学説明会
九州地区国立大学・高等学校連絡協議会
研究次世代スーパースター養成プログラム／田島寮祭

第7章　7月　…… 89

前学期試験／サークル顧問教員会議
七大戦／キャリア支援センター／博士後期課程の在籍状況

第8章　8月　…… 97

夏季休業／平成18年度九州大学説明会／ハイレベル合宿
ＩＤＥ大学セミナー／学生後援会／博士前期課程入試

第9章　9月　…… 109

九州地区学生指導研究集会
伊都キャンパス寄宿舎オープニングセレモニー
ファカルティーディベロップメント

第10章　10月　…… 117

全国国立大学学生指導担当副学長協議会
「魅力ある大学院教育」イニシアティブ
理工農系九州地区合同シンポジウム

第11章　11月　…… 123

大学院共通教育／科学研究実施論
大学マネージメントセミナー／全国学生指導研究集会

第12章　12月 ……………………………………………………… 131

中国人民大学訪問／課程博士論文提出／課外活動
文化系サークル／体育系サークル

第13章　大学の組織 ……………………………………………… 144

学府・研究院制度／学部／大学評価情報システム

第14章　教育 ……………………………………………………… 154

教育憲章と学術憲章／企業が求める大学教育
経済同友会調査結果／経団連調査結果／九州大学調査結果
教育職員免許状

第15章　修学支援 ………………………………………………… 167

修学費等／日本学生支援機構奨学金／民間・地方公共団体奨学金
日本学術振興会による支援／キャリア支援室
学生生活・修学相談室

第16章　大学での学び、自立のための表現 …………………… 188

大学における学びのゴール／大学でものいう表現
「書くのが苦手」の研究／表現のトレーニング

第17章　ＡＯ入試のこころ ……………………………………… 206

ＡＯ入試を評価する視点／ＡＯ入試の発想と理念
ＡＯ入試のプロダクト＝入学者／ＡＯ入試現場の悩み
センセイたちの心得ちがい／ゴールは教育の改善

資料　大学に行こうとするキミに　227

第1章　1月

平成18年1月の主な日程

1月3日（火）食糧化学工学分野新年会
1月4日（水）仕事始め
1月6日（金）農学部授業開始、部局長懇談会、研究室新年会
1月10日（火）定例役員会
1月13日（金）七大学副学長懇談会
1月21日（土）・22日（日）センター試験
1月23日（月）定例役員会
1月24日（火）部局長会議等、教育研究評議会、記者懇談会
1月25日（水）外国人入試（27日まで）
1月26日（木）経営協議会
1月26日（木）・27日（金）生物資源環境科学府大学院入試
1月28日（土）日本農芸化学会支部総会
1月30日（月）農学部後期授業終了、定例役員会、学位記授与式、「あかでみっくらんたん」オープニング

　1月は年の始めであり、4月と並んで新たな目標を設定する月である。前年の実績に基づき、新たな発展について考える時期である。

　学生は、日記もしくは日誌の記載について考えて欲しい。これは、毎日の生活について考える習慣をつけるとともに、考えたことを表現するための訓練として非常に有効である。自分の頭で考える能力をつけるためには、毎日の努力の積み重ねが重要である。新聞、雑誌、ネット情報等から積極的に情報を収集し、それに対する意見を持つべきである。

　教職員にとっても、個人的な日誌、記録の作成は業務の遂行に有効である。大学業務の多くは毎年決まった時期に決まった作業を行うことが多く、前年の記録が残っておれば簡単に業務を終えることができる。決まりきった作業については、最終的に作成した書類のコピーを残しておけば十分である。作業が複雑になると、作業のプロセスに関するメモを残しておけば便利である。印刷物として保存すると大量の書類を残すことになるので、

電子ファイルとして保存し、必要に応じて印刷すると良い。前年1年間の作業記録をいつでも参照可能にしておくと、必要が生じるまでそれに関して考える必要がないので、目前の業務に集中することができる。

正月明けの最初の行事は、農学部食糧化学工学分野（旧食糧化学工学科）の新年会である。正月休みで帰郷する卒業生および近辺に在住する関係者が主として出席する。準備は修士課程1年の学生を中心に行い、卒後5年以内の卒業生に案内の葉書を出している。それ以前の年次の卒業生には、同窓会報などを通じて連絡している。以前は全員に連絡していたが、年次の古い卒業生で出席するメンバーは比較的固定しているので、新しい卒業生への連絡に絞っている。1月4日には職場復帰を考える卒業生が多くなるので、3日の12時より新年会を行い、1時間程度の交歓の後、各研究室に別れて新年会を行うのが通例である。

仕事始めは1月4日である。大学本部では、事務職員を集めて総長訓示が行われた後、記念写真の撮影を行う。勤務時間終了後、それぞれの部や課で新年会が行われる。12月の忘年会に続き、1月は新年会等で酒に親しむ機会が多い。寒気も厳しい折から、体調管理に注意すべき時期である。1月にはセンター試験が実施されるが、その実施に関係する教員は、特に体調管理に気を使う必要がある。

センター試験は、1月20日前後の土曜と日曜を使って行われる。九州大学は、本学のキャンパス、高校、予備校等の複数の試験場で行われるセンター試験の実施を担当する。本学の教職員は、試験実施本部、試験場実施本部、各試験場等で試験業務に携わる。試験の実施においては、間違いの無いこと、受験生に不利益をもたらさないことが重要である。また、センター試験は全国一斉に実施されるので、時間通りに行う必要がある。試験の実施にあたる教職員は、2日間にわたり集中力を維持する必要があるので、万全の体調で臨まねばならない。

九州大学「あかでみっくらんたん」は、伊都キャンパス内の九大工学部前バス停付近に建設された18坪（59,62㎡）、30～35人収容の建物である。自動販売機が設置され、弁当の販売や簡単な食事の提供も行う施設である。地ビールおよび九州大吟醸も販売され、その場で味わうことができる。学

生、教職員の憩いの場だけでなく、地域住民との交流の場としても活用していただきたい。

　1月下旬から3月にかけて、大学院入試が行われる。この入試は、博士後期課程の入試が中心であるが、博士前期（修士）課程の2次募集も一部で行われる。同時に、外国人留学生の入学試験も行われるが、外国人入試においては日本語の試験が実施される。

役員会

　定例役員会は毎週月曜日の午後に開催されることになっているが、総長の都合により日程が変更されることがある。役員会の正規の構成員は、総長、理事、監事であるが、総長特別補佐および事務職員を加えた拡大役員会として開催されることが多い。まず、役員会を開催して案件の審議を行い、拡大役員会で今後の大学運営に関する討議を行う。

　役員会では、総長の指導により、会議のペーパーレス化、審議時間の短縮が行われている。会議資料の大部分は電子ファイルとして事前配布され、会議中はノートパソコンおよび映写スクリーン上で閲覧することができる。準備が間に合わなかった書類のみが机上配布される。会議時間は90分を目安としているが、かなり活発な議論が行われるため、若干長くなることが多い。

　ペーパーレス会議を行うことのできる会議室は限られているので、多くの会議は資料を机上配布して実施されている。事前送信が可能な資料は委員に送信されているので、資料に目を通して会議に臨むことが出来る。

　大学が法人化された際、大学本部が主催する委員会を整理統合して委員会の数を減らすとともに、委員数の削減および会議時間の短縮が図られた。これは、総長の強いリーダーシップの元に行われ、各部局で指導的役割を果たしている教員の時間をできる限りとらないこととした。それによって、会議ののべ時間と人数が従来の半分以下となった。

　各部局においても、委員会の見直しを行うことにより、部局運営の効率化を図ることが可能である。国立大学法人化が行われて以来、現場の教職

員には新たな業務が付加され、その実行に追われているのが現状である。大学の教育研究を活性化するためには、その施策を考える時間的余裕が必要である。法人化以前の作業で廃止できるものは廃止し、統合できるものは統合し、業務の遂行に必要な時間を大幅に削減することが望まれる。

部局長会議等・教育研究評議会

　部局長会議等においては、将来計画委員会、大学評価委員会、教育審議会、セクシュアル・ハラスメント等防止委員会、部局長会議等が行われる。構成員は総長、理事、総長特別補佐、研究院長、研究所長、センター長等である。教育研究評議会では、さらに各学部の評議員が構成員に追加される。
　これらの会議は、各種委員会で審議された内容を最終的に確認する任務を有しており、大学運営に関する前向きの議論が行われる場としたいものである。しかしながら、審議すべき項目が多過ぎることから、大学運営に関する事項の執行部からの報告の場と化している感がある。重要な項目については、かなりの時間を費やして議論されることもあるが、必ずしも前向きの議論は行われず、執行部と部局の意見が平行線をたどることが多いのが残念である。
　教育関係では、部局の活性化が不可欠であり、大学教育の改革については部局長の理解が必要である。平成18（2006）年6月に高等教育機構が設置されて以来、教育関係の主要委員会は、学生委員会、教務委員会、全学ＦＤ委員会の3つとなった。これらの委員会には部局代表委員が出席し、種々の教育関連の案件について審議し、教育審議会や教育研究評議会に報告している。これらの3つの委員会は将来計画委員会等で決定された教育プログラムの実施を担当しているが、教育プログラムの改革自体を審議しようとすれば、各委員への部局長の信任が必要となる。その意味でも、執行部と部局長の効率的な情報交換システムが確立され、大学運営の改善に一致協力できる体制を固めることが望まれる。

記者懇談会

　教育研究評議会が終了した後、記者懇談会が行われる。この１ヶ月間に大学が作成した資料等が配布されるとともに、いくつかのトピックスに関する説明が行われる。トピックスについては、必ず説明資料を作成して配布することとしており、これには新聞記事に転用可能な100字程度の簡単な説明文と関連情報が記載されている。記事に関する説明は、総長、担当理事、事務職員等が行う。また、必要に応じて担当教職員が呼ばれ、説明を行っている。

　九州大学の弱点は、中央における知名度の低さである。全国紙に掲載される情報を発信することが、九州大学の知名度の向上に必要である。大学運営に関する基本的な情報は、プライバシーの保護が優先されるもの以外は公開することになっており、すべての情報は公開の対象となると考えておくべきである。不都合な情報を隠蔽してそれが発覚すると、大学の信用を大きく損なう結果になる。すべての情報を開示して信頼性を獲得するとともに、積極的な広報を行うことが大学の知名度の向上に寄与する。

　九州大学の情報がマスコミに取り上げられる頻度は上昇してきているが、中央の情報機関により取り上げられる頻度はまだ少なく、大学のブランド力は高いとはいえない状況である。このような状況を改善するため、大学本部では東京、大阪等の九州地区以外における情報発信を積極的に行っている。

課程博士学位審査

　課程博士の学位審査の申請書類は、１月に開催される教授会に提出され、審査委員会の設置が認められた後に実施される。生物資源環境科学府では指導教員（通常教授）が主査となり、少なくとも２名の副査とともに論文審査を行う。研究内容によっては、さらに１名の副査を加えることがある。他大学や他学府の教員に副査をお願いすることもあり、その際、資格審査

が必要となる場合がある。

　博士論文の審査は公開講演会での発表と審査委員会における質疑応答が中心である。論文提出者は約30分の講演の後、会場での質疑応答に答え、さらに別室での審査委員の質問に答える。審査委員は質疑応答が終了した後、主査が作成した審査結果報告書の修正を行い、学位授与の可否を判断する。

　私が担当してきた食糧化学研究室は、学府では生物機能科学専攻生物機能化学講座に属しており、この専攻には13の研究室が存在する。この専攻では、毎年10名以上の課程博士を輩出している。各審査委員会で審査を受けた学位論文は、専攻の学位審査会で審議され、審査結果報告書の再修正が行われる。2月の教授会に審査結果報告書が提出され、承認されると学位の授与が決定する。

　学位論文は、事務手続きが終了した後、国会図書館に送付される。この事務手続きに2週間程度を要する。学位審査の過程で主論文の修正が必要となった場合、論文提出者は必要な修正を行い、完成原稿を製本して差し替えを行うことができる。

　平成17年度までは、12月に事務に提出する学位論文も本製本して提出することが一般的であったが、平成18年度からペーパーホルダーに綴じた論文を提出可能となった。これまでも、本製本の時間的余裕が無い場合は仮綴じしたものを教授会で回覧していたが、これによってぎりぎりまで内容の修正を行うことができるようになり、学位論文提出者にとっては論文作成作業が若干楽になった。

　これまで、主査は教授に限定されてきたが、実際には助教授が博士論文の作成指導を行っている場合がある。大学によっては、助教授が主査を勤めることを認めているが、九州大学では部局により対応が異なっている。生物資源環境科学府では、平成17年度から資格審査を行った上で助教授が主査を勤めることが可能になった。それによって、有能な助教授が在籍している場合、定年退職等で教授が不在の研究室でも学位授与を円滑に行うことが可能となった。

　博士後期課程においては、学位授与率が大学評価項目の1つとして重要

視されている。われわれが学位を取得した時代は、博士号を取得するためには何らかの新規の発見を行う必要があったが、現在は独立して研究を行う能力を有することが確認できれば博士号を与えることが可能になっている。学府に在籍すべき年限も博士前期課程は1年以上、後期課程は2年以上となっており、最短では大学院に3年間在籍すれば博士号を取得することが可能である。実際は、博士前期課程の年限短縮は稀である。一方、博士後期課程においては、3年次に入ると研究が順調に進んだ一部の学生が学位論文を提出し、早期修了を果たしている。早期修了を行う学生は、ポストドクトラルフェロー（PD）や正規職員としての採用が内定している場合がほとんどである。

　学位授与基準の緩和が実施されていない一部の学府では、学位授与率が低く、学位を取得しないまま退学する学生や学位取得のため3年以上在学する学生が存在する。このような学府では、学位授与基準の見直しと状況の改善が求められている。

センター試験

センター試験日程

1月21日（土）	
9：30〜10：30	公民（現代社会、倫理、政治・経済）
11：15〜12：15	地理歴史（世界史A、世界史B、日本史A、日本史B、地理A、地理B）
13：30〜14：50	国語
15：35〜16：55	外国語（英語、ドイツ語、フランス語、中国語、韓国語）
17：40〜18：40	英語リスニング
1月22日（日）	
9：30〜10：30	理科①（理科総合B、生物Ⅰ、総合理科、生物ⅠA）
11：15〜12：15	数学①（数学Ⅰ、数学Ⅱ・数学A）
13：30〜14：30	数学②（数学Ⅱ・数学Ⅲ・数学B、工業数理基礎、簿記・会計、情報基礎知識）
15：15〜16：15	理科②（理科総合A、化学Ⅰ、化学ⅠA）
17：00〜18：00	理科③（物理Ⅰ、地学Ⅰ、物理ⅠA、地学ⅠA）

センター試験は1月中旬から下旬の土曜日および日曜日に実施される。寒気の厳しい時期でもあり、受験生にとっては体調維持に気を使う必要がある。センター試験の実施にあたっては、大学の教職員が試験監督、警備、事務処理等に従事するが、教職員も体調管理に留意する必要がある。誰しも休日出勤は好ましいものではなく、体調不良となった場合の後任補充は困難である。

　海外では、9月あるいは10月を入学時期としている国が多く、日本でも国際コースでは9月入学制をとっている。教育システムの国際化が重要視されているが、6月下旬に卒業し、9月下旬もしくは10月上旬に入学するシステムに改めれば、大学入試を現在の夏季休業期間中に実施することが可能となる。

　学生数が減少し、大学進学を希望するすべての学生が大学に入学できる時代に入ろうとしている現在、大学入試システムの抜本的な改革が必要になっている。約3ヶ月の期間があれば、受験生は十分に時間をかけて入学したい大学を選択することができる。また、大学も多彩な形式で学生を募集することができ、大学、学部、学府の育成目的を反映した入試を行うことが可能になる。

　センター試験の受験者は、全国では551,382名であり、昨年より18,568名（3.3％）減少した。九州・沖縄地区では、65,825名であり、3,870名（5.6％）減少した。福岡県は24,872名で、2,307名（8.5％）の減であった。九州大学では、10試験場で8,519名の受験生を担当した。

　平成18年に、英語にリスニング試験が初めて導入され、ＩＣプレーヤーを用いて実施された。各地でＩＣプレーヤーの不具合が発生し、当日および後日に再受験を受けた受験生がかなり存在した。九州大学が担当した試験場でも4名の受験生が当日再受験を行った。平成19年のリスニング試験では、機器の故障によるトラブルは少なかった様であるが、聞き取りにくいとの申し出があり、再開試験を行う必要が生じた。

　センター試験は、大学入学資格試験と個別試験の中間的な性質を持っており、その結果の利用については大学ごとに異なっている。センター試験において何科目の受験を義務付けるかについては、一時削減される傾向に

センター試験志願者の出願資格別分類

区　　　　分	志願者数（人） 2006	志願者数（人） 2005	比率（％） 2006	比率（％） 2005
高等学校等卒業見込者	426,025	421,830	77.3	74.0
高等学校等卒業者	119,246	141,554	21.6	24.8
その他	6,111	6,576	1.1	1.2
高等学校卒業程度認定試験合格者等	5,411	5,841		
高等専門学校第3学年修了者	312	325		
外国の学校（12年の課程）修了者	107	81		
在外教育施設（高等課程）修了者	154	163		
文部科学大臣の指定した者	65	62		
大学の個別入学資格審査により認定を受けた者	62	104		
合　　　計	551,382	569,950	100.0	100.0

あったが、最近は増加する傾向にある。センター試験を大学入学資格試験として取扱う場合は、可能な限り多くの科目を受験させることが好ましい。しかし、各大学が個別試験において高度な問題に対する回答能力を求めるのであれば、高校教育において多数の科目の受験に対応することは困難となろう。

　高校教育において、暗記中心や受験技術中心の教育が行われ、学習塾にほとんどの生徒が通わなければならない状況は、大学の入試制度、特に個別試験の難易度が高いことが原因となっている。高校生は、大学入試への対応に高校生活の大部分を費やし、個性を伸ばすための取組みに十分な時間を使うことができない状況にある。このようにして獲得した知識が、必ずしも大学での独創性の発露につながっていないことは問題であり、大学受験システムについて何らかの改善が必要となっている。

　現在の大学教育には、社会対応型の人材育成と次世代を担う創造力を有する人材の育成の両方が求められている。前者は、必要な知識を教え込むことにより、その目的を達成することができる。しかし、創造力に富んだ人材の育成においては、教育プログラム自身が学生の能力向上を阻害する場合がある。現在の大学教育は、教えることが中心であり、育むことが十

分に行われていないが、そのような大学を目指して勉学に励む学生達は知識の修得に汲々として、考える努力を払わない傾向にある。この傾向は、中学校および小学校へと敷衍され、独創性を育むことができないまま、大学に入学することになる。

　資源の少ない日本にとって、最も大きな資源は人材である。日本の科学技術は、製造技術においては世界で一流のレベルに達したものの、独創的な基本概念の構築には弱点を有している。このような状況を招いたのは、大学の教育システムが知識の獲得を通じて現場で戦力となる人材の育成を中心としたものであったことによる。大学入試を記憶力中心から創造力中心に切替えなければ、創造力あふれる人材を獲得して一流の研究者や社会的リーダーを育成することはできないであろう。

博士後期課程入試

　1月下旬から3月にかけて、博士後期課程を中心にした大学院入試が行われる。九州大学は、大学院重点化大学であり、大学院定員の充足が不可欠である。博士前期（修士）課程の充足率は、ほとんどの学府で高い数値が得られているが、博士後期課程の充足率は、目標値である定員の90％に達していない学府が多い。学府内でも、博士後期課程の学生がほとんどいない研究室と定員を大幅に超過している研究室が混在しており、学生受入数の適正化が大きな課題となっている。

　学生定員の充足状況は、認証評価および法人評価における重要な評価指標の1つである。基本的には、定員の±15％の充足率が適正範囲であり、90％以上の充足率が求められている。定員充足率は、課程ごと、部局ごとに評価されるので、各学府および専攻で90％以上の定員充足率を達成する必要がある。

　平成18年度の博士後期課程入試においても、学生定員充足状況はほとんど改善されず、主要大学で博士後期課程の定員充足率が大学全体で90％を下まわっているのは九州大学のみであることが明らかとなった。そこで、総長の指導により社会人学生を主な対象として、追加募集が行われた。そ

の結果、いくつかの学府で定員充足率が大きく改善され、大学全体として90％を大きく越える定員充足率が達成された。しかし、定員充足率が90％を大きく割り込む学府も残っており、今後も抜本的な改革に取り組む必要がある。

学生定員の充足状況や教育研究実績に関する評価は、部局毎に行われるだけでなく、下部組織である専攻単位でも行われる。専攻の設置は、設置審議会に付議して承認を受ける必要があり、そこで認可された教育プログラムは、特別の理由がない限り認可内容通りに実施しなければならない。特別の理由が生じた場合、再審査により修正を行う必要がある。大学院の教育プログラムを抜本的に改善するためには、専攻の再編が必要となることが多い。その際考慮すべきことは、専攻の整理統合により専攻のサイズを拡大することである。教員数や学生定員が少ない小さな専攻では、教員の役割分担や学生の希望に沿った教育プログラムの変更等の自由度が小さくなることが多い。専攻の統合は、機動的な学府運営および教育プログラムの改善を容易にするものと考えている。

博士後期課程の定員充足率を向上させるためには、学位取得者の就職率を向上させることが不可欠である。博士後期課程を修了して博士号を取得した学生のうち、ＰＤにも定職にもつくことができない学生がかなり存在する。この現状では、定員充足率の向上は困難である。九州大学では、学位取得者の能力向上および企業等への就職斡旋業務を行う組織として、平成18年度にキャリア支援センターを開設し、博士後期課程在学者および学位取得者への支援業務を行っている。また、博士前期課程の学生を主な対象として、大学院共通教育を平成18年度に開始した。ここでは、それぞれの専攻の教育で獲得する専門性に加え、学際性や社会性を付与するための講義および演習を実施している。このような、大学レベルでの学生支援体制の構築は博士後期課程学生の就職率向上に寄与することができるが、状況の改善に最も効果的であるのは各学府における教育プログラムの改善である。各学府が工夫をこらし、魅力ある大学院教育プログラムを策定することが抜本的な対応策となる。

博士後期課程に進学する学生の一部は、研究もしくは教育職につくこと

を希望しており、必ずしも企業への就職を望んでいない。この傾向は、文系学府への進学者や理学府のような基礎系の学問分野を選択した学生に顕著である。しかし、昨今の少子化により大学等の新設は期待できないので、教育研究職のポストが不足し、学位取得者の就職が困難になっている。幸い、国内でのＰＤ制度の充実により、多くの学位取得者が研究の機会と給与を得ているが、ＰＤの多くが安定したポストに就くことができず、任期が定められているＰＤ職を繰り返す事例が多くなっている。この状況は、新規の学位取得者がＰＤとして採用されることを困難にしている。キャリア支援センターは、ＰＤおよび新規学位取得者の就職支援を大きな業務の１つとしているが、これらの優秀な高度技能者を活用する新たな職種の創設も大学が行うべき重要課題の１つであると考えている。

第2章　2月

平成18年2月の主な日程

```
2月3日（金）21世紀ＣＯＥ発表会（北海道大学・九州大学合同開催）
2月3日（金）～16日（木）農学部後期試験
2月6日（月）定例役員会
2月13日（月）定例役員会
2月17日（金）部局長会議等、教育研究評議会、記者懇談会
2月20日（月）・21日（火）生物機能化学講座修士論文発表会
2月25日（土）・26日（日）前期日程入試
2月27日（月）農学部卒業予定者成績報告〆切
```

　2月は入学試験と卒業試験の月である。1月のセンター試験結果に基づき、受験生は志望大学を決定し、個別入試を受験する。九州大学では2月に前期日程入試を、3月に後期日程入試を行っている。いずれの試験においても、試験実施本部、試験場本部が設置され、各試験室では教員が試験監督にあたり、職員の一部も試験の実施に関与する。平成18（2006）年は、前期日程および後期日程入試の両方が土曜日および日曜日に実施されることになり、休日出勤の必要が生じた。

　学生の卒業に関連する業務も始まる。修士論文発表会が行われ、卒業予定者の成績報告締切が2月下旬から3月初旬に設定され、卒業認定が行われる。農学部の後期試験は2月上旬から中旬にかけて実施されるが、卒業予定者に対しては速やかに採点し、合否を報告する必要がある。研究室に配属された学生については、卒業論文、修士論文、教室ゼミに該当する単位等を間違いなく提出する必要がある。修士論文は成績報告締切前に発表会を行い、単位を認定している。卒業論文発表会は、研究室単位で行うことが多く、成績報告締切後に卒業論文発表会を行うこともある。私の研究室では、12月頃に実施した中間発表会と日常の研究姿勢を評価の対象として成績を出している。

　卒業論文および修士論文発表会は学生教育の仕上げにあたる。この後、

卒業論文および修士論文を作成させるが、原稿の添削・修正を行う時間は無いことが多い。したがって、発表スライドの作成および講演内容の手直しが最後の教育機会になる。九州大学の学生は発表力が弱いと言われており、解りやすいスライドと正確かつ理解しやすい講演内容の準備、聴衆を魅了する話術等を学生に教えることが肝要である。学生がすばらしい講演を行うことは、所属する研究室の評価を上げ、それを聞いた優秀な学生を研究室に引きつけることができる。優秀な学生を集めるためには、講義内容の充実だけでなく、修士論文の発表内容を充実することが効果的である。

21世紀ＣＯＥ（Center of Excellence）プログラムを獲得することは、大学の研究能力の評価の向上に寄与している。九州大学の獲得率は高いものではなく、全国で300件近くが認定されたなかで、9件を獲得したにすぎない。平成14年度に採択された4課題は平成18年度で終了したが、平成19年度以降に募集されるポストＣＯＥでは、採択件数を大幅に削減することが予定されており、継続して支援を受けるためには高い評価を受けることが不可欠である。

21世紀ＣＯＥの成果を公開するため発表会が行われるが、平成18年は北海道大学との合同で発表会を実施した。21世紀ＣＯＥの獲得は大学の個性を示すものであるが、このような大学間協力は大学の個性の伸長に大きく貢献することが期待される。

後期試験は2月の前半に行われる。卒業予定者については卒業認定を3月上旬に行う必要があるので、成績報告締切が2月末に設定されている。多くの学部では、4年次後期は卒業論文の作成が主な作業となっており、それ以外の単位を残している学生の数は比較的少ない。しかしながら、4年次後期に出すべき卒業単位は必ず残っているので、卒業予定者の単位報告を忘れないよう注意が必要である。

21世紀ＣＯＥ合同発表会

北海道大学と九州大学の21世紀ＣＯＥ合同発表会が「北と南から、日本が変わる、世界が見える」と題して、2月3日に東京経団連ホールにおい

北海道大学・九州大学21世紀ＣＯＥプログラム活動報告会

1）開会
2）主催者挨拶
　　中村睦男　北海道大学総長、梶山千里　九州大学総長
3）基調講演
　　結城章夫　文部科学省事務次官
4）活動紹介　その1
　　海洋生命統御による食糧生産の革新（山内晧平　北大教授）
　　スラブ・ユーラシア学の構築（家田修　北大教授）
　　水素利用機械システムの統合技術（村上敬宜　九大教授）
　　大規模コホートに基づく生活習慣病研究教育（高柳涼一　九大教授）
5）パネルディスカッション「日本の大学はどうあるべきか？」
　　パネリスト：有本健男　内閣府経済社会総合研究所統括政策研究官
　　　　　　　　遠山敦子　新国立劇場運営財団理事長、元文部科学大臣
　　　　　　　　山野井昭雄　味の素（株）顧問
　　　　　　　　中村睦男　北海道大学総長
　　　　　　　　梶山千里　九州大学総長
　　コーディネーター：早川信夫　日本放送協会解説委員
6）研究戦略紹介
　　長田義人　北海道大学理事、村上敬宜　九州大学理事
7）活動紹介　その2
　　システム情報科学での社会基盤システム形成（安浦寛人　九大教授）
　　分子情報科学の機能イノベーション（新海征治　九大教授）
　　トポロジー理工学の創成（丹田聡　北大教授）
　　知識メディアを基盤とする次世代ＩＴの研究（田中譲　北大教授）
8）両校への期待
　　中山悠　北海道大学連合同窓会理事長（明治乳業〈株〉代表取締役会長）
　　近藤秋男　九州大学東京同窓会長（全日本空輸〈株〉最高顧問）
9）交流会

て実施された。両大学総長の挨拶の後、結城章夫文部科学省事務次官による基調講演が行われ、引き続いて北海道大学と九州大学からそれぞれ4件の成果報告が行われた。また、遠山敦子元文部科学大臣等のパネリストによるパネルディスカッション、両大学の研究担当理事による研究戦略紹介、同窓会関係者による両大学へ期待の開陳も行われた。また、報告会終了後に交流会が実施され、両大学の関係者の懇親の場が持たれた。事前登録し

た参加者数は、北海道大学153名、九州大学89名、一般419名に達した。なお、この発表会は日本経済新聞社の後援により実施された。

北海道大学と九州大学は、日本の両端に位置する旧帝国大学である。地場産業が弱いこと、中央とのパイプが細いこと等の共通点を有しており、2つの大学が共同して事業を行うことはお互いにメリットが大きいものと考えられている。平成18年は北海道大学の主催で実施されたが、平成19年は九州大学主催で2月22日（木）に東京で開催された。しかし、この日は韓国出張中で、参加することができなかった。

九州大学が獲得した21世紀ＣＯＥプログラム

平成14年度採択（平成14～18年度）
1）統合生命科学－ポストゲノム時代の生命高次機能の探求－（生命科学：藤木幸夫外23名）
2）分子情報科学の機能イノベーション（化学・材料化学：新海征治外22名）
3）システム情報科学での社会基盤システム形成（情報・電気・電子：安浦寛人外24名）
4）東アジアと日本：交流と変容－アイデンティティ形成の比較社会史的研究－（人文科学：今西裕一郎外13名）

平成15年度採択（平成15～19年度）
5）大規模コホートに基づく生活習慣病研究教育－久山型研究を応用した日本人特有の発症因子の解明と先端医療の開発－（医学系：高柳涼一外24名）
6）機能数理学の構築と展開（数学・物理学・地球科学領域：中尾充宏外14名）
7）循環型住空間システムの統合技術（機械・土木・建築その他工学：川瀬博外21名）
8）水素利用機械システムの統合技術（機械・土木・建築その他工学：村上敬宜外26名）
9）感覚特性に基づく人工環境デザイン研究拠点（学際・複合・新領域：栃原裕外18名）

21世紀ＣＯＥプログラムは、大学院教育の充実に寄与する必要があり、支援終了後は5年間の実績に基づいた教育組織の改編を各大学で行うことになる。平成14年度採択の4課題は平成18年度に支援が終了するので、教育組織改編の準備を進めている。このような組織改編を行う場合、支援対象分野のみの改組は専攻の細分化をもたらし、効率的かつ高度な教育システムの構築を困難にすることが多い。平成19年度から新たな教員組織の導

入が可能になっており、九州大学でも部局の教育研究活動の自由度を高めるため、三位一体の改革を行うことにしている。21世紀ＣＯＥプログラムの実践により培われた知識を活用するためには、関連部局全体で組織を改編し、レベルの高い教育研究を実施可能な組織を構築することが必要である。

前期日程入試

　九州大学の多くの学部では、個別入試として前期日程および後期日程入試を行っている。また、多くの学部がアドミッションオフィス（ＡＯ）方式による、自己推薦型の入試を実施している。前期日程入試には、最も多くの定員が割振られており、最も重要な入学試験となっている。九州大学では、毎年2月25日および26日に前期日程入試が実施されており、平成18年は土曜日と日曜日に行われた。

　受験生の多くは、試験日の前日に試験場の下見を行う。平成18年は金曜日に下見を行うことができたので、大学の建物に入ることができ、割り当てられた試験場の位置を確認することができた。しかし、平成19年の前期日程入試は日曜日および月曜日に実施されたため、前日の土曜日に建物内に入ることができないことが問題となった。このような事態は5年ないし6年に1回発生することになるが、何らかの形で受験生の便宜を図ることが必要であると考えている。

　前期日程入試は、大学が独自に行うものであり、全国一斉に実施しなければならないセンター試験と比べると精神的には楽である。しかし、試験上のミスは許されないことであり、綿密な準備と実施が必要である。平成19年の前期日程入試は、伊都キャンパスを初めて試験会場として用いたため、試験の円滑な実施に向け、特別の配慮が必要であった。伊都キャンパスへのアクセスと食事場所の確保が重要な課題であったが、関係者の努力により問題なく試験を終えることができた。

　前期日程入試には、募集定員の8割近くが振り当てられており、毎年多数の受験生が試験を受ける。寒気の厳しい時期でもあり、体調不良者に対

する対応が毎年必要である。各キャンパスに設置された試験場には、健康科学センターの医療系職員が待機して受験生の体調不良の発生に対処している。体調が非常に悪い場合は受験を断念せざるを得ないが、受験を希望する学生には可能であれば別室受験を行うことにしている。

平成19年度学生募集人員　　　　　　　　　　　　　　　　　　（単位：人）

学部	学科等		入学定員	AO	AO (21)	前期日程	後期日程
文			160		1	134	25
教育			50		1	39	10
法			200	30	1	144	25
経済	経営・経済学科		150		1	116	33
	経済工学科		90		1	69	20
理	物理学科		59	10	1	42	6
	化学科		67	15	1	41	10
	地球惑星科学科		48	10	1	29	8
	数学科		54	8	1	36	9
	生物学科		49	7	1	33	8
医	医学科		100			85	15
	保健学科	看護学	70	7	1	51	11
		放射線技術科学	37	5	1	26	5
		検査技術科学	37	5	1	26	5
歯			55	10		35	10
薬	創薬科学科		50	10	1	39	
	臨床薬学科		30	6		24	
工	建築学科		60		1	50	9
	電気情報工学科		158		1	133	24
	物質科学工学科		168		1	142	25
	地球環境工学科		150		1	127	22
	エネルギー科学科		99		1	83	15
	機械航空工学科		169		1	143	25
芸工	環境設計学科		38		1	30	7
	工業設計学科		48	5	1	37	5
	画像設計学科		38	5	1	26	6
	音響設計学科		38		1	30	7
	芸術情報設計学科		40		1	30	9
農			229	20	1	180	28
合計			2541	153	26	1980	382
割合（％）			100.0	6.0	1.0	77.9	15.0

入試問題の作成

　前期日程入試は大学の一大イベントであり、学生募集の中心を占めている。平成19年の入試では、定員の77.9%を前期日程に、15.0%を後期日程に振り分けている。試験問題の作成努力は、主として前期日程の個別入試を中心に行われており、出題担当者は、前年の夏休みから入試終了までストレスの多い日々を過ごすことになる。出題ミスを回避するため、問題点検委員を任命し、適切な問題の作成に最大限の努力を払っている。

　九州大学のような大きな総合大学では、問題作成に必要な人材を確保することが可能であるが、中小の大学では業務負担に耐えられない状況があり、試験問題の作成を外注する大学が生じている。入学試験問題は、高校教育の内容と合致しているだけでなく、新規の問題であることが要求されてきた。これまで、多くの大学で試験問題が作成・使用されてきた結果、良問を新たに作成することが困難になりつつある。試験問題の作成に際し、すべての過去問を参照することは実質的に不可能であり、結果として過去問と類似した問題が出題される場合があった。現在、過去問の再利用が論じられているが、すでに多数の問題が蓄積されている現状では、過去問の有効活用も考慮に入れるべきであろう。

　九州大学で問題にしたいことは、試験問題の作成等における大学への貢献を適切に評価することである。出題委員を事前に公開することはできな

個別学力検査試験問題作成日程

```
3月：世話人あっせん部局の決定、世話人の依頼
4月：世話人決定、出題連絡会議（出題・採点委員、点検委員の推薦依頼）
5月：出題・採点委員、点検委員の決定
8月：試験問題原稿提出、1回目点検
9月：試験問題最終原稿提出（予備問題を含む）、印刷依頼
10月：初校、2回目点検
12月：再校、念校
2月：試験問題最終点検
4月：標準解答例作成
5月：標準解答例公開
```

平成18年度個別学力検査志願者の理科科目選択状況

学部	選択率（％）			
	物理	化学	生物	地学
理学部	72.5	99.1	27.0	1.4
医学部医学科	62.4	99.5	38.1	0.0
医学部保健学科（看護学）	24.8	100.0	75.2	0.0
医学部保健学科（放射線）	100.0	100.0	0.0	0.0
医学部保健学科（検査技術）	40.3	100.0	59.7	0.0
歯学部	58.3	100.0	41.7	0.0
薬学部（創薬科学科）	65.3	100.0	34.7	0.0
薬学部（臨床薬学科）	63.1	100.0	36.9	0.0
工学部	100.0	100.0	0.0	0.0
芸術工学部環境設計学科	100.0	0.0	0.0	0.0
芸術工学部工業設計学科	100.0	0.0	0.0	0.0
芸術工学部画像設計学科	100.0	0.0	0.0	0.0
芸術工学部音響設計学科	100.0	93.6	6.4	0.0
芸術工学部芸術情報設計学科	100.0	0.0	0.0	0.0
農学部	40.0	99.1	60.4	0.4
全体	77.7	92.1	22.6	0.2

いので、試験実施に関する教員の貢献度はほとんど評価されてこなかった。そのため、問題作成の負荷が適切に評価されず、担当部局や選抜された教員に十分報いてこなかったが、試験監督等の試験実施業務だけでなく、問題作成業務を重要業務の１つとして位置付け、その貢献度を総合的に評価したいと考えている。特に、世話人を務める教員の労力は非常に大きなものである。出題委員の選定、問題作成の指揮、点検結果に基づく修正、問題の校正など、多くの業務を遂行していく必要があり、これらの業務の貢献度を適切に評価する必要を感じている。

　受験を希望する学生がいる場合、その数に関わらず、入学試験問題作成に同じ努力を払う必要がある。複数の科目から選択することが可能である場合、平均点を揃える努力も必要となり、問題作成者にさらに負担をかけることになる。九州大学の理系学部では、理科科目を１科目選択させる学部もあるが、多くの学部では２科目選択制をとっている。物理および化学

を選択する学生が多いが、生物を選択する学生の割合も高く、これらの3科目は必ず出題することになる。地学の場合は一部の学部で少数の学生が受験するだけであり、個別試験で実施すべきか否かについての判断が難しいが、現在は地学を加えて4科目の出題を行っている。

外国語では、ドイツ語およびフランス語の出題が問題となる。ほとんどの学生は英語で受験し、他の外国語で受験する学生の数は非常に少ない。受験希望者があるため問題を作成したが、当日受験者がいなかった場合もある。問題を作成した教員の苦労が報われなかった例であるが、大学としても人的資源を無駄に使ったことになり、何らかの対策が必要となっている。

修士論文発表会

生物資源環境科学府では、修士論文発表会を専攻ごとに行っている。大学院重点化の時点では、私が所属していた生物機能科学専攻では2日間を費やし、全員の発表を聞いて採点していた。しかし、修士課程学生数が増加したため全員の発表を聞くことができなくなり、現在では大講座単位で修士論文発表会を行っている。

生物機能科学専攻は、生物機能制御学（大学院専担）、生物機能化学（4専門分野）、食品バイオ工学（3専門分野）、応用微生物学（2専門分野）、海洋生命化学（3専門分野）の5つの大講座から構成されている。大学院専担の生物機能制御学講座は、応用微生物学講座と共同で修士論文発表会を行っているので、13研究室の修士2年生が4つのグループに別れて発表会を行うことになる。すべての発表を聞くことができるように、日時をずらして発表会を行い、修士論文要旨は全教員に配布しているが、教員はそれぞれ多忙であり、他の大講座の発表会に出席する教員は少ない。

4つの専門分野から構成される生物機能化学講座は、修士課程の学生数が多く、平成17年度は1日で全員の発表を行うことができず、2日間を費やすこととなった。平成17年度に生物機能科学専攻の修士課程に在籍する学生数は定員の3倍を越えており、何らかの措置が必要となっている。大

学院の定員充足率が低いことは大きな問題であるが、多すぎることもまた問題である。

　定員過剰については、受験者数が多いことが過剰採用の原因になっている。学生の希望が多い研究分野での採用数の削減は、修学機会の制限につながるため、格別の配慮が必要である。社会的要求に応じた大学院学生の採用を行うためには、専攻の統合による規模拡大、新教員システムの活用による教育システムの柔軟化等を併用し、効率的かつ高度な大学院教育体制を構築することが必要になっている。学生定員は拡大した専攻に割当て、教員の配置を柔軟化することにより、適切な学生指導体制を築くことが望まれる。このような改革を行うためには、平成19年度から行うことにしている三位一体の改革が大きな力になるであろう。

　修士論文発表会は、大学院生の発表技術に磨きをかける機会である。私は、修士２年修了以前に必ず学会発表の機会を与え、スライド作成法および発表技術について教えることにしている。研究内容を専門家に伝えることは比較的容易であるが、非専門家に理解させるためには工夫が必要である。私は、最下級生である４年次学生に理解できる講演内容にすることを強く指導している。それによって、講演内容を多くの参加者にとって魅力あるものにすることができる。

　これは、研究者育成のためだけでなく、修士を終了して企業に就職する学生にリーダーシップ教育を施すためでもある。非専門家である企業のトップに対して魅力あるプレゼンテーションができなければ、起案書が採択されることは無いからである。

　修士論文発表会は研究室の研究内容を宣伝する場ではなく、大学院生の発表能力を確認する場であることを忘れてはならない。修士課程を修了した学生の多くは企業に就職し、２度と学会発表を行う機会を持たない場合が多い。しかし、社会の現場では、計画発表や製品紹介など、高度な情報伝達能力が要求される機会が多い。発表能力の訓練は大学院学生の社会対応能力の向上に大きく寄与するものであり、充実した教育が必要である。

戦略的研究拠点育成事業

スーパーＣＯＥ採択一覧

採択年度	課　題
平成13年	○人間と社会に向かう先端科学技術オープンラボ（東京大学先端科学技術センター） ○フロンティア研究拠点構想（大坂大学大学院工学研究科フロンティア研究機構）
平成14年	○先端領域融合による開放型医学研究拠点形成（京都大学大学院医学研究科先端領域融合医学研究機構） ○ベンチャー開発戦略研究センター（産業技術総合研究所ベンチャー開発戦略研究センター）
平成15年	○先進医工学研究拠点形成（東北大学先進医工学研究機構） ○北大リサーチ＆ビジネスパーク構想（北海道大学創成科学共同研究機構） ○若手国際イノベーション特区（物質・材料研究機構若手国際研究拠点）
平成16年	○先端科学と健康医療の融合研究拠点の形成（早稲田大学先端科学・健康医療融合研究機構） ○デジタルメディア・コンテンツ統合研究機構（慶応義塾大学デジタルメディア・コンテンツ統合研究機構） ○ユーザーを基盤とした技術・感性融合機構（九州大学ユーザーサイエンス機構）
平成17年	○国際統合医療研究・人材育成拠点の創成（東京女子医科大学） ○東工大統合研究院（東京工業大学） ○「サステイナビリティ学連携研究機構」構想（東京大学）

　戦略的研究拠点育成事業は、通称スーパーＣＯＥと呼ばれ、トップクラスの11機関に平成18年度は90億円を投入する事業である。1機関に対し、年間5〜10億円の資金が投入される。新規採択はすでに終了し、平成18年度から「先端融合領域イノベーション創出拠点の育成」がスタートしている。これは、10年単位の産学大型連携事業で、3年後に継続案件を半分から3分の1に絞り込む予定となっている。

　九州大学では、ユーザーサイエンス機構が採択され、ユーザーサイエンスインスティテュート（ＵＳＩ）を設置して教育研究を行っている。このプロジェクトでは、感性・ユーザーの視点で知を総合できるプロデューサー型人材の育成を目的としており、学生の感性理解力、感性創造力、感性コミュニケーション力の涵養をめざしている。ＵＳＩは、現在も学際的研究の場を提供しているが、ユーザー指向性の強い研究を推進して社会との

接点を深めるとともに、学際的な教育研究を行う組織として発展することを期待している。

　学際的研究が必要な理由として、近年の研究内容の高度化が研究分野の細分化を招いていることがあげられる。私は、食品の体調機能機能に関する研究を行ってきたが、最近の研究者は先端的な研究技法を取り入れることには熱心であるが、食品全般に関する知識の修得には不熱心である場合が多い。すなわち、研究の背景や目的を十分に説明できない研究者をしばしば見かける。科学研究は、本来人類の福祉、ひいては地球環境の保存に寄与するために行われるものであり、研究の意義や成果の活用に関する深い考察が必要である。

　ＵＳＩは、異なる分野に属する研究者の対話に必要な共通の基盤を構築することを研究の目的としており、学際的研究のプラットホームの構築がその課題である。スーパーＣＯＥの支援期間が終了するまでに、大学院を設置して学際的研究者を育成する組織を構築するとともに、細分化された学問領域を統合した統合科学の確立に結びつけたいと考えている。

　これと平行して、九州大学で実施してきた21世紀プログラム、その発展型として計画しているチャレンジ21プログラム、平成18年度から開始した大学院共通教育プログラムも、学際的教育の充実や統合科学の確立に寄与する試みとして今後も推進していきたいと考えている。

21世紀ＣＯＥプログラムと専攻改編

　21世紀ＣＯＥは、研究だけでなく教育の活性化を支援するものであり、支援により得られた成果を大学院の教育プログラムに反映することが必要である。大学院の教育プログラムを変更するためには、教育組織の改編が必要になることが多い。平成14年度に採択された課題は、平成18年度に支援が終了し、平成19年度から新たな教育組織を構築する必要がある。これと平行して、教授、准教授、助教制度が平成19年度から導入可能になり、教育組織設計の自由度が増大することとなっている。また、九州大学では平成19年度に認証評価を受けることとし、平成20年度は多くの大学が法人

評価の暫定評価を受けることになっている。これらの評価は、大学院では学府ごとに実施され、専攻単位での教育プログラムの適正な実施について評価が行われる。

　このような状況では、学府の改組において専攻数を増やすことは組織の活性および自由度を低下させる危険性がある。教授、准教授、助教制においては、講座等の教育研究組織で必須であるのは教授のみであり、他の職種については大学の自由に任されている。設置審議会で認可された学生定員に対する教育を保証する有資格教員数を確保することが最も重要であるが、それを超える人員については各部局の活性化に向けて運用することが可能になっている。教員の役割分担を柔軟化し、業務内容を合理化し、質の高い教育研究を遂行していくためには、専攻を細分化することは得策ではなく、統合することにより単位組織の強化を図るべきである。

　細分化された学問領域や研究領域に沿って教育研究を行う場合、狭い領域での質の向上にはつながるが、その研究成果が汎用性に欠け、輩出する人材も総合力に劣る場合が少なくない。新しい教育システムにおいて、講座制や学科目制が必須ではなくなったことは、学部学生や大学院生に高度な専門知識とともに、幅広い知識を付与して欲しいという社会的要求を反映するものである。したがって、学問領域ごとに専攻を立てるのではなく、現在の専攻の一体性を教育プログラムあるいは教育コースとして確保し、統合された専攻において幅広い知識の獲得が可能なシステムを構築することが望まれる。

第3章　3月

平成18年3月の主な日程

3月1日（水）研究室卒業論文発表会、研究室送別会
3月2日（木）「魅力ある大学院教育プロジェクト」ヒアリング
3月6日（月）定例役員会
3月9日（木）農学部退職教授送別会
3月12日（日）後期日程入試
3月13日（月）定例役員会
3月15日（水）農学研究院ＦＤ、留学生歓送会
3月17日（金）部局長会議等、教育研究評議会、記者懇談会
3月23日（木）「派遣型高度人材育成協同プラン」ヒアリング
3月24日（金）学生後援会学術研究賞授与式
3月24日（金）〜28日（火）日本農芸化学会大会
3月25日（土）ビジネススクール修了式
3月27日（月）卒業式、学位記授与式
3月29日（水）日本食品科学工学会総会
3月31日（金）後学期終了

　3月は、巣立ちの時期である。卒業論文発表会は、3月の上旬に実施することが多く、発表会の夜に研究室送別会を行っている。私の研究室では、懇親会を研究室や学生向けの居酒屋で行うことが多いが、送別会は毎月積み立てた資金を使ってより高級の料理屋やレストランで行うことにしている。

　3月は、教職員の定年退職の時期でもある。農学研究院では、3月の教授会開催日の夜に退職教職員の送別会を行っている。最年長の先生が教授会で挨拶されるのが慣例であるが、夜の送別会では退職者全員が挨拶される。この送別会では助教授等で退職される先生や事務職員も送られる側となる。定年退職者には、ご夫婦での出席をお薦めしているが、ご夫婦で出席されるのは年に1組程度である。

　九州大学では、以前は卒業式を3月27日に行っていたが、最近は25日に

早めている。平成18（2006）年は25日が土曜日であったため、27日の月曜日に実施した。近年は、大学院修了者の数が増加しているため、学士と大学院の卒業式を一緒に行うことができず、別々に行っている。九州大学は九州芸術工科大学と合併し、芸術工学部が生まれたが、平成18年度までは九州芸術工科大学として卒業生を送り出す必要があるため、総長は午前中に九州大学の卒業式を終え、午後は芸術工科大学の卒業式に出席することになる。

　平成19年度、すなわち平成20年の卒業式から芸術工学部の学生達が九州大学卒業生として卒業式に参加することになる。現在でも、全員が出席すると卒業式会場である50周年記念講堂に座りきれない状況であり、卒業式を入学式と同様に学外で実施する必要が生じている。

　九州大学には4つの専門職大学院が開設されている。専門職大学院に所属する学生には社会人が多いが、ビジネススクールではほとんどの学生が社会人であるため、休日である土曜日に修了式を行っている。教育担当理事は、ビジネススクールの修了式に出席して来賓祝辞を述べている。同様に、ビジネススクールは4月の入学式を一般の学生とは別に土曜日に実施しており、挨拶に出向いている。

　3月には、概算要求を行うための教育プロジェクトの選定作業が開始される。研究では、競争的資金の獲得が研究費の確保に不可欠となっているが、教育においても各種競争的資金が公募されている。3月には、「魅力ある大学院教育」イニシアティブおよび「派遣型高度人材育成協同プラン」のヒアリングを実施し、九州大学から申請する課題の選抜を行った。「魅力ある大学院教育」は4件、「派遣型」は5件の応募があったが、これら国家プロジェクトへの応募件数は減少傾向にある。これは、有望な提案はすでに採択され、採択の可能性が少ない提案は応募が見送られた結果であると思われる。新規提案を増やすことが応募件数の増加、ひいては採択件数の増加に必要であるので、新規企画の立案を促進するための公募情報の収集と早期伝達を今後の課題と考えている。

卒業論文発表会

　私が所属する九州大学農学部応用生物化学コース食糧化学工学分野では、卒業論文発表会は研究室単位で実施している。4年次学生は、発表会を終えた後、卒業論文の作成にかかり、卒業論文を提出して卒業する。卒業予定者の単位提出期限は2月下旬に設定されているので、卒業論文発表会および提出された卒業論文に基づいて単位を出すことはできない。そこで、卒業論文の単位は1年間の取組み状況を考慮して成績を出している。

　卒業論文研究は、4年次の4月に研究室に配属された時点で研究テーマを選択させることにより開始される。当初は実験技術の修得が中心となり、研究内容の近い先輩とともに実験を行う。本格的に卒業論文研究に入るのは、就職先の内定あるいは大学院入試が終了した後になり、実質的には9月から研究開始となることが多い。12月に中間発表会を行い、研究発表の方法や研究の進め方などについて指導するので、3月上旬に実施する卒業論文発表会では、スライド作成技術、講演技術、研究内容は一段と進んだものになっている。

　最近、特許権の関係で研究情報の公開に関して非常に厳しい基準が適用されるようになった。われわれの分野では、卒業論文発表会を研究室単位で行っているので、研究内容の公開にはあたらないが、分野やコース単位で卒業論文発表会を行っているところでは、学会発表と同様に研究内容が公開されたと判断されるようである。修士論文発表会は大講座単位で行っているので、他の研究室の学生も聴講することになり、研究情報の公開にあたると考えられているようである。平成19年の修士論文発表会では数件の報告を聞く機会があったが、研究内容の一部を発表できない学生が存在した。あいまいな内容の発表をしている学生がいたが、後で確認したところ特許権の関係で全く触れることのできない部分があったため、結論があいまいな発表になったということであった。

　著作権や特許権の保護は重要であるが、大学における論文発表会は教育の一貫として行うものである。他研究室の教員の意見を聞く事は、研究を

行った学生にとって重要な体験となる。また、複数の研究室が参加する論文発表会の開催は、学生の知識の幅を拡げるだけでなく、研究室間での情報の共有と切磋琢磨による教育の質の向上に導く。大学内で行われる教育に関連した論文発表会で、教員と学生のみが参加している場合、一般公開とはしない方向で考えて欲しいものである。

われわれの専攻では、修士論文発表会を2月に終えているので、卒業論文発表会が終わると研究室の送別会が行う。平成19年は、重要な公務が入ったため、発表会と送別会のいずれも出席することができなかった。この後、卒業予定の学生は卒業論文、修士論文の作成にかかる。卒業旅行に出かける学生も多いので、3月は実験に従事している学生の数が少なくなるのが通例である。

後期日程入試

後期日程入試は、学生の採用方式に多様性を持たせること、受験生に複数の受験機会を与えることを目的として実施されている。前期日程入試と別個に定員が定められ、学生の募集および入学試験が行われる。前期日程入試は大学全体で実施されるが、後期日程入試では学部ごとに実施される部分が多くなる。平成18年の合格者は435名（女性は152名、34.9％）で、現役が303名（69.7％）、既卒者が132名（30.3％）の比率であった。

後期日程入試は、募集定員が少ないこと、前期日程で合格すると後期日程を受験しない場合が多いことから、定員の確保が問題になる。応募者数から実際に受験する学生の数を読み取ることは困難であり、実際の受験者数が募集定員に達しない場合もあり得る。また、合格者の一部が入学を辞退すること多いので、合否判定は慎重にならざるを得ない。前期日程入試に先立って行われるアドミッションオフィス方式の入試では、辞退者により募集定員より少ない合格者しか得られなかった場合、前期日程入試に定員を振り向けることができる。しかし、後期日程入試は最後の入試であるので、定員割れが生じないようにすることが必要となる。実際には、それまでの入試で募集定員より若干多目に採用しているので、後期日程入試で

数名の定員割れが生じても問題は無いことが多い。

　平成18年度の入学試験では、京都大学等が後期日程入試を廃止したため、九州大学の後期日程受験者数が大幅に増加した。後期日程では、小論文や面接等を課すことが多いため、受験可能者数に上限を設けざるを得ない。そこで、あらかじめ受験倍率を設定して第一次選抜を行うことになる。後期日程では、欠席者数が多いため、設定した倍率を越えている場合でも受験を可能にしてきたが、本年度は希望者数が多すぎたため、一部の学部で第一次選抜を行う必要が生じた。後期日程入試のあり方については今後検討していく必要があろう。

学士学位記授与式

　学士および大学院の学位を授与する学位記授与式は、毎年複数回行っているが、3月の学位記授与式は、とくに卒業式と呼ばれている。学位記授与式は九州大学創立50周年記念講堂で行われるが、大学院卒業生の増加により卒業生全員を収容することができなくなったため、近年は、学士と大学院の学位記授与式を別けて行っている。まず、学士学位記授与式が行われるが、平成17年度の学士学位記授与者は2,559名であり、そのうち女性が754名であった。

　学位記授与式に先立ち、九州大学フィルハーモニーオーケストラによる演奏が行われる。この時点で卒業生全員が着席しているべきであるが、遅れて到着する卒業生がいることは遺憾である。平成19年の卒業式では、演奏開始時に入口を一旦閉鎖して入場を停止したため、厳粛な雰囲気を保つことができた。

　学位記は、各学部から選ばれた総代に総長より授与される。引き続いて総長告示が行われ、つぎに来賓祝辞が述べられる。学士学位記授与式では卒業生に祝辞をいただくことにしている。学士総代答辞は学部の回り持ちで総代を出すことになっており、平成17年度は農学部の学生が担当した。

　最後に学生表彰が行われる。学業成績優秀者の表彰は平成17年度に開始したもので、各学部から成績優秀者を1名選抜して貰い表彰を行った。学

業成績優秀者の表彰は、学生の勉学意欲の向上をはかることを目的としているが、その実施には多くの問題が生じた。最も大きな問題は、九州大学の学士教育が学部単位ではなく、学科、コース、分野などのより小さな単位で行われていることで、学業成績の比較が困難であることであった。各学部はこれらの教育単位ごとの表彰を希望したが、この方式では表彰者数が多くなり、表彰の意義が薄れるため、役員会の同意が得られなかった。最終的には、学部代表を表彰することが決定され、平成17年度から表彰を開始することができた。学業成績中心で選抜すると女性が優勢となり、推薦された学業優秀者11名中9名が女性であった。しかし、平成18年度の学業優秀者では男性の比率が増加した。学業成績優秀者に加え、本年度は人名救助を行った学生1名が表彰された。

　課外活動に対する表彰も行われており、平成17年度は体育系20サークル47競技、文化系3サークル16競技が表彰の対象となった。卒業式では、体育系サークルおよび文科系サークルから各1名が代表として表彰を受けた。

　平成18年度の学位記授与式では、放送研究会の女子学生に司会をお願いし、順調に式を終えることができた。学士学位記授与式では、法学部出身の古川貞二郎前内閣官房副長官に来賓祝辞をお願いした。平成18年度のトピックは、社会活動表彰が行われたことである。この表彰は、表彰規定はあったが、これまで申請がなかったため表彰実績が無かったもので、今年度初めて申請があり、2名が表彰された。

平成17年度学士学位記授与式

○九大フィルハーモニーオーケストラ演奏
○学士学位記授与式
1）開式の辞
2）学士学位記授与（各学部総代）
3）総長告辞
4）来賓祝辞（卒業生：日本通運（株）代表取締役会長）
5）学士総代答辞（総代：農学部）
6）学生表彰
7）閉式の辞

大学院学位記授与式

　学士学位記授与式が終了した後、大学院学位記授与式が行われる。学生の入れ換えが行われた後、フィルハーモニーオーケストラの演奏が行われ、修士、専門職修士、博士の学位記が授与される。平成17年度の修士学位記授与者数は1,776名（うち女性459名）、専門職学位授与者は63名（うち女性12名）、博士学位記授与者数は400名（うち女性41名）であった。

　学位記の授与は、総代1名に対して行われる。博士学位記は、平成16年度まで教育担当副学長から全員に手渡されていたが、平成17年度から修士と同様に各学府で授与していただくことにした。その理由は、博士学位記授与者が増加したため、学位記の授与に長時間を要したことである。学位記授与式が終わると、学生はそれぞれの学部・学府に戻り、部局で行われる学位記授与式でそれぞれ学位記を受け取る。卒業式では、学位記を受け取るだけでなく、記念写真撮影や卒業記念パーティー等の行事が行われる。博士学位記授与に長時間を要すると、これらの行事に博士修了者が参加できない。博士学位記を授与される博士後期課程の最上級生は研究室の後輩にとっては最も世話になった学生である。授与方式を変更した最大の理由は、博士後期課程修了者を部局で行われる卒業関連行事に参加可能とすることであった。

　学位記の授与に続き、総長告示が行われる。つぎに来賓祝辞が行われる

平成17年度大学院学位記授与式

○九大フィルハーモニーオーケストラ演奏
○大学院学位記授与式
1）開式の辞
2）修士学位記授与（総代：人間環境学府）
3）専門職学位記授与（総代：医系学府医療経営・管理学）
4）博士学位記授与（総代：システム生命科学府）
5）総長告辞
6）来賓祝辞（国際交流協定締結校：チュラロンコン大学学長）
7）閉式の辞

が、大学院学位記授与式では、国際交流協定校の代表者に祝辞をお願いしている。平成17年度は、タイのチュラロンコン大学の女性学長に祝辞をお願いした。学長は英語も堪能であるが、タイ語での講演をお願いし、タイからの留学生が通訳を勤めた。

　平成18年度は、ソウル大学総長に祝辞をお願いし、通訳はソウル大学の留学生が勤めた。大学院でも社会活動表彰の申請があり、1名が表彰を受けた。また、学術研究活動も初めて申請が行われ、4名が表彰を受けた。

学　会

　3月末から4月初旬は、学会開催シーズンでもある。この時期は、卒業および入学のシーズンであり、これらの業務に関係している教員は学会への出席が困難となる。私が所属する研究領域では、日本農芸化学会が重要であるが、この学会は3月下旬に全国大会を実施している。平成18年は九州大学の卒業式が大会期間中に行われたため、開催地である京都市との間を2回往復した教員がかなり存在した。

　学会は、大学を会場に利用する場合と一般の施設を利用する場合で実施時期に関する制約が異なる。一般講演会場に大学の講義室を使用する場合、休日あるいは試験休みを利用して学会が開催されることが多い。大学外の施設を利用する場合も、教員および学生の出席を確保するため休日を利用して学会が開催されることが多い。

　学会への参加および発表は、学生の成長に大きく寄与することができるので、研究成果の公表だけでなく、学生教育においても重要である。学生に研究の意義を十分に理解させ、研究の成果を正確かつ魅力ある形で発表させる指導が必要である。

　最近は多くの学会が発表賞を設けており、優秀な発表を選抜して表彰している。第三者評価による表彰を受けた学生は、その実績を履歴書に記入することができるので、さらなる表彰を受けるための業績となる。九州大学では、学生後援会が平成17年度から学生表彰を開始し、初年度は10名の学生が表彰された。表彰可能な人数は12名以下となっており、その年度に

さまざまな分野で表彰を受けた学生の中から学会表彰の重要度に従って順位が付され、上位12名が表彰された。

　このような表彰実績は、論文執筆や国際学会への参加等の業績とともに、奨学金返還免除者の決定や学術振興会特別研究員の選抜においても有効である。各教員は、学生の学会発表能力の向上に格別の注意を払うべきである。学会報告の準備において適切な指導を受けた学生は、研究成果の解釈および発表能力が向上するだけでなく、その後の研究計画作成能力が向上する。その結果、質の高い研究成果が得られることになり、国際誌への研究論文の投稿につながることになる。

　ほとんどの学会では発表演題の採択に際して審査を行っておらず、発表内容の審査を行うのは発表賞に応募した演題に限られている。したがって、より良い発表を行うことを指導しなければ学生の能力の向上にはつながらない。私の場合は第三者評価を受けなければならない論文投稿を学生指導の基本としており、論文投稿が可能なレベルの研究でなければ学会発表を許可しない方針で教育している。

　学会発表の準備においては、非専門家に理解できる発表を行う様指導している。私の研究室では4年次学生が最下級生になるので、4年生が理解できる内容にすることを求めている。現代の複雑化した研究の世界では、異分野の研究者の協力による共同研究を行うことが研究の質の向上に必要となっている。したがって、同一分野の専門家以外は理解できない講演は講演内容の明確化が不十分であると評価し、改善を求めている。

第4章　4月

平成18年4月の主な日程

4月1日（土）前学期開始、春季休業（10日まで）
4月3日（月）学生定期健康診断（21日まで）、定例役員会
4月5日（水）研究室新入生受入、全学ＦＤ（初任者研修）
4月6日（木）入学式・新入生オリエンテーション
4月8日（土）ビジネススクール入学式
4月9日（日）研究室学生招待（自宅）
4月10日（月）農学部授業開始、農学部大学院入学式、定例役員会、伊都キャンパス食堂オープニング
4月17日（月）～21日（金）会計検査
4月18日（火）定例役員会、奨学金返還免除予備査定委員会
4月21日（金）部局長会議等、教育研究評議会、記者懇談会
4月24日（月）定例役員会
4月26日（水）・27日（木）概算要求部局ヒアリング
4月27日（木）分野スポーツ大会

　4月は新人の季節である。4月1日発令で、新任、昇任、転任等による教職員の大幅な異動が行われる。学部には多くの新入生が入学し、大学院には学内および他大学から新入生が入学する。これらの新人が充実した大学生活を開始するための行事が各所で行われる。

　学生定期健康診断は、4月3日から21日にかけて実施される。新入生を含め、全員の受診が望まれる。学生健康診断は、学生の健康維持に大きく貢献するものである。新入生にとっては、自分自身の健康状態を確認する上で重要である。また、3年次および4年次の学生は、健康診断書が就職活動で必要となるので、必ず受診して健康状況を確認するとともに、健康診断書発行を可能にしておくべきである。修士1年次および2年次学生についても同様である。博士後期課程の学生は、研究に忙しいため、バランスのとれた食事、適切な運動、十分な睡眠を確保しにくい状況にある。したがって、健康管理には十分注意する必要があり、年1回の健康診断は必

ず受診して欲しい。

　ファカルティーディベロップメント（ＦＤ）は、大学で実施されている業務改善活動である。４月に行われる全学ＦＤは、初任者研修が目的である。この１年間に大学に採用された教員および前年に受講できなかった新任の教員が対象であるが、受講率は必ずしも高くない。九州大学の教育研究システムを理解し、高いレベルで業務を達成可能にするため、全員の受講を望んでいる。

　学部学生の入学式は、４月６日に福岡市国際センターで実施された。入学式は、以前は学内の50周年記念講堂で行われていたが、学生数の増加と親族の出席者の増加に対応するため、現在は学外の施設で実施されている。午前中に入学式および学務部主催のオリエンテーションを終了し、午後は各学部に別れてオリエンテーションが行われる。九州大学独自の21世紀プログラムはいずれの学部にも所属していないため、教育担当副学長が出席してオリエンテーションが行われる。

　大学院生の入学式は学府ごとに行われる。農学研究院では、４月10日に大学院入学式を実施した。大学院重点化以降、九州大学では他大学からの大学院入学者数が増加している。他大学出身者は、やる気のある学生が多く、研究室の活性化に大きく貢献するが、新しい環境で円滑に勉学および研究を開始するためにはそれなりの支援が必要である。新しい環境になじめない場合、休学、退学につながることがある。研究室の雰囲気になじませるため、新入生を自宅に招いて懇親会を行ってきたが、平成18（2006）年は副学長業務で土曜日を利用することができず、９日の日曜日に学生招待を行った。これまでは新入生への連絡を十分に行うことができていたため、大学院入学式以前に学生招待を行っても問題はなかったが、今年は他大学からの新入生への連絡が不十分であったため、欠席者が生じた。

　九州大学では、箱崎キャンパスから伊都キャンパスへの移転を実施中である。平成17年10月に工学系の第一陣が移転し、平成18年10月に工学系の残りが移転した。第一陣の移転に際し、新キャンパスに仮食堂が開設され、学生および教職員に食事を供給してきたが、４月10日に正規の食堂がオープンし、記念式典が行われた。

九州大学では2学期制をとっており、農学部の前期授業は4月10日に開始された。六本松地区では学部新入生対象の低年次教育が行われるが、平成18年度から高校で新カリキュラムを受講した学生が入学するため、高校での教育レベルを把握することが必要となっている。新カリキュラムに対応するため、平成18年度から大学のカリキュラムを改編したが、必ずしも完全ではなく、実態に応じた修正が今後も必要である。

　大学院生の新入生歓迎会は各学府で実施されるが、他大学や他学部からの新入生の受入には十分の注意を払う必要がある。入学後に研究教育内容に不適合を感じることが無い様に、応募の際に研究室の研究内容や指導方針を受験生に十分に伝えておく必要がある。入学後は、学生の修学状況を注意深く見守り、勉学および研究に邁進する体制を整えるべきである。

　学生の研究の進度が十分でない場合、学生の努力の不足を口実にする教員が多い。学生の能力が不足しているとすれば、大学院入試における選抜方式に問題があることを意味する。合格させた学生については、十分な指導を行い、期限内に成果を出し、修了あるいは学位授与を行うことが教員の務めである。

初任者研修

　4月は人事異動の季節である。3月末に定年退職する教員の後任の多くは4月1日発令で教員に採用され、辞令を受ける。4月上旬には新任教員を対象とした初任者研修が行われ、大学の教育研究システムに関する情報伝達が行われる。

　平成16年4月から大学法人化が行われ、各大学が個性ある教育研究を行うこととなったため、新任教員は採用された大学の基本方針について十分に理解する必要がある。特に、教育研究については大幅な変革が全国レベルで行われており、大学が置かれた状況を知る必要がある。

　初任者研修は、前年4月2日から1年間に採用された教員、助手から昇進した教員、前年の受講対象者で受講しなかった教員に対して行われる。企業では初任者研修は全員が受講することが当たり前であるが、大学では

平成18年度第1回全学ＦＤ（初任者研修）プログラム

1）開会・総長挨拶（梶山総長）
2）講演：九州大学の教育について（教育担当理事副学長　山田耕路）
3）講演：九州大学の教員に求められる資質（人事担当理事副学長　柴田洋三郎）
4）講演：学生相談から見たハラスメント（高等教育総合開発研究センター助教授　福留留美）
5）講演：九州大学の全学教育の経緯と課題（高等教育総合開発研究センター長　淵田吉男）

必ずしも全員が受講していないのが現状である。

　平成18年度の初任者研修では教育改革、ハラスメント、全学教育等についての講演が行われたが、これらの講演で得られた情報を新任教員が現場の教育で活用していただけると幸いである。私は九州大学の教育体制に関する説明を行ったが、教育は各部局で行われるものであり、教育現場の活性化が最も重要である。各部局の特性に応じた教育体制の構築が必要であり、教育担当としては各部局の積極的取組を支援していきたいと考えている。

　平成19年度は、新しい教員システムが導入される年であり、多くの助手が助教として採用されることになった。平成19年度の初任者研修は、助教に採用された教員も初任者研修の対象となったため、記念講堂の大ホールで研修を行うこととした。また、事務職員の初任者研修も行うことになり、一般職員と幹部職員の初任者研修で教員の初任者研修と同様な話を行った。

ハラスメント

　セクシュアル・ハラスメント等には、性的いやがらせだけでなく、学生・教職員間の上下関係や力関係を利用して行われる当事者が嫌がる不快な言動（アカデミック・ハラスメント等）、一方的な思いこみに基づいて行われる不快な言動（ストーカー行為等）を含んでいる。本人が意図しなくとも、受け手が不快に感じた場合ハラスメントになる。当事者間に上下関係や力関係がある場合、受け手が不快感を表明できないことがあるので、

ハラスメント行為を行っていることを気付かないことがある。教員・学生間だけでなく、研究室の先輩・後輩間、同級生間でもハラスメントが成立する。セクシュアル・ハラスメント等は、人の尊厳を侵害する重大かつ不当な差別行為である。

　ハラスメントは教員と学生、教職員同士、学生同士等の個別的な関係から生じるものであり、同じ行動がハラスメントとして成立する場合としない場合がある。ハラスメントの発生を防ぐためには、相互の思いやりによる信頼関係の確立が不可欠である。教育熱心な教員が、信念に基づいて行った教育がハラスメントとして訴えられることはありうることである。教員は、学生の意思を尊重しながら、学生の個性に応じた指導を行う必要がある。

　九州大学では、セクシュアル・ハラスメント等対策委員会および相談窓口を設置してその対策に当たっている。平成17年度の相談件数は20件で、16年度の16件から若干増加している。16年度は女性のセクシュアル・ハラスメントの相談が多かったのに対し、17年度は男性の相談が半数に達し、アカデミック・ハラスメントに関する相談件数が増加している。相談者は大学院生が多く、苦情等の相手は教員が多い。大学院生が苦情の相手となる場合もあるが、この場合はすべて男性である。相談の方法は面談が中心であるが、平成17年度はメールでの相談が4件行われた。

　法人化前における国立大学教員の懲戒処分等の状況は、文部科学省人事課で年度ごとに取り纏め、翌年の6月に公表されていた。法人化後は、文部科学省では処分件数を取り纏めて公表する程度で、事案の概要は公開していない。九州大学の就業規則では、「懲戒処分を行ったときは、原則として公表する」としており、事案ごとに記者会見等で公表している。また、各年度の状況を翌年度の5月1日に「大学ホームページ」で、①処分量定および処分実施日、②被処分者の職名、③事案の概要を公開している。

　セクシュアル・ハラスメント等の事案は、平成14年度から5月発行の「九大広報」に掲載している。各年度の状況を翌年度に公表するもので、①相談窓口の相談員に相談があった件数、②正式な苦情申立のあった件数、③懲戒処分を行った場合は、具体的な行為の内容と処分量定を公表してい

る。懲戒処分に至らない事案は公表せず、部局名、職名等の被害者の特定につながる情報は公開していない。平成17年度以降は、③の事項を一般事案に係る懲戒処分の状況とまとめて大学ホームページ上で公開している。

セクシュアル・ハラスメント等の具体的事例

○セクシュアル・ハラスメント
1）教員が、就職のための推薦状を書くことを条件にしつこく食事に誘うこと。誘いを断ると推薦状を書くことを拒否すること。
2）教員が、個人指導名目で特定の学生を頻繁に研究室等に呼び出し、身体に不必要に接触すること。
3）教員が、ゼミのコンパ等で学生の席を自分の隣に指定してお酌をさせること。
4）教員が、授業中に女性に対して差別的発言をすること。
5）性的な経験や性生活について話題にすること。
6）「男のくせに」、「女のくせに」等と発言すること、「おじさん」、「おばさん」等人格を認めない呼び方をすること。

○アカデミック・ハラスメント
1）教員が、特定の学生に対して研究指導をしなかったり、過度に厳しく指導すること。
2）学生の人格を否定するような発言を繰り返し行うこと。
3）学生の卒業や就職を妨害すること。
4）極端に長い時間研究することを強制すること。
5）正当な理由もなく、不利な形で論文著者名を変更すること。
6）正当な理由もなく、研究チームから除外したり、実験資材を使わせないこと。

○その他人権侵害行為
1）当な仲間はずれ、いじめを行いこと。
2）酔ってからんだり、悪ふざけをしたり、暴言をはいたり、迷惑行為をすること。
3）つきまとうこと。

入学式

　九州大学では、4月上旬に学部入学式を行っている。以前は大学内の九州大学50周年記念講堂で入学式を行っていたが、学生数の増加および家族の列席希望者の増加により全員の収容が不可能となり、現在は大学外の施設で入学式を行っている。

　入学式では総長告辞、新入生総代誓詞朗読の後、来賓挨拶が行われる。

入学式の来賓挨拶は国際交流協定締結校の代表者にお願いすることとしており、平成18年はボルドー第一大学副学長に来日していただいた。英語ではなく、フランス語で挨拶していただき、九州大学に所属するフランス人留学生が逐次通訳を行う形がとられた。なお、入学式には卒後30年の卒業生を招待している。

入学式に続いて、新入生オリエンテーションが行われる。まず、九州大学紹介ビデオの映写を行う。つぎに、教育担当理事副学長が歓迎挨拶および講話を行うが、ここではこれからの勉学の心構え、学生生活の送り方について全般的な説明を行う。学部ごとの具体的な説明は、学部ごとに実施されるオリエンテーションで行われることになる。

大学に入学した学生がその個性を伸ばしていくためには、入学後1年間の体験が最も重要である。大学は、教えられる場ではなく、自ら学ぶ場であることを新入生に知らせることが重要である。大学で一人暮らしを始める学生も多く、生活上のトラブルにまき込まれることも多い。トラブルが発生した場合、早期解決を図ることが望ましく、大学の修学支援体制を全員に理解させる場としてオリエンテーションは重要である。最近は、入学式に出席する保護者も多くなっているが、保護者の方々にも大学の教育体制や学生支援体制を理解していただきたいと考えている。

入学式終了後、部局に別れてオリエンテーションが行われる。21世紀プ

平成18年度入学式・オリエンテーション

○九大フィルハーモニーオーケストラ演奏
○入学式
1）開式の辞
2）総長告辞
3）新入生総代誓詞朗読
4）来賓挨拶（国際交流協定締結校：ボルドー第一大学副学長）
4）部局長等紹介
5）閉式の辞
○新入生オリエンテーション
1）九州大学紹介ビデオ上映
2）歓迎挨拶・講話（教育担当理事副学長）
3）学生歌合唱

ログラムは九州大学で開始した独自の教育プログラムであり、既存の学部に所属しない学生に対してゼネラリストとしての教育を行っている。低年次では学部の枠にとらわれることなく自分で講義の受講計画を立て、勉学に励むことになる。所属学部がないため、21世紀プログラムのオリエンテーションには教育担当副学長が挨拶に赴くことになる。

21世紀プログラムは、専門性の高いゼネラリストを養成する学部横断型プログラムである。平成13年度に発足し、平成17年3月に第1期生が、平成18年3月に第2期生が卒業し、4月に第6期生が入学した。学生は、自分自身で受講計画を作成し、学部の壁を越えて講義を受講する。しかし、本プログラムの認知度は九州大学内でも高いものではなく、受講許可の獲得および学部学生との交流にかなりの困難があるようである。専門性と学際性の両立は、4年間の学士課程では時間的に不足する。21世紀プログラムでは海外留学を奨励しているため、なおさら期限内に十分な専門性を獲得することが困難となる。したがって、大学院進学により高度の専門性を獲得することが望まれる。

平成18年度学士入学者

平成18年度の学士入学者は2,633名であったが、そのうち1,181名（45.1％）が福岡県出身であった。その他の九州6県の出身者は、長崎県198名（7.5％）、鹿児島県187名（7.1％）、佐賀県166名（6.3％）、熊本県142名（5.4％）、大分県122名（4.6％）、宮崎県103名（3.9％）であり、合計すると34.8％を占めている。沖縄県出身者は19名（0.7％）であり、大きな数字ではない。沖縄を含む九州出身者の合計は、81.7％に達している。

四国では、愛媛県（48名、1.8％）が多く、4県で3％を占めている。中国地方では、広島県（104名、3.9％）、山口県（69名、2.6％）、岡山県（58名、2.2％）出身の学生が多い。その他の県で0.5％を越えているのは、兵庫県（27名、1.0％）、島根県（20名、0.8％）、香川県（19名、0.7％）、大阪府（16名、0.6％）、愛知県（16名、0.6％）、東京都（13名、0.5％）、京都府（13名、0.5％）である。

平成18年度学士入学者内訳　　　　　　　　　　　　　　　　　　（単位：人）

学　　部	ＡＯ選抜	前期日程	後期日程	帰国子女	社会人	外国人
文学部		137	25	2		
教育学部		41	10	1		2
法学部	30	145	26			
経済学部		185	62			3
経済経営		116	38			2
経済工学		69	24			1
理学部	50	200	35			
物理	10	48	4			
化学	15	47	9			
地球惑星	10	31	8			
数学	8	38	9			
生物	7	36	5			
医学部	19	201	30		3	4
医学科		87	15			3
看護学	8	59	6		2	1
放射線	5	27	4			
検査技術	6	28	5		1	
歯学部	10	35	10			2
薬学部	16	63	7			2
創薬科学	10	41	3			1
臨床薬学	6	22	4			1
工学部		726	107			13
建築		52	11			1
電気情報		140	22			3
物質科学		158	20			5
地球環境		137	17			
エネルギー		87	16			1
機械航空		152	21			3
芸術工学部	11	165	30	1		2
環境設計		32	5			
工業設計	6	41	4			1
画像設計	5	27	7			
音響設計		32	5	1		
芸術情報		33	9			1
農学部	20	182	29			2
21世紀	26					
全　　　体	182	2080	371	4	3	30

概して、九州出身の学生は九州でトップの大学に入学したことに満足しており、より高いレベルを目指す意欲に欠けることが多い。九州大学に在学中は厳しい競争にさらされる機会も少ないため、自己アピール能力を発達させないまま卒業を迎えることも多い。一方、遠隔地から入学した学生は積極的な勉学態度を示す割合が高く、卒業時にはより高い資質を獲得して希望の進路に進む確率が高いように思われる。大学は、各人の個性を十分に伸ばし、社会人としての能力向上を図る場であることをできる限り早く認識して欲しいものである。

平成18年度大学院入学者

　学部４年間の勉学を終えた学生の多くは大学院に入学する。九州大学では、大学院を学府と呼んでいる。大学院には博士前期（修士）課程と博士後期（博士）課程がある。通常、修士課程は２年、博士課程は３年が修業年限となっている。

　修士課程の入学状況は学府により異なり、定員を超過している学府と定員を満たしていない学府がある。九州大学では英語で教育を行う国際コースがあり、若干名が９月に入学するので、各年度の修士課程入学者数は４月入学者数より若干多くなる。４月入学者の定員充足率は全体では129.7％になっているが、適正とされる定員充足率は定員の±15％であるので、今後適正化していく必要がある。

　九州大学では４つの専門職大学院を開設している。専門職大学院では定員管理が厳しく行われており、いずれの学府も定員と入学者数の間に大きな差異は生じていない。

　博士課程では定員を満たしていない学府が多いのが問題である。定員超過が顕著であるのが芸術工学部であり、人間環境学府およびシステム生命科学府も定員を越えて採用している。多くの学府は４月入学の学生のみでは定員を満たしておらず、全体での定員充足率は74.8％に過ぎない。博士課程の定員充足率は大学院重点化を行った大学では適正値を保つ必要があり、今後の改善が求められている。

平成18年度大学院入学者数　　　　　（単位：人）

学　　府	修士		博士	
	定員	入学者	定員	入学者
人文科学府	56	36	28	23
比較社会文化学府	50	48	40	32
人間環境学府	83	107	44	48
法学府	60	29	25	10
経済学府	47	42	24	6
理学府	150	177	70	36
数理学府	54	54	34	19
システム生命科学府			38	51
医学系学府	20	31	127	116
歯学府			43	28
薬学府	55	80	26	15
工学府	265	413	126	78
芸術工学府	90	160	20	40
システム情報科学府	115	142	51	34
総合理工学府	164	231	76	44
生物資源環境科学府	161	227	77	55
合　　　計	1370	1777	849	635

平成18年度大学院入学者数（専門職学位課程単位：人）

学　府	専　攻	修士	
		定員	入学者
人間環境学府	実践臨床心理学専攻	30	29
法務学府	実務法学専攻	100	104
経済学府	産業マネジメント専攻	45	47
医学系学府	医療経営管理専攻	20	26
合　　計		195	206

　平成18年度入試でも定員不足状況は改善されていなかったため、社会人を主な対象とした追加募集を行い、一部の学府で博士後期課程の定員充足率を大きく改善された。しかし、充足率90％以上を達成していない学府が残っており、今後も適正化を進める必要がある。

伊都キャンパスの施設整備

　九州大学では伊都キャンパスの移転を進めており、平成17年10月に工学系の第一陣が移転し、平成18年10月には第二陣が移転して第一期の移転を完了した。第一陣移転後は研究棟内のスペースに仮食堂を設置して学生、教職員の食事を供給してきたが、平成18年3月末に食堂、コンビニエンスストア、書店を含む生活支援施設ウエストⅡが完成し、4月10日にオープニング式典を実施した。

　この施設は、Private Finance Initiative（ＰＦＩ）方式により民間の活力を利用して整備され、運営されるものである。ＰＦＩ事業は、「公共施設等の建設、維持管理、運営等を民間の資金、経営能力および技術的能力を活用して行う新しい手法。民間の資金、経営能力、技術的能力を活用することにより、国や地方公共団体等が直接実施するよりも効率的かつ効果的に公共サービスを提供できる事業」と定義されている。

　1階では定食類が販売され、室外でも食事ができる様に椅子とテーブルが置かれている。定食類は量の異なるメニューが用意されており、男性と女性の食事量の違いに対する配慮がなされている。2階は麺類および丼物を販売するフロアーであり、喫茶室も2階に設置されている。また、2階玄関口にはコンビニが設置され、隣接して書店が設置されている。3階は屋上への出口となっており、展望と植栽を楽しみながら食事をすることが可能となっている。

　伊都キャンパスでは、西講義棟も完成して平成18年4月から供用を開始した。2階に260名と140名の講義室が用意されているが、この2つの講義室は簡易間仕切りにより分割されているので、合して400名の講義室として利用することができる。また、3階には190名と110名の講義室が用意されている。

　学生支援施設の整備も平行して行われており、75名の講義室を4室、100名の講義室を1室有する支援施設が4月から利用可能となった。この施設は、講義終了後は課外活動に利用可能としている。平成18年10月には

75名の講義室6室とシャワー室を有する支援施設の供用が開催され、合計1,540㎡の学生支援施設の整備が終了する。

グラウンドの本格的な整備は第2期以降になるため、学生支援施設に隣接した敷地を暫定的に整備して多目的グラウンドとして利用することとした。これも平成18年4月から使用可能となり、ソフトボール等を行うことができるようになった。

生活支援施設ウエストⅡの概要

食　堂	営業時間：1階（11：00～19：30）・2階（8：00～19：30）。座席数：641席（室外にも108席）。食事品目：定食、麺類、丼物、カレー等。事業者：三菱ライフサービス（株）。
売　店	営業時間：7：00～21：00。販売品：弁当、パン、飲料、文房具等。事業者：（株）ローソン。
書　店	営業時間：10：00～19：00。事業者：（株）紀伊國屋書店。

前期授業開始

授業を開始する際にもオリエンテーションが重要となる。授業の内容および実施計画はシラバスに記載して事前に公開するが、シラバスには講義実施上の細かい情報を記載するスペースは無い。したがって、初回の講義で講義の狙い、受講上の注意点、成績評価の方法等について詳しく説明することが授業を円滑に進めるために必要である。

新任教員の場合、講義ノートを作成しながら講義を実施することになる。その場合、講義実施予定と実際の進行が一致しないことがあるが、学生の理解度を高めることが重要であるので、予定通りに進まなくとも気に病む必要は無い。逆に、学生の要望に応じて講義予定や内容を変更するなどの気配りが欲しいところである。毎年実施する講義では、一度講義ノートを作成すれば毎年同様の講義を行うことも可能である。しかし、講義の内容によっては学問的な進歩を講義に反映させることが必要となる。また、学生の希望に応じて講義内容の修正を行うことも必要である。

講義内容の改定には、学生による授業評価が有益である。私の場合は毎

年学生による授業評価を個人的に実施し、講義して欲しい内容や不要と思われる部分に関する意見を聴取している。それによって、学生が求める知識の内容が明らかになるので、毎年講義ノートを改訂して講義内容の改善を行ってきた。

　２年目以降は、講義資料を事前配布し、講義の予習を可能にした。一度に数回分の講義資料を事前配布し、数年間にわたってその内容を改訂したが、学生の要望により教科書として出版することになった。教科書を使用すると講義内容の改訂が若干不便になったが、追加資料を配布することにより講義内容の改訂を行ってきた。最初の教科書は５年間使用したが、学生の意見と社会の変化に対応するため平成18年に大幅に改訂した教科書を出版してこの年度から使用を開始した。

新入生歓迎会

　入学式終了後、それぞれの組織で新入生歓迎会が行われる。大学に入学する学生のほとんどは未成年であるが、クラスあるいはクラブへの歓迎会で酒を飲むことが多い。新入生は、飲酒の経験が少なく、酒を飲む速度をわきまえていないため、急性アルコール中毒による事故が起こりやすい。新入生を受け入れる側は、節度のある飲酒を教える必要がある。

　私の研究室では、学生の個性を尊重する意味もあり、飲みたくない人間に酒を強要することを禁じている。酒は、人間関係を円滑化し、ストレスを発散して明日の英気を養う点ではプラスになるが、他人に迷惑を及ぼす行為はマイナスに働く。研究室は一つの社会であり、研究室運営は学生の躾の場でもある。相手を尊重し、他人に迷惑をかけない行動が第一であり、相手の気持ちを思いやる心づかいがリーダーとして成長するためには必要であることを教えている。

　研究室では、他大学出身者の受入に万全を期して欲しい。最近は他大学からの受入が増えているが、新しい大学のシステムになじむことができず、休学や退学に至るケースが増えているからである。学部への入学者も含め、最初の半年間が大学になじむ重要な時期である。教員は、学生が相談しや

すい雰囲気を作る必要がある。

　私は、毎年1回は学生を自宅に呼んで懇親会を行っている。学生は、教員に相談する気になかなかなれないものであるが、家に来たことのある学生は教授室に悩みを相談に来ることができる。私の研究室の学生数は30名を超えているので、学生の間でさまざまな問題が発生する。人間関係に悩む学生もいれば、進路変更の相談もある。ほとんどの場合は教授室で話を聞いてやることにより問題を解決してきたが、研究室外でカウンセリングを行う必要が生じたこともある。私に相談していることを他の学生に知られたくない場合、大学に行くことができなくなった場合等である。研究室外でのカウンセリングが必要になった場合、休日に自宅に呼ぶことが多いが、自宅に来たことのある学生は安心して相談に出かけてくる。以前は、卒業前に自宅に学生を招待していたが、最近は入学後の懇親会に自宅を利用している。

分野スポーツ大会

　九州大学農学部応用生物化学コース食糧化学工学分野では、4月下旬に新入生歓迎スポーツ大会を行う。各研究室（研究分野）には、4月から4年次学生が配属され、一部の研究室には他大学や他学部出身の大学院生が入学してくる。スポーツ大会向けの練習は、これらの新入生を研究室になじませるいい機会である。

　九州大学農学部および生物資源環境科学府では学部の構成と学府の構成が異なる。大学院学生は食糧化学工学分野に所属している訳ではないが、研究室の一体化のため、大学院学生も分野主催のスポーツ大会に参加している。学部と学府の構成の違いは、大学院重点化に伴う組織改革の結果であるが、新入生歓迎会や学位記授与式等の大学行事に必ずしも研究室単位で参加できない状況を産み出している。教員の業務も複数の組織に対応するため増加している。国立大学法人化に伴い、教員の業務が増加し、学生教育および研究に費やす時間が減少している現状では、組織改編による効率化が必要である。研究分野間の交流を支援しながら、学部と学府の組織

を一致させる改善が望まれる。

スポーツ大会は、男子学生はソフトボール、女子学生はバトミントンを実施している。以前は男子学生中心であり、各研究室が一つのチームとして参加し、3年次学生は複数のチームを編成して争っていた。近年は女子学生の割合が増加し、研究室が単独チームを結成することが困難になっている。また、3年次学生も単独チームを結成できないことがあり、各研究室に分散配置を行う場合もある。このような状況は、研究室や学年の一体感の形成を阻害しているが、研究室間の交流や3年次学生の研究室体験の獲得には寄与している。

女子学生のバトミントンは、研究室および3年次学生がそれぞれ複数のチームを編成して争う状況となっている。体育館で多くのコートを使用できるので、試合の消化に苦労する程ではない。また、バトミントンは晴雨に関らず実施できるのに対し、ソフトボールは雨天が続いて中止した年がある。

スポーツ大会の実施には丸一日を要するので、講義は休講となる。したがって、実施日は分野の教員が担当する講義日を選ぶことになり、順延は行わないことが多い。スポーツ大会終了後は懇親会を行い、成績優秀チームおよび個人の表彰を行っている。分野懇親会終了後は研究室単位で懇親会を行うことが通例となっている。

このようなスポーツ大会への参加は、研究室の一体感の醸成に大きく寄与する。勝利を目指して一緒に練習することが研究室の和をもたらすからである。研究室に配属された4年生と他大学から入学した新入生を研究室に溶け込ませるためには、研究室として行う合同行事に参加させ、仲間意識を持たせることが重要である。新人にとって新しい組織に入ることは大変な作業であり、さまざまな悩みが発生するものである。悩みは、誰かに相談することができればそれだけで解決することが多く、相談相手のいない孤立した学生が引きこもり、休学、退学、自殺等に追い込まれるものである。学生が一緒に楽しむことのできる行事は大事にして欲しいものである。

私は、スポーツ大会もまた教育の場として活用してきた。勝つための工

夫を教えることは、研究の工夫のやり方を教えることにつながるからである。自分達の能力を把握し、長所を活用し、弱点をさらけ出さない方策を教えることができる。チームとしての能力を高めるためには、適材適所で人を配置する必要があり、個々の学生に実力を発揮させるためには、それなりの配慮が必要である。相手チームの弱点をつき、勝利をもたらす柔軟性も教えることができる。

　多数の学生を教育する必要があり、馬齢を重ねるにつれて忙しくなってきたため、個々の学生に教える機会は多くはない。したがって、あらゆる機会をつかまえて人間教育を行うことになる。学生教育で重要なことは、理由付きで教えることである。長い教員生活のなかで覚えたことは、なぜそうしなければならないかを実際の作業のなかで教えることの重要性である。

運営費交付金

　九州大学の収入の約6割は運営費交付金として、国からの予算に頼っている。大学の特徴を活かす運営を行うためには、自己収入の確保が必要である。附属病院収入は大学予算の30％近くに達するが、大学病院の運営に必要な経費とほぼ一致しており、施設整備借入金の返済を加えると赤字の状況にある。授業料、入学料、検定料、雑収入を増やすことは、大学運営の赤字補填、すなわち運営費交付金の減額につながり、税金の投入を減らすことができるが、大学財務の改善には寄与しない。

　運営費交付金は国家財政の窮乏から、毎年減額することが義務付けられている。継続的な定員削減の必要もあり、大学運営に必要な人員と経費を確保することは年々困難になっている。九州大学では、移転経費を捻出する必要もあるため、さらに厳しい財務状況となっている。国立大学法人化に伴い、大学評価に対する対応や教育改革への取組等により、現場の教職員の業務がかなり増加している。限られた人員と経費で高いレベルの教育研究を行うためには、抜本的な組織改革が必要となっている。

　大学の財務を改善する有効な施策は経費の節減である。大学が使用する

経費のかなりの部分は教育のための経費であるが、教育は学部および学府で担当しているので、それぞれの部局で経費節減のための方策を工夫することが必要である。九州大学では、平成19年４月から「三位一体の改革」を行うこととしているが、これは人事および財務に関して部局の自由度を大幅に高めるためのものである。各部局で積極的に業務改善を実施され、効率的な部局運営を可能になることを願っている。

第5章　5月

平成18年5月の主な行事

5月11日（木）開学記念式典、IDE大学協会九州支部理事会
5月12日（金）開学記念講演会
5月16日（火）認証評価説明会
5月19日（金）部局長会議等、教育研究評議会、記者懇談会
5月19日（金）～21日（日）日本栄養・食糧学会大会
5月22日（月）定例役員会
5月23日（火）九州地区大学体育協議会（熊本）、福岡県インターンシップ推進協議会総会
5月28日（日）専門職大学院コンソーシアム創設記念シンポジウム
5月29日（月）総長諮問会議
5月31日（水）～6月2日（金）全国大学入学者選抜研究連絡協議会（静岡）

　慌ただしい4月が終ると、4月末からゴールデンウイークに入り、短い休暇の後大学が再開される。入学後約1ヶ月が過ぎると、新任の教職員も学生も新しい環境に慣れ、前向きの作業を行うことができる状況となる。

　この時期に注意すべきことは、新入生の一部に5月病が発生することである。大学入試を主目的として勉学に励んできた学生の一部は、大学入学によりそれまでの人生の目的を失い、新たな目的を見いだせない状況となる。このような学生を速やかに発見し、早い段階で相談に乗ることが学生の修学指導に重要である。

　5月の重要行事は、開学記念行事である。平成18（2006）年は、開学記念日である5月11日に開学記念式典が、翌日に開学記念講演会が行われた。また、一般市民や中・高校生に九州大学の教育研究内容を広く知って貰うため、毎年5月11日を中心に学内施設の開放が行われている。

　5月には、科学研究費の採否がほぼ決定する。九州大学は、科学研究費採択件数では健闘しているが、間接経費が付与される大型研究費の採択が十分ではない状況にある。各教員の一層の努力が望まれるとともに、研究

費申請業務に対する全学的支援の強化が必要となっている。

　国立大学法人は、6年ごとに法人評価を受けなければならないが、それに加えて教育活動を中心にした認証評価を7年以内の周期で受けることになっている。これは教育の質を保証するために行われるものであるが、その実施方式については未定の部分が多い。そこで、九州大学が認証評価を依頼する予定である大学評価・学位授与機構の川口昭彦理事に5月16日に来学していただき、担当者向けの説明会を開いた。国立大学法人化以降、評価関連の業務が増加し、教員の業務遂行に支障を来している面があるが、自己評価の実施は大学における教育研究の質の向上に寄与するものであり、積極的な対応が望まれる。

　5月23日には、九州地区大学体育協議会が熊本大学で開催された。この協議会では、体育大会（インカレ）と体育系学生リーダーズ・トレーニングを毎年実施しているが、これは地域の国公私立大学が協同して円滑に事業を進めている数少ない成功例である。評価関連での大学教職員の業務が増加しているなか、大学間の協力は業務の効率化や高度化に大きく貢献することが期待される。本事業を参考にして、教育分野でも大学間教育の協同実施体制が構築されることが望まれる。

　専門職大学院は、高度専門職業人の育成を目的として設置されるものであるが、九州大学は4つの専門職大学院を開設しており、早稲田大学の5つに次ぐ開設数である。平成18年4月から、4つの専門職大学院がコンソーシアムを形成し、教育面での協力体制を実現しつつある。本コンソーシアムの創設記念シンポジウムが5月28日に開催されたが、専門職大学院における教育面での協力が成功し、その成果が九州大学にとどまらず、九州地区の国公私立大学の教育プログラムの改善に資することを願っている。

開学記念日

　九州大学の開学記念日は5月11日である。10時より創立五十周年記念講堂の大講堂で開学記念式典が開催され、引き続いて同講堂2階のファカルティークラブで記念懇談会が開催された。

平成18年度開学記念式典

> 1）九大フィルハーモニーオーケストラ演奏
> 2）総長挨拶
> 3）感謝状贈呈
> 4）名誉教授称号記授与
> 5）九州大学チャレンジ＆クリエイションプロジェクト総長賞表彰・発表会
> 　最優秀賞：放置自転車削減と地域経済の活性化プロジェクト
> 　優秀賞：アマチュアパフォーマーの需要と供給のパイプライン確保
> 　優秀賞：ＲｏｂｏＣｕｐ四足ロボットリーグ優勝への道
> 6）九州大学ロバート・ファン・アントレプレナーシップ・プログラム発表会
> 　シリコンバレーは遠くない（ＱＲＥＰ体験記）
> 7）財団法人九州大学後援会助成事業発表会
> 　古地図の中の福岡・博多
> 8）応援団演舞

　総長挨拶では、この１年間の大学の動きについて説明がなされた。感謝状が大学の運営に寄与した11名に対して贈呈されたが、本年から賞状ではなく、楯が授与された。名誉教授称号記の授与式には、新たに称号を授与された名誉教授のうち15名が出席され、賞状を授与された。

　九州大学における名誉教授の称号は、１）本学教授として15年以上在籍し、特に功労のあった者、２）本学総長として大学の運営に関し、特に功労のあった者、３）本学の教授、助教授又は専任講師として在籍し、教育上又は学術上の功績が特に顕著であった者に対して授与されることになっている。定年退職者の場合は、教授歴13年以上が称号授与の要件である。本学助教授としての在職年数はその３分の２を、専任講師としての在職年数はその２分の１を教授の在職年数に通算することができる。本学に勤務する以前の他大学等の教授在職年数はその３分の２を、助教授在職年数は３分の１を、専任講師職年数は４分の１を通算することができる。ただし、本学教授として５年以上在職する必要がある。名誉教授は、各部局の教授会の議を経て総長に推薦され、教育研究評議会において決定される。決定には評議員の３分の２以上の出席と出席評議員の４分の３以上の賛成が必要である。

　チャレンジ＆クリエイションプロジェクトは、学生のユニークな活動に

対して支援されるものである。平成17年度は、9件の助成プロジェクトから3件が表彰され、最優秀賞の1件の発表が行われた。

　また、平成18年3月に初めて実施されたロバート・ファン・アントレプレナーシップ・プログラムの発表会も行われ、20名の参加者の代表1名が発表を行い、4名が感想を述べた。このプログラムは、九州大学の卒業生であるロバート・ファン氏の寄付金を基本にして実施されたもので、希望した学生を平成18年3月にシリコンバレーに派遣し、1週間の密度の濃い講義と研修を行ったものである。多くの学生、教員に聴いて欲しい内容であり、この式典に学生や教員がほとんど参加していないのが残念であった。

　九州大学後援会助成事業発表会では、総合研究博物館の宮崎克則助教授による福岡・博多の古地図のデジタル化に関する報告が行われた。この業績は、「古地図の中の福岡・博多」として地元出版社海鳥社より出版され、購入可能となっている。

　この開学記念式典には、卒後50年以上の同窓生が招待された。本年は18名の卒業生が出席された。名誉教授、元教授、元事務長等の方々、経営協議会等の学外委員の方々も出席され、引き続いて行われた懇親会にも出席された。

開学記念講演会

　開学記念日の翌日の5月12日に、九州大学創立95周年・開学記念講演会として、アクロス福岡シンフォニーホールにおいて、京セラ名誉会長・ＫＤＤＩ最高顧問・盛和塾塾長である稲盛和夫氏による「リーダーのあるべき姿」に関する講演が行われた。総長挨拶に続いて、九大の歴史と伊都キャンパスを紹介するＤＶＤが上映され、稲森氏の講演が行われた。

　鹿児島出身の稲盛氏が京セラを設立して現在に至るまでの経営指針が、西郷隆盛の「敬天愛人」に基づくこと、『西郷隆盛遺訓集』を座右の書として経営を行ってきたこと等が開陳された。その中で、リーダーのあるべき姿として、天道を踏むこと、謙虚であること、無私であること、自己犠牲をいとわないこと、公平であることなどがあげられた。また、苦楽を共

にした人を大事にしすぎても、粗末にしてもいけないこと、努力の継続が凡人を非凡な人に変えること等が語られた。

リーダーの倫理性は、とくにトップリーダーに不可欠の資質であると考えられている。自己栄達を中心に考えるリーダーについていく部下は少なく、自社中心の考え方を行うトップが経営する会社に協力したいと考える企業は少ないものである。トップリーダーの倫理性について言及する経営者は起業者に多いが、一企業を立上げ、大企業に育て上げる作業は、優れた人間性を有するトップに負う部分が大きいものと思われる。

講演終了後、2名の学生の質問に答えていただき、花束が贈呈された。引き続いて名誉博士号の贈呈が行われた。名誉博士号は、学術、文化の発展に重要な寄与をした人で、本学の運営に寄与した人に授与される。稲盛氏は、ファインセラミックの開発により社会の発展に寄与しただけでなく、私財を投じて稲盛財団を設立し、京都賞の創設および九州大学を含む多くの大学で研究への援助を行ってきたこと、盛和塾を創設して経営者の育成に多大の援助を行ってきたこと等が名誉博士号贈呈の理由である。

認証評価説明会

九州大学は、大学評価・学位授与機構による認証評価を受ける予定である。そこで、大学評価・学位授与機構に訪問説明会の実施をお願いした。説明会には、各部局の評価関係者、部局長等が100名前後出席し、大学評価・学位授与機構の川口理事が1時間にわたり説明を行った。説明に用いられたPower Point資料は出席者全員に印刷して配布された。説明終了後、質疑応答の時間が設けられていたが、40分にわたり質疑応答が行われ、充実した説明会となった。さらに、大学本部の評価担当者との間で1時間にわたる情報交換を行っていただき、認証評価の実施に関する多くの情報を得ることができた。

認証評価や法人評価を受けるためには、多くの根拠資料を作成する必要があり、現場の教職員にとっては大きな負担となる。しかしながら、ここで必要とされる根拠資料の多くは、大学運営の実態を教えてくれる貴重な

ものであり、大学運営の効率化および教育研究の高度化に必須の資料である。

その後、認証評価の受審時期について検討が行われ、平成19年度に受審することが決定された。平成20年度は法人評価の暫定評価が実施されるので、20年度の受審は大学評価・学位授与機構が対応不能となる。そこで、19年度もしくは21年度のいずれに受審するかについて検討が行われ、19年度に認証評価を受けて教育評価に関する経験を深めることが決定された。

認証評価報告書の作成についてはすでに対応が開始されており、部局からの自己点検・評価報告書に基づいて原案の執筆を行っている。認証評価や法人評価は、評価を受ける側にとっては負担感を感じることが多い。しかしながら、大学運営に関する第三者評価を受けるために各種資料を用意していく過程で構成員の現状認識が進み、大学改革に関するコンセンサスが形成されていくものである。また、そのような形で評価作業を前向きな成果に結びつける努力が必要である。評価は、やらざるを得ない作業と考えるのではなく、強い組織や質の高い教育研究成果を得るための手段と考え、大学全体が一致協力することが必要である。

九州地区大学体育協議会

九州地区では、国公私立大学が共同して体育大会および体育系学生リーダーズ・トレーニングを実施している。これらの活動を行うため、平成18年度に実施される第55回大会の当番校、熊本大学において5月23日に総会を開催した。

この協議会では、九州地区のすべての国公私立大学が協同して1つの事業を運営しており、全国でも例の少ない活動である。国立大学法人化に伴い、教育分野における業務の増加が著しくなっており、公立および私立大学でも大学評価に関する業務から免れることはできない状況にある。少子化による学生の奪い合いの状況もあるが、大学間協同を通じて高度な教育体制を構築することは、全ての大学にとってプラスになると考えている。

本協議会の活動は体育関連に限られているが、教育全体に関する協力体

制を確立し、国公私立大学が協同して教育業務の効率化および高度化を達成することが望まれる。教育関係では、九州地区国立大学法人11大学が合同して入試説明会を九州内で実施してきたが、平成18年度は東京・大阪地区で合同入試説明会を行った。また、九州地区国立大学・高等学校連絡協議会や九州地区学生指導研究集会などで教育担当副学長が一同に会する機会もあり、大学間協力について議論しているところである。

専門職大学院コンソーシアム

　専門職大学院は、高度職業人の育成を目的として設置された大学院である。既存の大学院は、専門分野に関する深い知識を与えること、最終的には高度な能力を有する研究者を育成することを主な目的としている。一方、専門職大学院は実社会対応型の教育が充実している点に特徴を有する。専門職大学院では、資格取得を重要な教育目的としている面があり、法科大学院では司法試験の合格者数と合格率が重要な評価項目になっている。

　九州大学には4つの専門職大学院がある。まず、平成13年に医療経営・管理学専攻が設置され、平成15年に産業マネジメント専攻としてビジネススクールが、平成16年に実務法学専攻としてロースクールが、平成17年に実践臨床心理学専攻が設立された。専門職大学院は、早稲田大学が5つの専攻を開設しているが、4つの専攻を有する九州大学は、それに次ぐ充実ぶりである。

　平成18年4月に、これら4つの専攻がコンソーシアムを結成し、学生教育や研究に協力する体制を確立した。大学の教育は、学部や学府単位で行われることが多く、研究と異なり、組織間の協力は必ずしも活発ではない。国立大学法人化に伴い、学内非常勤講師に対する講師料の支払が困難になったため、部局間の交流はさらに低調となっている。本コンソーシアムの結成により、学生教育の省力化、高度化が達成され、大学全体にその成果が拡大されることを望んでいる。

　これらの専門職大学院では、実務に関する教育が精力的に行われている。社会人による講義、学生と教員の活発な質疑を行う双方向型授業、学内あ

るいは学外における実習など、実務体験の充実やコミュニケーション能力の向上をもたらすカリキュラムが実行されている。このような、学外関係者の参加を伴う教育を実施するためには、それなりのコストが必要となる。非常勤講師の任用が必要となる場合もあれば、インターンの受入を依頼する場合には指導のためのコストを支給する必要も生じる。法科大学院では他学府より高い授業料の徴収を行っているが、それでも十分な予算を確保することができず、学外の協力者に礼を失せざるを得ない情況が続いている。

　他の専門職大学院や既存の学府においても、先進的な試みを行う際には同様な困難に直面することが多いことであろう。現在の財政情況では運営費交付金による支援はほとんど不可能であるが、多くの資金が競争的資金として教育分野に配分されるようになっている。競争的資金が配分されるプロジェクトにはさまざまな性質のものがあるが、九州大学としてはすべての分野に均等に精力を注ぎ、人的資源を浪費することは得策では無いと考えている。九州大学、ひいてはそれを構成する学府の特徴を活かすことのできるプロジェクトへの応募を積極的に支援し、外部資金の獲得を実現することが教育担当理事の重要な業務であると考えている。

専門職大学院コンソーシアム創設記念シンポジウム

１）開会挨拶
２）大学院代表者挨拶
３）各専門職大学院概要説明
医学系学府医療経営・管理学専攻
経済学府産業マネジメント専攻
法科大学院（法務学府実務法学専攻）
人間環境学府実践臨床心理学専攻
４）基調講演：実務と理論の架橋－法科大学院での教育の経験から
福岡地方裁判所判事・九州大学法科大学院教授　白石史子
５）パネル・ディスカッション：
専門職大学院に求められる高度専門職業人養成とコンソーシアムの
可能性について
６）今後のプログラムの展開について（公開講座等の紹介）

総長諮問会議

　学外有識者の意見を大学運営に反映するため、総長諮問会議が開催されている。この会議には、委員9名、ゲストスピーカー1名、総長、理事8名、監事2名、総長特別補佐11名、事務関係者が出席し、総長から諮問された項目について意見交換を行う。現委員の任期は、平成18年4月1日から現総長の任期が切れる平成20年9月30日迄である。

　平成18年5月29日に開催された総長諮問会議は、伊都キャンパスの紹介を兼ねて伊都キャンパスで初めて開催されたものである。最初の30分をキャンパス見学にあて、1時間40分にわたり意見交換を行った。今回の諮問事項は、「九州大学の教育研究に必要なもの」であり、主として国際化とリーダーシップ教育について意見交換が行われた。また、山川健次郎初代総長関係の資料が寄贈されたので、会議室に資料が展示され、閲覧することができた。会議終了後は、「あかでみっくらんたん」において懇親会が行われた。

　リーダーシップ教育については、学生に思考力、判断力、創造力、問題解決能力等を持たせることが不可欠であると考えている。学生に自分の意見を提出させ、発表させることが必要であり、学生参加型双方向授業の充実が望まれる。学生参加型授業は、学部および学府の一部で実施されているが、最も活発に行われているのは専門職大学院である。専門職大学院コンソーシアムの結成により、リーダーシップ教育が充実されることを期待しているが、ここで行われている授業方式を広く学内に公開することが必要である。

　教育の国際化では、語学教育の充実がまず頭に浮かぶが、話すべき内容を持っていなければ猫に小判である。日本の文化、歴史、現代社会に関する広範な知識の伝達が必要とされる。語学力は、意思の伝達が可能であれば十分であり、必ずしも流暢な会話能力は国際交流に必要ではない。学生の発言を促し、その意見を尊重する教育を行う必要がある。

　外国語運用能力の向上は、大学教育の成果として重要な要素である。し

かし、全員に高度な語学能力を付与することは不可能である。高いレベルの語学力修得を希望する学生に対して、適切な教育プログラムを用意することが現実的であろう。語学能力の向上は、留学により現地で当該国の言語にひたることが最も効果的である。しかし、すべての学生の留学を支援することは困難であり、大学内での語学教育の充実も必要である。現在でも、ネイティブスピーカーによる実践英会話の講義や、先進的語学教育の試行が行われているが、外国語教育を専門とする教育センターを設置することも効果的であろう。このようなセンター内では外国語での会話に限ることとし、海外滞在を日本で擬似体験することが可能になれば、語学力の向上に大きく貢献することができよう。

総長諮問会議出席者名簿

委員：神崎邦子（九州市民大学理事）、讃井浩平（上智大学名誉教授）、玉川孝道（西日本新聞社取締役副社長）、長谷川裕一（〈株〉はせがわ社長）、古川康（佐賀県知事）、松尾正人（日本ゼオン〈株〉社長アドバイザー）、山田直（〈独〉産業技術総合研究所アドバイザー）、山本智子（山本法律事務所弁護士）、内海英雄（九州大学大学院薬学研究院教授・評議員）
ゲストスピーカー：早川信夫（日本放送協会解説委員）
総長：梶山千里
理事：有川節夫（キャンパス、学術情報政策担当）、柴田洋三郎（財務・人件費計画、百周年事業、広報担当）、小寺山亘（産学官民連携担当）、村上敬宜（研究・企画担当）、柳原正治（国際交流・留学生担当）、山田耕路（教育担当）、早田憲治（総務担当）、渡辺浩志（大学改革担当・学外者理事）
監事：鑪水恭史、篠原俊
総長特別補佐：落合英俊（工学研究院教授、大学評価担当）、川波洋一（経済学研究院教授、構造改革担当）、北川宏（理学研究院教授、構造改革担当）、高崎講二（総合理工学研究院教授、大学院教育担当）、高田仁（経済学研究院助教授、広報戦略担当）、谷川徹（産学連携センター教授、知財管理・国際連携担当）、淵田吉男（高等教育総合開発研究センター教授、学部・全学教育担当）、本田浩（医学研究院教授、病院担当）、村上和彰（システム情報科学研究院教授、情報政策担当）、安河内朗（芸術工学研究院教授、芸術文化・デザイン担当）、湯元清文（理学研究院教授、研究戦略担当）

全国大学入学者選抜研究連絡協議会

　この協議会は、(独) 大学入試センターにより開催されるものであり、前回までは国立大学入学者選抜研究連絡協議会として開催されていた。今回から公立および私立大学が参加することになり、全国大学入学者選抜研究連絡協議会としての第1回大会が静岡市で開催された。初日は開会行事とセミナーが、第2日は2つの研究会、地区別の連絡協議会、公開討論会、懇親会が、最終日は2つの研究会と設置形態別の意見交換会が行われ、国立大学ではテーマ指定討論会と国立大学入試担当副学長等連絡会が開催された。

　この連絡会に公立および私立大学の参加が必要となったのは、これらの大学のセンター試験への参加が増加したためである。国公私立大学を対象として連絡協議会が運営されることになるので、従来の国立大学中心の運営は修正されねばならない。地区別連絡協議会は、九州地区国立大学入学者選抜研究連絡協議会として運営してきたが、その運営については修正が必要となっている。今回の協議会では、親協議会の組織変更に伴う申合せの変更を実施した。次年度以降の協議会開催については、親協議会との折衝が必要となっている。

　テーマ指定討論会では、「数学の作題体制」について3つの報告が行われた後、討議が行われた。名古屋大学の作題体制が報告されたが、際だった特徴は無かった。大学入試センターからの報告では、センター試験の作題体制について知ることができた。岐阜大学からは、過去問題の活用に関する黒木学長の提案に関する進捗状況が報告された。試験問題の作成は教員にとって大きな負担となっているので、出題体制の合理化および作問の高度化が必要である。すでに、多くの教員は過去問題を参考にしながら新規の作題を行っており、過去問題の活用は合理的な提案ではある。しかし、一部の大学がグループを結成して過去問題利用宣言を行い、過去問題の活用を行っていくことには問題があろう。有力大学では独自の問題を作成す

ることを望むと思われるが、過去問題利用大学と非利用大学が分離することは大学の序列化につながる可能性があり、利用大学のブランド力を低下させる危険がある。過去問題の利用に関するガイドラインを文部科学省レベルで策定し、活用を進めることが必要であろう。

　引き続いて、国立大学入試担当副学長等連絡会が開催され、今後の運営について協議が行われた。地区別連絡協議会は、いずれの地区も当面国立大学中心の協議会を存続させる方針であり、企画委員会にその旨提案することが了承された。九州地区から提案した、本大会での地区別連絡協議会の開催を希望する意見も提出することが了承された。また、次回から国立大学が抱える共通の問題について協議していくべきであるとの提案が了承された。センター試験に参加する私立大学が増加している現状では、地区別協議会への公立および私立大学の参加が徐々に増加することが期待される。九州地区では、地区協議会に公立および私立大学の参加が可能である形に申合せを改定した。

科学研究費補助金

　科学研究費補助金は、わが国の学術を振興するため、人文・社会科学から自然科学までの全ての分野にわたり、基礎から応用までのあらゆる「学術研究」を格段に発展させることを目的とする「競争的研究資金」である。通常、科研費と呼ばれている。ピア・レビューによる審査を経て、独創的・先駆的な研究に対する助成を行うもので、文部科学省と日本学術振興会が公募および審査を行っている。毎年9月に募集が通知され、10月下旬頃までに研究計画調書を所属部局に提出する。審査の結果採択された研究課題は、翌年の4月に大学に通知され、6月頃補助金の使用が可能となる。

　科研費の文科省予算額は増加傾向にあり、毎年節減することが要求される運営費交付金とは逆の傾向を示している。科研費以外にも多くの競争的資金があり、種々の方面から大型研究費を獲得することが可能になっている。競争的資金の乱立は、少数の研究者に多額の研究費が集中する弊害も招いており、研究費を年度内に消費するため、不正使用を行う事例が出て

科学研究費補助金の分類（公募分）

研究種目	備　考	申請費総額・研究機関
特別推進研究	国際的高い評価を得ている研究で、格段に優れた研究成果をもたらす可能性のある研究。	5億円程度まで、3〜5年。
特定領域研究	科学技術・学術審議会の審査を経て設定された研究領域において推進すべき研究。	単年度100〜1500万円程度、1〜3年（領域により異なる）。
基盤研究（S）	一人または少人数の研究者が共同して行う独創的、先駆的研究。	5000万円〜1億円、5年間。
基盤研究（A）	一人または複数の研究者が共同して行う独創的、先駆的研究。	2000万円〜5000万円、2〜4年。
基盤研究（B）		500〜2000万円、2〜4年。
基盤研究（C）		500万円以下、2〜4年（企画調査は1年）。
萌芽研究	独創的な発想、特に意外性のある構想に基づく芽生え期の研究。	500万円以下、1〜3年。
若手研究（A）	37歳以下の研究者が一人で行う研究。	500〜3000万円、2〜3年。
若手研究（B）		500万円以下、2〜3年。

科学研究費補助金予算額と九州大学配分額の年次推移

年度	文部省予算額（百万円）	対前年度伸び率（％）	九州大学配分額（百万円）	対前年度伸び率（％）	九州大学配分率（％）
8	101,800	10.2	2,812	11.5	2.76
9	112,200	10.2	2,999	6.7	2.67
10	117,900	5.1	3,038	1.3	2.57
11	131,400	11.5	3,479	14.5	2.65
12	141,900	8.0	3,595	3.3	2.53
13	157,965	11.3	4,040	12.4	2.56
14	170.300	7.8	4,512	11.7	2.65
15	176,500	3.6	4,536	0.5	2.57
16	183,000	3.7	4,792	5.6	2.62
17	188,000	2.7	5,139	7.2	2.73
18	189,500	0.8	5,393	4.9	2.84

きている。この状況に対応するため、文部科学省では研究経費の次年度持ち越しを可能にするなどの方策を実現している。

　九州大学の科研費獲得額は、予算額の伸びと平行して増加してきた。金額ベースでの配分率は、この10年間は2.5〜2.9％の間にあり、平成18年度

は2.84％と最高の配分率を得ている。

　平成18年度の新規採択は、採択件数では東京大学が最も多く、京都大学がそれに次いでいる。東北大学と大阪大学が700件を超え、3位グループを形成している。九州大学は5位を占めているが、北海道大学との間に大きな開きは無い。名古屋大学は、件数は少ないが、獲得金額では九州大学および北海道大学と大きな開きはなく、これらの3大学が5位グループを形成していると言って良い。

　大型研究費には間接経費が配分される。間接経費の配分額では名古屋大学が5位、東京工業大学が6位に入り、九州大学は7位に下がる。間接経費と直接経費の比率は大型研究費の獲得率を反映するが、0.1を超えているのは5大学であり、東京工業大学、東京大学、名古屋大学、東北大学、京都大学の順である。これらの大学では大型研究費の獲得に努力していることがうかがえる。

　間接経費が付与されるのは、特別推進研究、基盤研究（S）、基盤研究（A）、若手研究（A）、学術創成研究である。これらの種目は、高額の研究費を申請可能であるが、応募者数も少ないので採択率はかなり高い。個々の教員は、これらの大型研究に申請可能なレベルに研究内容を高める必要がある。

　科研費の獲得状況は、大学の活性に関する評価指標の1つとなっている。したがって、研究費の確保という直接的な利益だけでなく、大学の評価を高めるために一層の努力が必要である。九州大学は、科研費獲得状況は芳しいものではないが、この状況は個々の教員の活動と大学全体としての取組み状況の総和としてもたらされたものである。教員1人あたりの科研費獲得状況で比較すると、状況はさらに悪化する。1人あたり採択件数、直接経費配分額、間接経費配分額のいずれにおいても他の七大学に水を空けられた状況で最下位に位置する。個々の教員がこの状況を認識し、教育研究活動の高度化を目指すことがこの状況の改善に不可欠である。

　科研費等の外部資金の不正利用防止が社会問題になっている。不正使用の原因は、国費の補助を受けていることに対する当事者の認識不足によることが大きいが、研究費の使いにくさも問題になっている。大型研究費の

平成18年度新規採択分における科学研究費の配分

	機関名	採択件数	直接経費配分額（千円）	間接経費配分額（千円）	間接経費／直接経費 ％
1	東京大学	1089	5,338,500	690,840	0.129
2	京都大学	983	4,362,400	453,540	0.104
3	東北大学	778	3,449,900	369,750	0.107
4	大阪大学	762	2,885,000	254,070	0.088
5	九州大学	609	2,355,300	218,940	0.092
6	北海道大学	579	2,249,000	165,750	0.074
7	名古屋大学	475	2,119,300	246,960	0.117
8	筑波大学	366	1,113,700	75,450	0.068
9	広島大学	322	1,091,400	78,270	0.072
10	東京工業大学	316	1,623,300	215,130	0.132
11	神戸大学	271	890,400	59,400	0.067
12	理化学研究所	254	893,800	83,160	0.093
13	慶応義塾大学	253	769,700	31,290	0.041
14	岡山大学	244	762,100	43,170	0.057
15	千葉大学	236	691,100	33,930	0.049
16	金沢大学	229	663,000	33,180	0.050
17	早稲田大学	225	643,600	41,580	0.065
18	東京医科歯科大学	179	713,100	63,150	0.089
19	徳島大学	170	565,600	11,850	0.021
19	長崎大学	170	494,900	8,100	0.016
19	熊本大学	170	462,300	2,730	0.006

限られた研究者への集中、決定時期の遅れによる補助金執行期間の短縮、執行における使用方法の限定、単年度決算による制約等が適正な執行を妨げる原因となっている。

　科研費においては、正当な理由があれば次年度への持ち越しが許されることになったが、自由度が拡大されたことは適正な執行を強く求められていることを認識しなければならない。今後は、予算執行上の諸注意を伝達する説明会を実施し、適正な執行を求めることになるが、獲得した外部資金の種類により執行上の自由度が異なることに注意して欲しい。外部資金によっては、投入された資金によって購入された機器および試薬類を他の

研究テーマで使用することを禁じている。これは、資金の有効利用を妨げるものであり、自由な展開が必要な科学研究の本質と相反する面があるが、それを承知で外部資金を獲得した以上、規約に従うべきであることは当然である。大学としては、研究資金の使用上の制約をできる限り少なくする努力を行うが、研究の現場では適正な執行をお願いしたい。

九州大学の平成18年度科学研究費補助金内定状況

研究種目	申請	採択	採択率（％）	直接経費（千円）	間接経費（千円）	合計
特別推進（継続）	3	3	100.0	143,700	43,110	186,810
特定領域	340	145	42.6	939,900		939,900
基盤（S）	33	20	60.6	344,800	103,400	448,240
基盤（A）	148	66	44.6	684,500	205,350	889,850
基盤（B）	587	296	50.4	1,376,600		1,376,600
基盤（C）	806	390	48.4	552,600		552,600
萌芽	576	166	28.8	238.300		238,300
若手（A）	58	26	44.8	213,500	64,050	277,550
若手（B）	579	317	54.7	439,700		439,700
学術創成	7	3	42.9	177,000	53,100	230,100
合計	3,137	1,432	45.6	5,110,600	469,050	5,579,600

七大学の平成18年度科学研究費補助金内定状況

大学名	教員現員（人）	1人当たり採択件数	1人当たり直接経費配分額（千円）	1人当たり間接経費配分額（千円）
京都大学	2,911	0.77	3,642	397
大坂大学	2,485	0.70	2,954	295
東北大学	2,626	0.69	2,891	300
名古屋大学	1,812	0.67	2,955	338
北海道大学	2,113	0.67	2,319	215
東京大学	4,191	0.66	3,737	427
九州大学	2,319	0.62	2,142	184

第6章　6月

平成18年6月の主な日程

6月3日（土）農学部同窓会総会
6月7日（水）～28日（水）職員健康診断
6月8日（木）「魅力ある大学院教育」イニシアティブヒアリング（東京）
6月12日（月）「魅力ある大学院教育」イニシアティブヒアリング（東京）
6月15日（木）「魅力ある大学院教育」イニシアティブヒアリング（東京）
6月16日（金）部局長会議等、教育研究評議会、記者懇談会
6月17日（土）九州地区国立大学合同進学説明会（東京）
6月19日（月）定例役員会、九州地区国立大学・高等学校連絡協議会（鹿児島）
6月20日（火）「研究スーパースター養成プログラム」学内ヒアリング
6月22日（木）青沼茜雲画伯絵画除幕式、経営協議会
6月24日（土）田島寮祭
6月25日（日）九州地区国立大学合同説明会（大阪）

　九州では6月上旬から梅雨に入る。6月には、職員健康診断がほぼ1ヶ月を費やして実施される。職員の健康を維持することは雇用者の義務となっており、全員が健康診断を受ける必要がある。しかし、平成17（2005）年度の受診率は84.8%であった。全員が受診し、健康上の問題を早期に発見して対処していただきたい。検査項目は、X線間接撮影、心電図、血液（肝機能）検査、医師による問診（既往歴および業務歴の調査、自覚症状および他覚症状の有無の調査）、視力・聴覚検査、血圧測定、便潜血反応検査である。なお、平成18年度は、健康診断の受診について積極的な指導が行われ、受診率が94％に上昇した。

　「魅力ある大学院教育」イニシアティブは、大学院教育の実質化に関する支援プログラムである。今年度は九州大学から4件の申請を行い、3件がヒアリング対象に選ばれた。今年度はヒアリングを重視するとのことであり、予定採択件数の3倍の提案に対してヒアリングが実施されたが、幸い3件とも採択された。

　6月および7月に実施した九州地区国立大学合同進学説明会は、今年度

に初めて行った事業である。九州地区の国立大学法人の知名度を全国的に高め、優秀な学生を九州地区に引きつけることを目的としている。九州地区の国立大学法人が共同して実施する事業がいくつか行われているが、大学運営に関する協力はほとんど行われていない。これを契機に、大学業務の効率化・高度化につながる協力が進むことを期待している。

　６月22日には、青沼茜雲画伯の絵画除幕式が伊都キャンパスで行われた。同氏は久留米出身の洋画家であり、久留米市に在住して八女郡広川町のアトリエで制作活動を行っている世界的にも高い評価を受けている画家である。画伯の制作姿勢は、「芸術家の仕事は人の心の奥底に光りを送りこむ事である」とされている。画伯は以前にも九州大学に絵画を寄贈しておられるが、今回は伊都キャンパスの発展を祈念する絵画を２枚作成して寄贈していただいたものである。寄贈絵画は、「伊都に陽昇る」と「伊都連想」の２枚であり、前者は伊都キャンパスウエスト４号館の４階会議室に、後者は理系図書館１階のエントランスプラザに設置された。

　除幕式は、ウエスト４号館の４階会議室で行われ、総長挨拶の後、総長、画伯、工学研究院長の３名で「伊都に陽昇る」の除幕を行い、引き続いて青沼画伯の挨拶が行われた。つぎに、理系図書館に移動し、「伊都連想」について画伯の制作意図を説明していただいた。２枚の絵画には、近隣の風景、伊都キャンパス、歴史的遺産などが象徴的におり込まれている。その制作意図を記載した銅板を作成し、教職員に九州大学の発展を祈念するために作成された絵画であることを知らせる予定である。

　６月25日は、九州地区国立大学・高等学校連絡協議会に出席した。これは九州地区の国立大学と高等学校の代表者が一同に会して大学入試、大学教育に関する質疑応答を行うものである。他の地区にはない連絡協議会であり、九州地区の一体感の強さを示している。

農学部同窓会総会

　九州大学農学部の同窓会総会は、毎年６月の第１土曜日に開催されている。総会では、平成17年度事業報告および決算報告が行われ、会費納入率

の大幅な低下が報告された。平成18年5月15日現在の正会員数は14,615名、特別会員数は70名であるが、平成17年度の会費収入は870万円に過ぎず、2000円の会費を4,350名が支払った計算になる。会費納入率は約30%であり、若い世代の納入率が低い状況であるため、納入率の低下は今後一層顕著となる可能性がある。このような状況下で、在学生を準会員として同窓会に入会させ、会費を徴収してきたシステムが廃止されることとなった。この決定は同窓会への入会率のさらなる低下に導く可能性がある。

　会費収入の低下は、収支を大きく悪化させている。毎年行ってきた50万円の事業基金積立金への繰入および特別会計から引き出した500万円の返還を取り止めた状況で、繰越金が約500万円減少する決算となった。平成18年度予算においても、特別会計から200万円を引き出した上で、繰越金が160万円減少する予定となっている。

　会費収入の悪化は、個人情報保護法の関係で名簿の発行が困難となったことが影響しているものと思われる。若い時期は、人脈の必要性に迫られることは少なく、同窓会の有り難みは解り難いものである。在学中に教員や同窓会から世話になった経験が同窓会への入会の動機となるものであり、在学生および卒業生へのサービスを充実することこそ同窓会が生き残る道であろう。

　大学は、教育現場が集合した組織であり、教育単位の活性化なくして大学の活性化は望みえない。したがって、学部ではコース・分野単位の、大学院では学府単位の同窓会が実動して初めて実質的なサポートが可能になる。大学全体でも、卒業生への生涯メールアドレスの付与や同窓会連合会の活性化を通じて同窓会活動の充実を図っているが、各部局における同窓会活動の活性化無しではこれらの施策の効果も薄いものとなる。学生支援についても、奨学金制度や学生生活および就職に関する学生支援システムの充実等を大学全体として実施しているが、各教育現場においても学生の立場に立った支援活動の充実が望まれる。

　在学中に十分な支援を受けることは、大学への愛着心や連帯感を高め、卒業後の大学との関係の維持、在学生への支援の意欲を高めることにつながる。九州大学では、学生後援会を組織して在学生の支援活動を行ってい

るが、各部局での支援を充実することができれば、準会員としての会費を徴収するための理由付けはできるものと考えている。各研究室の教員や学生指導担当教員の努力をお願いしたい。

　九州大学農学部には韓国、台中、北京、タイ、ヴェトナムの5つの海外支部があり、今回バングラデシュ支部の設立が承認された。これらの海外支部には農学部同窓会から資金援助を行っているが、その額は十分ではなく、卒業した留学生の献身的努力により運営されているのが現状である。日本人学生と同様に、若い人達の参加が少ないことが海外支部の悩みとなっている。卒業生が求めるサービスとは何かを真剣に考える必要があるが、それと同時に九州大学農学部が海外でも評価される業績を発信することが急務である。九州大学の名声が上がることが卒業生にとって重要であり、実質的な恩恵を受けることになる。現場の教員は、世界に通用する教育研究を行うことが資金や優秀な学生の獲得につながることを認識して欲しい。すでに高いレベルの教育研究を行っている教員は、その成果を世界に向けて発信していただくことを強く望んでいる。

Qdai－mail

 1）生涯メールアドレス発行：生涯変わらないメールアドレスkyudai.jpを卒業生に無料発行。3ヶ所以内のアドレスにメール転送が可能。
 2）メールマガジン「Qdai-mail通信」の配信：大学情報のタイムリーな情報提供、登録者からの情報（同窓会告知等）の掲載。
 ○対象者：九州大学、九州大学医療技術短期大学部、九州芸術工科大学卒業生等。
 ○申込：ホームページにアクセスして連絡先メールアドレス、生年月日、卒業時氏名、最終学歴を入力。在籍確認後、本登録用ＵＲＬが送付され、本登録。

「魅力ある大学院教育」イニシアティブ

　「魅力ある大学院教育」イニシアティブには、平成18年度は九州大学から4件申請し、3件に対してヒアリングが実施された。1件に対し30分が割り当てられ、15分の説明と10分の質疑応答が行われ、発表者退席後に5分間の意見交換が行われる。平成18年度はヒアリングを重視する方針で、

採択予定の3倍の申請に対してヒアリングが実施されたので、ヒアリング内容を充実することが必要であった。

　本件の申請にあたり、学内ヒアリングを実施して申請内容およびスライドの修正を求めたが、15分のヒアリング時間を有効に用いるため、再度スライドの修正を求めた。国家プロジェクトの審査は専門家により行われるが、審査委員会は必ずしも専門家のみで構成されるとは限らない。したがって、ヒアリングにおける説明は非専門家にも理解できる内容とすること、スライドは見れば解るシンプルなものにすることが重要である。また、発表内容を印象付けるためにはスライド資料の配布が不可欠である。スライドにモーションを取り入れることは構わないが、重ね書きは行わないように指示する必要があった。

　大学の支援体制について説明する必要があったので、支援体制を1枚のスライドにまとめ、2分以内で説明を終えることとした。提案内容の説明に多くの時間を配分するのが重要と考えたためである。発表内容を重要な点に集約すれば、2分間でも十分な時間となる。スライドの説明においては、非専門家に対してアピールすることが重要であり、専門的用語をなるべく使わないこととした。非専門家が共感できるキャッチフレーズを用意することが採択の近道である。

　発表後に10分間の質疑応答が行われるが、この10分間は発表の15分間以上に採択を左右する。あらかじめ用意した発表より、その場で応答する内容の稚拙がプロジェクトの準備状況をより良く反映するからである。質問に対して速やかかつ適切に答えることが重要であり、そのためには提案内容の洗練と発表者の十分な理解が必要である。

　このような配慮は申請書の作成でも必要である。第一次審査では多数の提案に対して評価を行う必要があるため、読みにくい文書を作成するとヒアリングの対象とはなり難い。文章量は極力少なくし、主張したい点を明確に読み取ることができる申請書を作成することが重要である。今回のヒアリングでも、申請書では十分意図が解らなかったとの意見がヒアリング担当委員より出された。また、書き込むべき情報の不足も指摘され、今後の反省の材料となった。

審査結果は、6月下旬に確定する予定であったが、7月中旬に決定され、九州大学ではヒアリングを受けた3件すべてが採択された。このプログラムには、129大学から268件の申請があり、35大学の46件が採択された。その内訳は、国立24大学で34件、公立2大学で2件、私立9大学で10件であり、3件採択は、京都大学、大阪大学、九州大学の3大学のみであった。九州地区では、熊本大学が2件、宮崎大学、九州工業大学、福岡大学、産業医科大学が各1件採択された。

九州地区国立大学合同進学説明会

　平成18年に、九州地区の国立大学が合同して東京、大阪を含む4地区で初めて合同進学説明会を実施した。主催は（社）国立大学協会九州支部、対象は受験生、高校1～2年生、保護者、高等学校進路指導教諭等である。これは、九州地区の大学が各大学の魅力を紹介することにより、九州域内だけでなく、域外からも優秀な学生の応募を図るものである。この説明会が、受験生の進学意欲を高めるとともに、志望大学・学部の決定に寄与できれば幸いである。

　東京、大阪地区では、全11大学が説明を行った。2会場に別れて10大学が持ち時間30分で説明し、最後に九州大学が1会場で説明を行った。同時に、個別相談窓口が設置され、受験希望者、保護者、高校教諭等の相談を受けた。北九州および福岡では、一部の大学は資料参加のみであった。

九州地区国立大学合同進学説明会日程

開催地	日　程	参加大学
東京	6月17日（土）	福岡教育大学、九州大学、九州工業大学、佐賀大学、長崎大学、熊本大学、大分大学、宮崎大学、鹿児島大学、鹿屋体育大学、琉球大学
大坂	6月25日（日）	福岡教育大学、九州大学、九州工業大学、佐賀大学、長崎大学、熊本大学、大分大学、宮崎大学、鹿児島大学、鹿屋体育大学、琉球大学
北九州	7月2日（日）	福岡教育大学、九州大学、佐賀大学、長崎大学、熊本大学、大分大学、宮崎大学、鹿児島大学
福岡	7月9日（日）	福岡教育大学、九州大学、佐賀大学、長崎大学、熊本大学、大分大学、宮崎大学、鹿児島大学、琉球大学

九州地区国立大学合同進学説明会の参加者数（単位：人）

大学名	東京 説明会	東京 相談者	大坂 説明会	大坂 相談者	北九州 説明会	北九州 相談者	福岡 説明会	福岡 相談者
九州大学	53	15	32	16	43	27	118	70
九州工業大学	6	3	7	3				
福岡教育大学	10	9	3	2	38	12	124	31
佐賀大学	10	15	8	10	34	5	111	30
長崎大学	45	26	13	32	44	23	103	61
大分大学	34	20	13	11	36	23	119	41
熊本大学	36	25	25	21	56	26	180	54
宮崎大学	34	21	22	13	27	10	87	30
鹿児島大学	40	16	23	12	20	7	60	22
鹿屋体育大学	11	8	13	6				
琉球大学	48	27	24	19			64	36

　平成18年度の大学入試では、九州大学の前期日程および後期日程入試の合格者において、九州出身者の比率が減少する傾向が認められた。前期日程では福岡県出身者の割合が前年の44.2％から43.8％に、九州出身者が81.0％から77.5％に減少した。増加したのは、大阪府と中国地方各県の出身者であった。後期日程では、福岡県出身者の割合が48.0％から40.5％に、九州出身者が76.8％から74.3％に減少した。

　平成18年に実施した東京、大阪地区での合同説明会は、準備期間が短く広報を十分に行うことができなかった。そのためか、東京および大阪会場への参加者数は十分とは言えないものであった。本年度の入試結果では、合同進学説明会の効果があったようにも思えるが、他の要因が影響した可能性もあり、前年度との比較のみでは結論を出すことはできない。今後も、他地域での合同進学説明会の内容を充実するとともに、その影響について解析していきたいと考えている。

　大学説明会とは別に、九州大学の学部・学科の内容をより良く知ってもらうため、各学部とアドミッションセンターが連携して入学相談を実施している。アドミッションセンターが申込みを受付け、必要に応じて希望する学部・学科の教員等に連絡し、直接質問・相談を行うことができるようになっている。相談の期間は、原則として6月から9月22日（金）までの

平日であるが、学部によっては相談可能な期間を限定している。対象者は、受験生（高校生、予備校生等）や父母等である。原則として10日前までに申し込む必要がある。質問内容は、学部・大学院の教育研究内容、進路・就職状況、取得できる資格、学生生活、奨学金・授業料免除、入試情報等である。アドミッションセンターで相談希望内容を取りまとめ、当該学部に連絡して相談に対処していただいている。

学部・学科ごとの相談日の指定。

法学部：8月28日（月）～30日（木）のうち2日
経済学部：8月1日（火）～9月22日（金）の平日
理学部物理学科：7月31日（月）～8月4日（金）
理学部化学科：8月3日（木）～8月31日（木）の平日
理学部地球惑星学科：8月28日（月）～31日（木）のうち1日
理学部数学科・生物学科：7月20日（木）～8月31日（木）の平日
医学部医学科：8月7日（月）～9月6日（水）の平日
○文学部および理学部数学科については、できる限り8月3日（木）および4日（金）実施の九州大学説明会に参加して相談すること。
○理学部地球惑星学科が、7月31日（火）実施の「高校生のための特別プログラム」に参加不可能な場合に受け付ける。

九州地区国立大学・高等学校連絡協議会

　この協議会は、九州地区の国立大学における入試担当教職員と高等学校の進路指導に関する教員が一同に会して討論するもので、他地区にはない活動である。事前に設定された3つのテーマとその他の事項について高校に質問事項を問い合わせ、それらの質問に対して各大学から回答していただき、それを取りまとめた資料を配布して討議が行われている。

　すべての問題について質疑を行う時間はないので、議長から討議する質問事項と回答する大学が指定され、高校からの質問および大学からの回答が行われる。時間が残れば追加の質問および追加の説明が求められるが、高校からの追加質問はなかった。事前に準備された質疑の内容は、高校生の進路選択、入学試験の実施、大学入学後の学生指導に関する重要な問題を含んでおり、お互いに得ることの多い会合であった。平成18年度は鹿児

島大学が当番校で、鹿児島で協議会が行われた。平成19年度は佐賀大学が担当することになっている。

　大学と高校の情報交換は、教育システムの最適化に不可欠である。九州大学では、教育改革に関する意見を幅広く求めるため、教育改革諮問会議を設立することとし、その準備を行っている。この会議には、社会人有識者として男女各1名、私立高校および公立高校から各1名、福岡県教育委員会から1名、学生から2名の委員に出席していただくことにしている。これらの委員には、学内委員との質疑応答を通じてさまざまな改善案を提案していただく予定である。この委員会は、平成19年4月に設置して第1回委員会を開催する予定である。

研究次世代スーパースター養成プログラム

　「研究次世代スーパースター養成プログラム」は、若手研究者の育成を目的として実施されるものである。それぞれの学府から育成計画を申請し、研究戦略委員会において審査を行い、支援する学府と採用人数を決定している。各学府は、組織改革と連動した研究推進計画を提出し、研究員の必要理由とその育成計画を示す必要がある。また、支援期間終了後は、助教から准教授への昇任を可能にしなければならないので、人事計画を明確に示す必要がある。

　平成18年は14件の申請が行われ、研究戦略委員会委員が2つのグループに別れて7件ずつ分担して予備審査を行った。しかし、評点の差が少なかったため、14件全部に対して研究戦略委員会でヒアリングを実施した。説明10分、質疑応答10分の時間配分で実施し、6時間かけて評価を行い、3点満点で採点した評点の平均値を用いて順位付けを行った。各学府から、2名から6名の研究者育成が提案されたが、育成可能な人員は全体で20名前後であるので、最終的な支援学府と人員の決定は総長と委員長に一任することとなった。

　14件の申請のうち、6件前後しか採択することができなかったが、ヒアリングを実施して感じたことは、各学府が本プログラムを動かすために組

織改革を真剣に考えていることであった。採択された学府では、提案した教育研究組織の改編を実施する必要が生じるが、採択されなかった学府でも組織改編についてのコンセンサスの形成が進行していることが伺われ、今後の活性化が期待された。

　平成18年度の後半には追加募集が行なわれ、3件の追加支援が決定された。初回の審査により選定されたプロジェクトでは、すでに研究員の採用を終えた所が多いが、まだ採用を終えていないプロジェクトもあった。これは、同様なプロジェクトが国際的に行われており、優秀な研究者の採用が国際競争になっていることによる。慎重に選抜した研究員が最終的に外国の大学を選択し、再募集を余儀なくされたケースもあり、大学の研究環境の整備と知名度の向上を急ぐ必要があることを痛感させられた。

田島寮祭

　田島寮は、六本松地区の学生が入居する寮であり、1年次と2年次の学生が生活を送っている。伊都キャンパスに新設したドミトリーは個室型であるが、田島寮は従来型の2人部屋である。田島寮は、六本松キャンパスが伊都地区に移転した後は閉鎖される予定であるが、寮祭や餅つき大会など、地域に親しまれている行事を継続して行っており、田島寮の良き伝統を伊都地区に移植したいと考えている。

　九州大学では、平成18年度から学生モニター会議を開き、約20名の学生の意見を聴取している。モニターは公募により選定したが、公募のみでは予定数に満たなかったため、学務部関係者と日常的に接触している学生に直接依頼してメンバーを揃えた。その結果、サークル関係者や寮長経験者が多めの構成となり、学生モニター会議ではサークル活動や寮生活に関する問題点を多く聞く事になったが、これらの活動を通じた学生の成長について再認識する機会となった。

　寮長経験者は、九州大学の同窓会活動においても主導的役割を果たしている。九州大学では、同窓会は学部単位もしくは学科単位で実質的に活動しており、大学全体としての活動は十分ではないのが現状である。学部同

窓会を束ねる組織として同窓会連合会があるが、その会議に学部同窓会の代表者として出席している比較的若手の委員は寮長経験者である。これは、

平成18年度（第50回）田島寮祭開催にあたって（田島寮祭パンフレット掲載）

　第50回の田島寮開催にあたり、これまで絶えることなく寮祭を続けてきた旧寮生たち、今回の準備を行ってくれた現役の寮生たちに感謝の意を表します。
　現在、大学教育の見直しが叫ばれており、教育現場では法人評価や認証評価といった教育関係の評価を受けるための準備に教員たちは苦慮しています。このような評価が必要となった理由は、大学が必ずしも社会に必要とされる人材を育成するための教育プログラムを動かしていないことにあります。大学進学率、大学院進学率が上昇し、博士号の授与においては新規の発見は必要なく、研究を独力で実行していく能力があれば学位を授与できることになっています。しかし、このような状況への対応は十分ではなく、研究者育成中心の教育がいまなお行われているところです。
　では、社会が求める人材とはどういうものでしょう。九州大学を卒業する学生に対するついては、単に与えられた仕事をこなすことのできる人材ではなく、自分の頭で考えることのできる能力、リーダーシップを発揮できる能力が求められていると思います。リーダーシップを発揮するためは、コミュニケーション能力を育むことが必要です。
　このような社会対応型の能力は、講義の中から得られるものではなく、学生諸君の実践の中で育まれるものです。田島寮は、六本松地区の学生が入居する寮であり、1年次および2年次の低年次学生が中心ですが、大学に入って間もない学生たちが寮祭だけでなく、スポーツ大会、ゲーム大会、地域との交流行事などを計画・立案し、実行していく姿は社会が求める人材そのものです。このような活動のなかから、判断力、企画力、交渉力などが身についてきます。これらの業務を行うにあたり、全員がリーダーとなる訳にはいかないので、適材適所で業務を分担し、全体のリーダー、グループリーダー、実行委員等が協力して成果を上げることになります。この過程そのものが寮生諸君の重要な社会体験となり、学部、大学院を出て社会に巣立つときに大きな力となってくれます。
　田島寮のよき伝統を守り、心から話し合える友人を大事にし、ともに大きく成長していただくことを祈念しています。また、今年は伊都キャンパスに新しい寄宿舎が誕生します。ここも田島寮と同様に個室が提供されますが、単なる学生アパートと化してしまい、相互の交流がなければ、寮生活の有り難さを享受することができなくなります。田島寮の良き伝統を是非とも新学生寮に伝えていただき、生き生きとした学生生活を送ることができるよう、現寮生たちの協力をお願いしたいと思います。
　第50回寮祭の成功を祈っています。頑張れ田島寮生！

寮生活において寮長を務めた経験はリーダーとしての能力に磨きをかけ、どのような職場、環境においても代表者として選ばれることを意味している。また、多忙な生活を送っているなかで、大学関係業務の委員会委員として貢献していただけることは、寮長経験者の大学への忠誠心や愛着の強さを物語るものである。

　在学生やその親に対するサービスを強化することは、卒業生の愛校心の醸成につながる。寮生活者は、大学と密着して生活する時間が長いため、十分な支援を行うことができれば終生にわたり大学の支援者となるであろう。今後も伊都キャンパスにおいて寮の建設を続けることになるが、古き良き伝統を活かしながら、新しい伝統を学生達と一緒に創設していきたいと考えている。

第7章　7月

平成18年7月の主な日程

```
7月2日（日）九州地区国立大学合同進学説明会（北九州）
7月3日（月）ＡＴＷ開講式
7月4日（火）キャリアパスガイダンス（箱崎地区）
7月7日（金）サークル顧問会議、七大戦結団式・レセプション
7月9日（日）九州地区国立大学合同進学説明会（福岡）
7月10日（月）定例役員会
7月12日（水）キャリアパスガイダンス（筑紫、伊都地区）
7月15日（土）七大戦開会式（大阪）
7月19日（水）キャリアパス連絡協議会
7月21日（金）部局長会議等、教育研究評議会、記者懇談会
7月21日（金）～8月3日（木）農学部前学期試験
7月24日（月）学位記授与式、定例役員会、西部地区五大学連携懇話会
7月27日（木）キャリア支援センター開所式・記念式典
7月28日（金）生物資源環境科学府外国人特別コース論文発表会、公開講座（久留米）
7月31日（月）～8月1日（火）山口大学集中講義
```

　九州では、7月中旬から下旬にかけて梅雨明けとなり、猛暑の時期が到来する。以前は、7月上旬から夏季休暇に入り、前学期試験を9月に実施していたが、近年は7月下旬に前学期試験を行っている。湿度、気温ともに高い時期に講義および試験を実施するためには、講義室の空調が必要である。低年次教育を担当している六本松キャンパスでは、7月に前期試験を開始するため、2年間を費やして講義室への空調設備の導入を行う必要があった。

　九州地区国立大学合同進学説明会は、東京および大阪で開催したものとは異なり、これまでも合同で実施されてきたものである。7月上旬の日曜日に北九州市および福岡市で開催されたが、これまで同様、アドミッションセンターの先生方に説明をお願いした。

　七大戦は、旧七帝大が参加する体育大会であり、参加大学の持ち回りで

毎年行われている。平成17（2005）年度は、九州大学が当番校であり、最近は最下位の成績が続いていたが、地元開催の強みを活かして優勝することができた。平成18年度は、大阪大学が当番校であったが、九州大学では7月7日に結団式を行い、15日に大阪大学で行われた開会式に総長とともに出席した。

　西部地区五大学連携懇話会は、福岡歯科大学の田中健藏理事長の発案により招集されたもので、九州大学、西南学院大学、中村学園大学、福岡大学、福岡歯科大学の5大学が、教育・研究・地域交流等について協力することを目的として設立されたものである。当面は、各大学の理事長および学長をメンバーとして意見交換を行うこととしている。九州大学には理事長がいないため、教育担当副学長が総長とともに出席することとなった。7月24日に開催された第1回の会合では、5大学のメンバーの自己紹介、規約の決定、今後の運営に関する討議を行った。会合は年2回開催することとし、懇話会の事務局は5大学が持ち回りで務めることとなった。

前学期試験

　2期制をとっている大学では、前期の期末試験を7月下旬から8月上旬にかけて実施する大学が多い。以前は、7月10日頃から夏季休業に入り、9月10日頃から1週間程度の講義を行い、試験休みを経て期末試験が実施されていた。しかし、1回の講義を切り離して実施することは効率が悪いため、休講となることも多かった。この方式では、学生は夏季休業期間中に期末試験に備えて復習することができたが、多くの学生は夏季休業明けの1週間と試験休み期間中に詰込みを行っていた。

　この弊害を解消するため、7月下旬に講義を終了し、引き続いて期末試験を行う形式が多く取り入れられている。この方式では、梅雨明けの最も不快指数の高い時期に試験を実施することになるため、講義室（試験会場）への空調設備の導入が必要となった。九州大学においても、7月下旬の試験実施は空調機器の設置を待って導入した。

　九州大学には、入学後1年半の低年次教育の成績により高年次への進級

やコース、分野への配属を行う学部が存在する（農学部）。コース、分野への振り分けは、進級に必要な単位のうち、得点の高いものを優先的に使用して学年順位を付し、学生の希望と学年順位に従って行われる。一度取得した単位を再度履修することはできないので、希望分野への配属を確実にするためには、期末試験結果で高い評価を得ておく必要がある。学生は、進級および卒業に必要な単位を確実に取得するだけでなく、高い評価を得ることを目指して欲しい。

サークル顧問教員会議

サークル顧問教員会議は、体育系サークルの顧問教員と学生生活課担当職員の情報交換を目的として、年に2回実施されてきた。1回目は、七大戦の結団式・レセプションに先立って行われている。2回目は、監督・コーチが出席出来るよう、休日に開催して欲しいとのサークルの要望に従い、平成19年2月3日（土）に開催した。文化系サークルにはこのような顧問教員会議がなく、これまでサークル支援に関する討議を行うことができなかった。そこで、2月の会議では文化系サークルの顧問教員、指導者、学生代表にも参加していただいた。

この会議の主な議題は、九州地区大学体育協議会で実施しているインカレや体育系サークルリーダー育成プログラム等に関する報告および七大戦関連の報告である。体育系サークルは、応援団と各サークルの代表者で体育総部を結成し、大学および学生後援会からの補助金受入れを調整している。したがって、学生が関係する事業の報告は体育総部委員長が行っている。大学支援事業に関する報告は学生生活課の担当職員が行う。また、健康科学センターのスポーツ関連職員による情報提供も適宜行っている。

2月の会議の最も重要な議題は、サークル活動支援に関する質疑応答であった。サークル活動における最大の問題点は、施設整備が不十分であること、運営経費の補助が十分にできていないことである。平成17年10月に工学系の半分が、平成18年10月に工学系の残りが伊都地区に移転したが、それ以降サークル活動の継続が非常に困難になっている。

体育系サークルは、学生数が多いこともあり、工学部学生が主力となっている。工学系学生の大部分が伊都地区に移動した結果、全体練習の時間を確保することが非常に困難になっている。また、交通費負担の増加、移動のための時間的ロスはサークル活動だけでなく、勉学面でも問題になっている。文化系サークルも同じ問題を抱えており、平成19年2月の会議では文化系サークルの意見を多数聴取することができた。

　伊都キャンパスに限らず、文部科学省による施設整備の対象となるのは教育関連施設のみであり、課外活動関連施設はその対象にはならない。したがって、大学法人化後は、大学の経費で課外活動施設を整備することが必要になっている。以前は補正予算で手当されていた移転費用も大学が負担している現状では、課外活動施設の整備に大学の予算を投入することが困難になっている。

　プレハブ式の仮設の設備で手当できる場合は何らかの対応が可能であるが、武道場、演奏会開催が可能な多目的ホール、艇庫等の恒久的かつ高額な施設の建設には別途資金の調達を考える必要がある。九州大学は平成23年（2011年）に創立百周年を迎えるため、百周年記念募金が開始され、施設整備にその一部が利用できる可能性があるが、課外活動施設の建設に利用できる保証は無い。サークル関係者の一部に、サークル活動関連施設の整備に使用を用途できれば、高額の寄付を行っても良いとの申し出があると聞いている。百周年記念募金と競合することは望ましくないが、その一環として課外活動施設の整備が促進されることを望んでいる。

　大学の施設整備に個人もしくは企業からの寄付金を使用し、対象施設に寄付者名を付与することが可能になっている。ドミトリーⅠの留学生専用のフロアーは、寄付者にちなんで、「やずやフロアー」と名付けられている。この方式を取ることにより、寄付行為が企業のイメージの改善に寄与することになる。したがって、広告・宣伝費からの出費を企業に提案することも可能である。今後は、大学施設の充実に企業等からの寄付を募る努力を行いたいと考えている。

七大戦

　七大戦は、旧帝国大学の七大学を構成メンバーとして実施されているスポーツ大会であり、以前は七帝戦と呼ばれていた。構成大学が持ち回りで主幹校を引き受け、7年ごとに地元開催を行っている。昨年は九州大学が主幹校となり、それまでの6年間は最下位の位置に甘んじていたが、見事総合優勝を果たした。今年は大阪大学で開催され、当初は首位を走っていたが、最終的には6位で大会を終え、大阪大学が総合優勝を果たした。

　七大戦は、種々の種目が時期をずらして順次実施されるが、開催時期によっては全員が参加できない場合がある。地元開催の場合は遠征費を負担する必要が無いため、ほぼ全部員が参加できるが、遠隔地で開催される場合は遠征費の部員負担も大きなものとなる。また、試験時期と重なった場合は主力の一部が参加できない場合もある。主幹校は、大会運営の負担があるが、各種目で好成績をあげる確率が高く、総合優勝の栄冠に輝くことが多い。

　したがって、主幹校は優勝しなければならない状況に追い込まれ、サークル支援体制を充実することになる。七大戦での優勝が九州大学にとって重要であるのであれば、主幹校であるか否かにかかわらず、継続的な支援が必要であろう。また、サークル活動の活性化を求めるのであれば、七大戦だけではなく、サークルの日常的活動に対する充実が必要である。一般教員は、大学の正課活動のみに重要性を認める傾向にあり、課外活動の人間力向上効果はほとんど意識していないのが現状である。大学の教育活動のなかで、就職実績との間で唯一相関が認められているのは課外活動である。各教員の課外活動への理解とご支援をお願いしたい。

キャリア支援センター

　わが国の科学技術の発展を目的として、大学院教育の高度化が叫ばれ、多くの大学が博士後期課程の定員を増やし、博士の育成に励んできた。そ

の結果、ポストドクトラルフェロー（ＰＤ）育成１万人計画が順調に進行し、現在では1.5万人博士号取得者がＰＤとして勤務しているといわれる。ＰＤには任期が設定されているので、雇用期間終了後は常勤ポストを獲得するか新たな職場でＰＤとして採用され、研究を継続することになる。少子化により大学・研究機関のポストの増加が見込めない状況では、これらのポストを獲得することは非常に困難な状況にある。既卒者間の競争が激しいことは、新卒者にとっては強力なライバルと競争する必要があることを意味しており、ＰＤポストの獲得も困難になりつつある。九州大学のような研究重点大学では、博士号取得者のキャリアパスを確保し、優秀な人材が博士後期課程に進学する状況を作り出すことが最重要課題である。

　キャリア支援センターは、文部科学省の「科学技術関係人材のキャリアパス多様化促進事業」に採択されて設置されたもので、九州大学に加えて、北海道大学、東北大学、理化学研究所、早稲田大学、名古屋大学、大阪大学、山口大学の８つの機関で委託事業が行われている。

　九州大学では、約800名の博士号取得者を抱えているが、その多くはＰＤ等として給与を受けており、緊急支援の必要はない。しかし、金銭的支援を受けていない学位取得者が60名程度存在しており、これらの博士には緊急支援が必要である。また、３年間の修業年限を越えて在籍している、いわゆるオーバードクター（ＯＤ）が300名程度存在しており、ＯＤを含む博士後期課程の在学生には修学資金の補助を行う必要がある。

　キャリア支援センターでは、博士号取得者に対して社会対応型の教育を行うこと、企業等への就職を斡旋することを中心に事業を行っている。社会対応型教育では、マネジメント教育コースを開講し、プロジェクト管理、記録情報管理、企業研究・開発、知的財産権、ベンチャー起業等に関する教育を行っている。

　就職斡旋等のサービス業務を行うため、博士人材の登録をお願いしている。所属、氏名、連絡先などをキャリア支援センターのホームページ（ＨＰ）上で入力することにより、支援情報の獲得が可能になる。支援センターで行うサービスは、キャリアアップセミナーの開催、エントリーシート作成指導、グループ学習の開催および指導、カウンセリング、インターン

シップ、求人・求職マッチング等である。

キャリア支援センターは、平成18年7月に開所式を行い、上記業務を行ってきたが、その過程で新たな支援の必要性が認識されるようになった。本事業への申請は、理系の教員が中心となって実施したため、理系中心のプログラムが主体であった。しかし、事業を実施するなかで、文系の博士課程在学者、OD、修了者への支援を充実すべきであることが明らかとなった。

理系の博士号取得者については、専門性は高いが、社会性に欠ける面があり使い難いというのが企業側の意見である。そこで、本センターで実施するマネジメント教育や別途実施している大学院共通教育を受講することにより、社会性の獲得や学際的知識の獲得を可能にしている。また、企業とのマッチングを指導することにより、教育・研究職以外への職種に就かせることを可能にしている。

一方、文系の博士後期課程在籍者や修了者は、研究の継続を希望する人が多く、研究が継続できない環境での就職を必ずしも望んでいないことが明らかになってきた。博士号の取得に時間がかかること、博士号を取得しても経済面での保証が十分でないことを覚悟して進路を選択した人が多く、就職支援活動に興味を示す人は少ないのが現状である。

このような状況では、就職支援も必要であるが、修学支援を充実して博士号の取得を促進すること、博士号取得後も何らかの収入を継続して得ることを可能にしたいと考えている。大学内では、さまざまな教育関連業務を行っているが、博士後期課程学生にその業務を部分的に委託することが可能である。研究の遂行を阻害しない範囲で積極的に学生を雇用し、修学資金が不足する学生に対し学業を継続するための支援を行っていきたいと考えている。

博士後期課程の在籍状況

文系の学府にお願いしたいことは、修学期間の短縮である。われわれの時代は、博士号を取得するためには新規の発見が必要であったが、現在は、

独立して研究を遂行する能力があることが認められれば博士号を授与することができるようになっている。理系の学府では、新システムによる学位認定が一般化しており、多くの学生が博士後期課程の修学期間である3年以内に博士号を取得している。学問分野により研究の進展速度は異なるが、分野ごとに学位授与規定を見直し、学位授与の迅速化を図っていただきたい。

平成18年度博士後期課程の在籍状況

	学年定員数	1年次在籍学生数	充足率（％）	OD数	金銭的支援の無い修了者数
人文科学府	28	25	89.3	44	3
比較社会文化学府	40	27	67.5	75	
人間環境学府	44	54	122.7	37	1
法学府	25	11	44.0	23	2
経済学府	24	10	41.7	10	
理学府	70	35	50.0	29	8
数理学府	34	15	44.1	7	
システム生命科学府	38	51	134.2	4	
医学系学府	127	121	95.3	10	
歯学府	43	31	72.1	5	
薬学府	26	17	65.4	9	20
工学府	126	93	73.8	11	7
芸術工学府	20	34	170.0	11	
システム情報科学府	51	26	51.0	6	
総合理工学府	76	36	47.4	10	
生物資源環境科学府	77	66	85.7	19	20
計	849	652	76.8	310	61

第8章　8月

平成18年8月の主な日程

8月1日（火）夏季休業（9月30日まで）
8月3日（木）九州大学説明会（文系）
8月4日（金）九州大学説明会（理系）、進路指導教員懇談会
8月5日（土）～7日（月）21世紀人材育成推進事業ハイレベル合宿
8月7日（月）救命救急センター開所式
8月8日（火）ＩＤＥ大学セミナー
8月10日（木）ヨット部祝勝会
8月11日（金）ＡＴＷ閉講式
8月24日（木）大学経営研究会
8月26日（土）学生後援会主催ソフトボール大会
8月28日（月）先進予防医療センターオープニングセレモニー
8月28日（月）～30（水）生物資源環境科学府大学院入試
8月28日（月）～30（水）日本食品科学工学会大会
8月29日（火）全国学生指導集会運営委員会
8月31日（木）超高圧電子顕微鏡披露

　8月は最も熱い時期であり、家に閉じこもって勉強するには不適当な時期である。しかし、8月から9月にかけての2ヶ月間は、まとまった自由時間を確保できる唯一の時期でもあり、目的を持って過ごして欲しい時期である。

　8月上旬に九州大学説明会が実施されたが、年々参加者が増加する傾向にあり、会場の確保に苦労している。箱崎キャンパスには大人数を収容できる教室が少なく、いくつかのグループに分けて説明会を実施している状況である。平成18（2006）年は、工学系の半分が伊都キャンパスに移転している状況であったため、箱崎キャンパスと伊都キャンパスの両方を見て貰う必要があり、移動用のバスを用意する必要が生じた。

　8月4日には進路指導教員懇談会が開催され、高校の進路指導教員との間で大学入試の変更や高校と大学の連携などに関する情報交換が行われた。

資料は当日配布され、各学部の代表教員から重要事項の説明が行われたが、単なる情報の伝達に大部分の時間を費やし、質疑応答に十分な時間を取ることができなかった。大学側の事前の準備が必要になるが、持帰り可能な資料は事前配布とし、説明は重要なポイントのみとし、質疑応答に多くの時間を配分できる様改善したいと考えている。

九州大学説明会の翌日から、福岡県のスーパーサイエンスハイスクールに在籍する高校生を対象とした、ハイレベル合宿が九重山中のホテルで実施された。私も基調講演を行うために初日のみ参加したが、高等教育開発推進センター所属の3名の教員はコーディネーターとして2泊3日の合宿の指導を行った。

8月下旬から9月にかけて大学院入試が実施される。首尾よく合格した学生は、翌年4月の入学に備えて目的を明確にして勉学および卒業研究に取組むことが可能になる。しかし、合格できなかった学生にとっては就職か進学かで悩む時期となる。学部卒業生の就職活動は、早い分野では3年次の10月には開始され、8月下旬には主要企業の採用活動はすでに終了している。公務員採用試験も6月には終了しているところが多く、博士前期（修士）課程の入学試験で合格できなかった場合、就職に切替えることが困難な事態となる。夏の大学院入試で定員が充足されなかった分野においては、翌年の1月頃実施される2次募集で採用される可能性があるが、すでに定員を充した分野（研究室）では2次募集の機会も得られない。したがって、大学院入試においては応募先の選定を慎重に行う必要がある。

夏季休業

大学全体としての夏季休業日程は、学生委員会により学年暦として決定される。しかし、実際の休業期間は各部局で設定することができ、学生委員会で定められた休業期間とは異なる休業期間が部局で設定されている。

以前は、7月10日頃から9月10日頃までが夏季休業期間であり、1週間程度の講義が行われた後、前期試験が行われていた。近年は、7月中に講義を終了し、7月下旬から8月上旬にかけて前期試験を実施し、8月およ

び9月を夏季休業とする学部が多くなっている。この授業日程は、大学全体あるいは他大学と一致させることが望ましい。一致していなければ、学生は休むことができなくなり、他大学や海外で実施されるサマーキャンプ等への参加もできなくなる。

夏季休業期間中、3年次までの学生は自由な時間を過ごすことができる。一方、研究室に配属された4年次学生や大学院学生は、卒業論文、修士論文、博士論文等を作成するための研究に多くの時間を費やすので、学年が上がるにつれて実質的な夏季休業期間が短縮されることになる。

前期試験終了直後や夏季休業期間終了直前には、外部非常勤講師による集中講義が行われることが多い。2日間前後の集中講義で1単位、4日間前後の集中講義で2単位が付与される。集中講義は、他大学の学生に教えることができるので、教員にとって大きな刺激となる。また、学生にとっては他大学の教員から特定領域の最先端情報を獲得する良い機会となる。

九州大学では、前期と後期の2期制をとっており、学内で開講される講義の多くは毎週講義形式をとっている。われわれの学生時代は120分講義であり、休み時間は与えられていなかったので、10分遅れて開講し10分早めに講義を終えることが常識的に行われていた。現在は講義時間が90分に短縮され、20分の休み時間が与えられている。

毎週講義を担当する場合、学会出席等の理由により講義を休まざるを得ないことがある。休講した場合は補講で対応することが原則であるが、忙しい教員では土日に補講を開講することが困難な場合が多々ある。その場合、自宅学習、すなわちレポート提出を行わせることなどで授業時間を確保することがある。

このように、毎週講義形式では教員の活動の自由度を制限することがありうる。集中講義は15時間で1単位、30時間で2単位を付与することができるので、毎週講義を集中講義に切替えることにより、教員の拘束期間を大きく短縮することができる。学生にとっても、休暇時期に集中して単位の積み増しを行うことにより、卒業時期を遅らせることなく海外留学や長期学外活動に従事することが可能になる。

九州大学では、平成18年度から大学院共通教育を開始したが、ここでは

15時間1単位を基本とし、開講方式も毎週講義、夜間講義、休日講義、集中講義などの方式を組合せて実施し、講義実施方式の柔軟化にむけ基礎情報の収集を行っている。

平成18年度九州大学説明会

　九州大学では、大学説明会を8月上旬に実施している。平成18年は、8月3日に文系学部（文学部、教育学部、法学部、経済学部、21世紀プログラム）、4日に理系学部（理学部、医学部、歯学部、薬学部、工学部、芸術工学部、21世紀プログラム）を中心とした説明会を実施した。九州大学独自の文理融合型プログラムである21世紀プログラムは、両日とも説明会を実施した。この説明会の対象者は、本学に関心がある高校生等と高校教諭である。学部企画は、10時から16時の間に実施され、学部説明会、模擬授業、研究室訪問、教員との対話、質問コーナー等が実施された。これと平行して、高大連携企画の模擬授業が2日間にわたり行われた。

　また、高校の進路指導の先生と九州大学教員の懇談会を13時から実施した。教育担当副学長の挨拶の後、出席した九州大学教職員の自己紹介を行った。高校側は、27校が出席した。事前に質問項目を提出して貰い、それに対する回答一覧を配布した。平成18年度の特徴的な質問は、医学部の大学入試センター試験における理科3科目賦課、伊都キャンパスへの移転、薬学部と芸術工学部の後期日程廃止とＡＯ選抜への移行等であった。また、九州大学では医学部生命科学科の平成19年度新設を目指して概算要求を行っているので、その概要についても説明を行った。各学部で回答するものについてはその場で説明していただいたが、平成17年度入試の感想および高校への出張講義の状況に関する各各部の説明に多くの時間を費やしたため、自由討議に多くの時間を振り向けることができなかった。次回からは、極力事前に回答書を作成し、資料として持帰ることができるようにしたいと考えている。今回は、持帰り資料として、「平成19年度九州大学入学者選抜概要」、「九州大学案内2007」、「21世紀プログラムリーフレット」、「ＡＯ選抜募集要項」を配布し、ＡＯ入試に関する説明を実施した。また、懇

談会終了後、留学生課より九州大学における海外留学紹介を行った。

ハイレベル合宿

　ハイレベル合宿は、福岡県教育委員会の「21世紀人材育成推進事業」の一環として企画されたもので、平成18年度に第1回の合宿が行われた。その目的は、「自らの志を育て、社会に貢献できるリーダーとしての資質を養うとともに、知の最前線、学問の最先端に触れることによって、参加生徒の学ぶ意欲を喚起する」とされている。今年度は、九重星生ホテルにおいて、8月5日から7日の2泊3日の日程で実施された。

　研修内容は、「高度化した社会の課題の解決には、さまざまな領域の学問・研究成果の統合が必要となっていることを、高校生が体験的に垣間見るために、ハイレベル合宿における諸サブテーマをめぐって学んだことをメインテーマのもとで統合を試みる」ことであった。

　参加した高校生は、21世紀型人材育成事業人材育成プログラム推進校（ふくおかスーパーハイスクール）に選ばれた8つの高校（小倉、東筑、福岡、筑紫丘、修猷館、明善、伝習館、嘉穂）で募集された240名である。また、指導者として3名のコーディネーター（九州大学教授）、8名のファシリテーター（サブテーマ担当者）、8名の引率教諭が参加し、高校教育課の5名の職員が支援を行った。なお、高校生の自己負担は、食費、保険、宿泊費相当額の1万円である。

　私は、初日の基調講演を依頼され、環境問題の概略を説明する予定で参加した。しかし、開会式においてこの合宿の主目的がリーダーとしての資質を養うことであることが明らかとなり、個性を磨くための勉学の方法についても講演を行うこととした。高校生を積極的に議論に参加させるため、着席した240名の高校生の中に入り、質問を受けながら講演を行うこととしたが、話の区切りでかなりの質問が出てきたことは頼もしい限りであった。ここで質問した生徒は、引き続いて行われたサブテーマごとの討議やメインテーマに関する発表において活発に意見を述べたとのことであった。

メインテーマとサブテーマ

> メインテーマ：環境を科学する
> サブテーマ（担当者）：
> 1）国際戦略が捉える環境（仲上健一　ＡＰＵ・アジア太平洋学部・教授）
> 2）国際マネジメントで捉える環境（牧田正祐　ＡＰＵ・アジア太平洋マネジメント学部・助教授）
> 3）経済活動が捉える環境（小湊卓夫　九州大学・大学評価情報室・助教授）
> 4）市民活動が捉える環境（佐藤剛史　九州大学・農学研究院農業資源経済学部門・助手）
> 5）地球の計測が捉える環境（吉村和久　九州大学・理学研究院化学部門・教授）
> 6）省エネの視点で捉える環境（吉岡斉　九州大学・比較社会文化研究院社会情報部門・教授）
> 7）高分子の世界が捉える環境（鎗田昌之　九州大学・理学研究院物理学部門・教授）
> 8）生物・生態系と環境（矢原徹一　九州大学・理学研究院生物科学部門・教授）

APU:Asia Pacific University。

ＩＤＥ大学セミナー

　ＩＤＥ大学協会は、民主教育協会が名称を変更したもので、この協会の略号としてＩＤＥを用いている。この略号は、英文名称である'Institute for Development of Higher Education'に由来している。本協会では、機関誌「ＩＤＥ　現代の高等教育」を刊行するとともに、高等教育に関するセミナーや研究会を開催している。通常会員の年会費は7,000円で、毎月発行される機関誌を受け取ることができる。

　平成18年8月8日に九州大学西新パレスで開催されたセミナーでは、多様化する学生に対してどのように対処するかについて講演および情報交換が行われた。全体テーマは、「多様化した学生に対応するためのきめ細かな修学指導をどうするか」であった。学生の資質が多様化した原因には大学入試制度が一役かっており、大学の都合により実施した施策が自分の首を締めている面がある。それは、入試科目の削減である。受験生の負担を減らすことにより受験者数の増加を狙ったものと思われるが、それによっ

ていびつな知識構成を有する多様化した学生集団を創出することになった。

　センター試験を経た、記憶力においては同等の集団から合格者を選抜する必要があるため、個別入試では難問・奇問が出題されることがあるが、このような競争を勝ち抜くためには科目数を絞って受験技術を磨く必要に迫られる。そこで、高校では早期に進路別振分けを行い、必要な科目のみを重点的に履修させることになる。このような偏った教育は、高度専門家や研究者育成において大きな支障になりうるが、ある意味では大学が自らまいた種である。

　いびつな教育を受けてきた学生を大学教育になじませるため、補習的な講義が行われることが多い。補習クラスへの編入は学生のプライドを傷つけ、修学意欲を削ぐことがあるので注意が必要である。入学した学生のレベルに開きがある場合、能力別クラス編成が行われることがある。それによって、教育する側は講義内容の選択が容易となり、学生の理解度を揃えるための作業が減少し、講義の質を高めることができる。問題は、能力別クラス編成を行った場合の成績評価である。上級、中級、初級クラスの成績評価がクラス内の相対評価に留まる場合、学生の多くは初級クラスで優秀な評価を受ける道を選ぶ。どのレベルの講義で単位を取得したかがその後の科目修得プログラムに影響するシステムでなければ、学生の修学意欲を高めることはできないであろう。

セミナー内容

全体テーマ：大学におけるきめ細かな修学指導－多様な学生にどう対応するか－
基調講演：大学新入生の多様なコンテンツとその対応（山本以和子　株式会社ベネッセコーポレーション）
報告１：生徒から学生への移行過程における課題
（１）学生相談の観点から（田中健夫　九州大学高等教育開発推進センター　学生生活・修学支援開発部助教授）
（２）大学教育の観点から（長野剛　九州大学高等教育開発推進センター　高等教育開発部　教授）
報告２：入学者の質的変化に対応する学習支援－学びの環境づくり－（柳田博明　京都外国語短期大学英語科長　教授）
総括討論：４名の講師をまじえたパネルディスカッション

大学で学ぶ基礎科目は、要求される知識の種類やレベルが専門分野により異なるものである。語学教育では、語学の研究者や文学者を育成するだけではなく、情報交換に必要な技術を付与することも重要である。しかし、大学での限られた時間数で全ての目的に対応するプログラムを組むことは不可能である。学生の自習を促すとともに、学生の目的に応じて複数のコースを設定する必要がある。物理、化学、生物などの理系基礎科目も学生の所属学部により講義内容を変える配慮が必要である。講義の目的、達成目標などを明確にし、それに対応したシラバスに沿って講義を行う必要がある。

　大学の教育システムは理想には遠い段階にあるため、学生の修学指導充実の必要性は高いものがある。特に、入学後の半年の修学指導は非常に重要である。この時期に大学になじむことのできない学生は、休学、退学、引きこもり、自殺などの深刻な事態に追い込まれる確率が高くなる。これは、大学院の新規入学者や留学生についてもあてはまることであり、新人教育には十分の配慮が必要である。

　問題の深刻化を防ぐためには、問題の早期発見と速やかな対応が必要である。九州大学では、学生生活・修学相談室、学務部の学生なんでも相談室、留学生センター、健康科学センター等で学生の相談を受けている。また、低年次ではクラス担任、高年次では分野長、コース長等、研究室入室後は指導教員による修学指導が行われるが、必ずしも十分な指導には至っていない。その結果、上記相談室への相談者数が増加することになり、全ての相談希望者に対応することが困難になりつつある。

　この状況を改善するためには、相談室間の協力による業務の効率化が必要である。そこで、平成18年度に学生生活相談連絡協議会を設置し、4つの相談室およびセンター間で情報交換を行うことにした。また、各部局の相談員にも出席して貰い、学生指導の実態を理解して貰うことにした。この協議会の設置は「教職員のための学生サポートブック」の作成を可能にした。これは、学生生活・修学相談室、留学生センター、健康科学センターが共同して作成したものであり、問題を抱えた学生を早期に発見し、適切な修学指導を行うための助けになれば幸いである。

学生後援会

　大学では、学生の自治が尊重されており、以前は学生自治会により運営される学友会を大学は支援していた。学友会は、学生から学友会費を徴集してその活動資金としてきたが、学友会が政治的な主張を有する特定の集団の私有物となり、学友会費が学生の福祉に利用されず、政治的活動に流用される状況となった。そこで、九州大学では学友会への支援を停止し、学生後援会を平成13年2月に設置して学生の支援にあたることとした。学生後援会は、九州大学学生の父母等、九州大学の役員及び教職員、卒業生及び趣旨に賛同する者、終身会員により構成され、学生の卒業及び課外活動を助成し、併せて会員相互の連帯感を強めることを目的としている。

　主な事業内容は、課外活動活性化助成、就職・キャリア支援助成、ボランティア活動助成、学生後援会奨学金、研究活動等支援費助成、会員に対する情報提供等である。親睦行事としてソフトボール大会と硬式テニス大会が行われており、卒業シーズンには卒業ガウンの貸出しを行っている。会員は、A会員（本学学生の父母等）、B会員（本学の役員及び教職員）、C会員（本学の退職者、卒業者および趣旨に賛同する者で会長が入会を認めた者）、終身会員（本学の退職者およびA会員であった者）、名誉会員（本会の功労者で、運営委員会の推薦により理事会で決定された者）に分けられている。会費は、A会員は一口150,00円を納入すること、B会員は基本給月額の0.2%を納入すること、C会員は年会費5,000円以上を納入すること、終身会員は終身会費25,000円を納入することとなっている。

　この後援会は、学部学生を主な対象として設立されており、A会員は4年分の会費として15,000円を納めるものと理解している。そう考えると、2年次以降の入会を躊躇する親も出てくるものと思われる。また、大学院学生への支援も行われていることから、大学院生の親の入会も必要であると思われる。A会員の入会率が50%に達していない現状では、学生支援の資金が不足がちであり、会費徴収方式を適正化して入会率を向上させることが望まれる。すなわち、A会員の会費は月単位で定め、入会時に必要月

数の会費を前納する形式が望ましい。この方式では、毎年会費を納める必要の無い現在の方式を踏襲することができ、残りの修業年限に対応する会費のみ納入することができることから新規加入の増加をもたらすことができる。

学生後援会だよりによせて（学生後援会だより）

　謹啓　九州大学学生後援会会員の皆様におかれましては、益々ご清栄のこととお慶び申し上げます。
　九州大学の伊都キャンパスへの移転は順調に推移しており、平成17年10月に工学部の半分が移転し、平成18年10月には残りの半分が移転を完了しました。平成19年度から数年間は用地取得に専念する予定でしたが、六本松地区の伊都地区への直接移転が可能になり、全学をあげて移転の円滑な遂行に取組んでいます。
　現在、伊都地区では工学部のみが移転しており、男子学生主体の生活が行われています。平成18年には食堂や学生寮などの福利厚生施設が完成して生活環境も整いつつありますが、運動施設や修学支援システムなどでは行き届かない面が残っています。工学部学生は課外活動においても大きな貢献を行っていますので、正規の授業を円滑に実施するだけでなく、学生の課外活動や修学を支援する体制の確立が急務となっています。
　九州大学学生後援会による強力なサークル活動援助は、過渡期における学生支援の大きな力となっています。平成17年度の「全国七大学総合体育大会」は、本学を主管校として九州の地で開催されましたが、首尾よく総合優勝を果たすことができました。これも、学生後援会のご支援の賜と感謝しております。
　学生の修学支援においても、学生後援会から奨学金や研究活動支援金が支給されており、平成17年度には学生表彰制度が開始されました。このような支援は、学生に自信と実績を与え、当該学生の成長・発展に大きく寄与するものであり、本会のご支援に深く感謝する次第です。
　しかしながら、学生後援会による支援は文化系および体育系の公認サークル所属者や成績優秀者など、学生の一部に限られているのが現状です。九州大学に所属する全ての学生および卒業生が本学に在籍したことを誇りに思い、卒業後も本学への愛着を持っていただくためには、個々の学生が在学中や卒業後に享受できるサービスを創設することが重要であると考えています。
　学生後援会会員である保護者の方々、本学の先輩方、学生諸氏に幅広くご意見を伺い、皆様が必要とするサービスを実施していきたいと考えています。会員の皆様のこれまでのご尽力に深く感謝するとともに、なお一層のご支援・ご協力を賜りますよう心よりお願い申し上げます。

謹白

また、学生後援会会員に対する個人的サービスの確立が必要である。現在、「学生後援会だより」と「九大広報」が全会員に定期的に送られているが、それ以外のサービスとしては親睦行事への参加が可能であるに過ぎない。九州大学関連グッズの割引販売等、会員個々が利用できるサービスの実施が会員数の増加に必要である。

博士前期課程入試

九州大学は、学府・研究院制度を導入しており、大学院入試は学府ごとに行われる。九州大学は、大学院重点化を行い、それに相当する支援を受けているので、大学院の充足率には十分の配慮を行う必要がある。優秀な学生を大学院に進学させるには、魅力ある大学院を作ることが重要である。

9月に実施される大学院入試では、博士前期（修士）課程、社会人修士および博士課程の学生が募集される。修士課程の充足率はほとんどの学府で100％を越えているが、博士後期課程の充足率が低い学府が多く、学生の確保に一層の努力が必要となっている。社会人博士の入学は博士後期課程の充足率の改善に寄与するので、積極的な勧誘が望まれる。

一方、修士課程に在籍する学生数は定員を大幅に超過しており、その適正化が必要である。定員充足あるいは超過の状況は学府により異なり、専攻レベルではさらに顕著な差がある。この情況を改善する方法の1つは、定員を大きく超過している専攻において採用可能な学生数の上限を設定することである。しかしながら、このような専攻あるいは専門分野は社会的に注目を浴びている学問領域であり、志願者数が多いことから採用可能枠を大きく削減することが困難であろう。

修士課程学生の定員超過問題は、単一の施策で解決できるものではなく、複数の手段を組合せて解決する必要がある。学問領域に栄枯盛衰があり、一部の専攻や専門分野に志願者が集中することは今後も避けられないことであろう。したがって、これを前提に考えなければ、社会や学生の要求に応じた教育システムを確立することはできないと考えている。

このような変動要因に対応するためには、大学の教育システムに柔軟性

を持たせることが重要である。幸い、平成19年度から導入される「新しい教員システム」では、教員組織の編成が大幅に自由化されており、大学の事情に応じた組織編成が可能になっている。専攻の設置・運営については設置審議会の認可と追跡調査が必要であるが、専攻内に設置するコースやプログラム等の下部組織は自由に組み換えることが可能になっている。したがって、大学院教育をこれからも変化するであろう社会的要求に対応させていくためには、専攻の統合により教育単位の強化を図るとともに、教育システムの自由度を高める必要があると考えている。

　入学試験により選抜して採用した学生には、十分な教育を施し、所定の能力を付与して卒業させることが必要である。実際には、留年、休学、退学、学位を取得しないままの修了等の事態が発生し、その責任が学生の能力および努力の不足に帰せられることがある。能力が不足しているのであれば、入学試験による選抜方式に誤りがあることを意味する。学生の努力が不足しているのであるとすれば、学生の努力を引き出す教員側の努力が十分ではなかったことを反省すべきである。いずれにしろ、学生の成績不良については教員も責任があり、その改善に向けて努力するのが教員の業務のひとつである。

　学府学生の教育を円滑に行うためには、アドミッションポリシーを明確化し、その意味を構成員に周知する必要がある。それによって、方針に従った効率的なカリキュラムの編成が可能となり、教育目的に沿った学生指導が可能となる。学生の育成方針が、社会の第一線で活躍できる人材の育成であるのか、高いレベルの研究を遂行できる研究者の育成であるのかを明らかにすることが重要である。この目的が各学府あるいは専攻で明確化されていなければ、目的に合致する能力と志向性を有する学生を選抜することができないし、採用した学生を高いレベルに引き上げることもできない。在籍する学生に対する教育が満足できるものでなければ、優秀な学生は志願してこないものである。

第9章　9月

平成18年9月の主な日程

```
9月4日（月）定例役員会
9月7日（木）～8日（金）九州地区学生指導研究集会
9月9日（土）バンコク市長伊都キャンパス訪問
9月13日（水）「蛍雪時代」インタビュー
9月15日（金）部局長会議等、教育研究評議会、記者懇談会
9月19日（火）定例役員会
9月20日（水）福岡県警察幹部講習会講演
9月21日（木）経営協議会
9月22日（金）伊都キャンパス学生寄宿舎オープニングセレモニー
9月25日（月）学位記授与式
9月26日（火）ヒマラヤザクラ植樹
9月27日（水）全学FD
9月29日（金）Fコープ生協講演会
9月30日（土）前2学期終了
```

　九州大学では、8月および9月を夏季休暇にあてており、9月は比較的暇な時期である。博士前期（修士）課程の入試が8月から9月にかけて実施され、就職を希望する学生の多くは実質的に就職活動を終了している時期であり、勉学および研究に専念する体制ができる時期である。8月より多いとは思われるが、教員の業務もまだ少ない時期であり、学生指導や論文執筆等により多くの時間を費やすことが可能な月である。

　9月の主要業務は、7日から8日にかけて実施された九州地区学生指導研究集会への出席であった。この研究集会は、九州地区の国公私立大学が一同に会して学生指導に関する情報交換を行うものである。平成18（2006）年度の研究集会で特筆すべき成果は、学生指導に関する大学間連携が開始されることになったことであり、カルト系集団に関する情報ネットワークの構築を総会において決定することができた。

　9月9日には、バンコク市長が伊都キャンパスの見学に来学され、その

お相手に赴いた。福岡市とバンコク市の交流事業の一環として行われた2時間程度の短い視察であったが、熱心に伊都キャンパスに関する説明に耳を傾けられていた。この視察には、タイから報道陣を帯同されており、ビデオ撮りおよび記者からの質問に対する応答も行われた。

9月13日は、「蛍雪時代」11月号に掲載する「誌上オープンキャンパス」の取材に対する対応を行った。教育担当副学長として、梶山総長の教育理念を含む九州大学の教育方針について説明を行った。質問された項目は、伊都キャンパス、コアゼミナール、リーダーシップ教育、学生募集等についてであった。在学生に対するインタビューも実施され、文系学部と理系学部から各1名に対してインタビューが行われた。

このインタビューは、「蛍雪時代」の平成19年3月号に掲載された高校生向けの記事の執筆につながった。この記事では、平成17年8月に刊行した『大学でどう学ぶのか』に記載した、大学での勉学の基本的姿勢や自己鍛錬の実際的手法を高校生向けに解りやすく解説することを求められた。この情報は、新入生全員に伝えたいものであるが、入学式に続いて行われる教育担当副学長によるオリエンテーションの時間は30分間にすぎないため、大学生活を行うための必要最低限の注意事項を伝えることができるだけである。

9月20日には、福岡県警察の幹部講習会に赴き、「組織改革・リーダーシップ」について講演した。約250名の警察幹部が熱心に聴講し、講演内容に関する多くの質問が行われた。学生相手の講義と異なり、市民の安全を守る警察幹部は講演に対する熱心さが格別であった。この講演の基礎となっている情報を記載しているのが上述の『大学でどう学ぶのか』であり、講演を依頼された理由もこの本の内容を話して欲しいということであった。驚いたのは講演後に本の購入を希望した者の数であり、約100名が購入を希望した。教科書指定を行った場合は学生も購入するが、参考書指定ではほとんどの学生は購入しないのが通例である。この差は、組織運営の責任を分担している集団は、情報獲得に対する姿勢が学生とは全く異なることを示している。

9月22日に、伊都キャンパスに学生寄宿舎がオープンし、26日にはヒマ

ラヤザクラの植樹が行われた。これらの記念式典に出席するため、伊都キャンパスに出向いたが、工学系の移転もほぼ完了しており、伊都キャンパスにはこれまでに無い活気が感じられた。ヒマラヤザクラは、ネパールから寄贈されたもので、そめいよしのとは異なり秋に咲く桜である。

　９月27日は、Ｆコープ生協の研修センターで開催された「食と安全に関する勉強会」に出席し、食と健康に関する話題提供を行った後、参加者の質問に対する解答を行った。食育推進関係者や健康志向食品関連企業からの講師も参加しており、面白い情報もあったが、Ｆコープ生協の職員も含め、健康志向食品の製造、販売、利用に従事している人達が、誤った情報や認識に基づいて活動していることがわかり、危惧の念を抱かざるを得なかった。食と健康に関する意識の高まりは結構なことであるが、正確な情報の伝達が行われなければ、健康志向食品の乱用により健康障害が発生する危険がある。正確な食情報の消費者への伝達を大学でも考慮すべきであることを痛感した。

九州地区学生指導研究集会

　９月７日および８日は、福岡市で開催された九州地区学生指導研究集会に出席した。まず、久留米大学健康・スポーツ科学センターの豊福功次先生による「心とからだの健康づくり」に関する講演が行われ、事例報告では、中村学園大学短期大学部城田知子教授より「食育推進活動"地域との連携について"」が報告された。

　「心とからだの健康づくり」では、不健康と考える学生の割合が増加していること、指導する側も心身が健康である必要があること、健康のための運動は低強度から始めて中強度で留めること、生活習慣に合わせて取り入れること、ストレスをためないこと等について解説された。「食育推進活動"地域との連携について"」では、食育の推進に関して福岡地区で行われている先進的な試みについて情報を得ることができた。私は、食品機能に関する研究を行っているので、非常に興味深い報告であった。

　この研究集会は、九州地区の国公私立大学に所属する学生指導担当者の

情報交換を目的として開催されるものであり、国公立、私立Ａ、私立Ｂ、短大・高専の４つの分科会に別れて討議が行われた。議題は、１）学生に対する悪質な勧誘活動、２）学生のマナー、３）学生支援・学生相談・メンタルヘルス、４）ボランティア活動に対する意義づけであった。

　国公立分科会では、１）と２）の議題について討議した。学生に対する悪質な勧誘活動で議論の対象となったのは、カルト系集団による勧誘であり、各大学の状況について意見交換を行った。カルト系集団は、表面上はサークル活動やボランティア活動を行っている集団が多く、大学側が活動を制限することが困難な形態を取っている場合が多い。しかし、新入生の多くが勧誘を受け、夏休みの長期合宿に参加した場合は脱退することが困難になり、精神的に深刻なダメージを受けることがある。このような事態に至ることを予防するため、この部会では大学間で情報ネットワークを形成し、情報を共有することが提案された。この提案は総会で了承され、今回の研究集会の幹事校である福岡教育大学が、情報ネットワークの幹事校を担当することになった。

　学生のマナーの低下は、すべての大学が共有する問題であった。学生の自由度をどこまで認めるかは教員によって、大学によって大きく異なるところであり、本部会でもコンセンサスを得ることはできなかった。学生のマナーの低下は、家庭における躾教育の崩壊によるものであるが、現実に在学している学生のマナーに問題がある場合、大学としても指導を行う必要がある。必要最低限のマナーは、他人に迷惑をかけないことであり、学生同士あるいは学外に対して迷惑をかける行為については厳しく指導したいと考えている。

伊都キャンパス寄宿舎オープニングセレモニー

　伊都キャンパス寄宿舎「ドミトリーⅠ」のオープニングセレモニーが、９月22日の11時より行われた。梶山総長らによりテープカットが行われ、「ドミトリーⅠ」の１階多目的ホールで式典が行われた。梶山総長挨拶に続いて、本寄宿舎の建設に際して高額の寄付をいただいた矢頭美也子

（株）やずや社長による来賓祝辞が行われた。運営事業者挨拶は、勝村元三菱商事（株）常務取締役にお願いし、それに続いて九州大学施設部長による工事経過報告が行われた。引き続いて、伊都キャンパス食堂（愛称「ビッグ・ドラ」）において祝賀会を行った。「ビッグ・ドラ」と同様、本寄宿舎の愛称は公募により決定された。英語名の Dormitory I の中に、ＩＴＯの文字が入っていることに注意されたい。

　本寄宿舎は、ＰＦＩ方式により建設されたものであり、今後13年間は三菱商事（株）、西松建設（株）、（株）学生情報センターより構成される（株）ＣＲＯＳＳ福岡により運営される。鉄筋コンクリート10階建ての本寄宿舎は、13㎡の個室242室とそれより広い身障者用の個室２室の合計244室を有している。冷蔵庫を組み込んだミニキッチン、バス、トイレ、机、ベッド、エアコン、収納用吊戸棚等が設置されており、必要最少限の私物を持ち込むことにより、生活を開始することが可能となっている。また、各フロアーに談話室、１階には多目的ホールが設置されており、入居者間の交歓だけでなく、入居者以外の学生や地域との交流の場として使うことのできる空間を備えているのが特色である。

　安全性にも十分の注意が払われており、オートロックとカードキーにより万全のセキュリティー対策が施されている。本寄宿舎は、留学生と日本人学生の男女が混住する形態をとっている。そこで、９階および10階を女性専用のフロアーとし、８階以下との行き来を制限できるよう配慮が行われている。管理人の常駐および警備会社との連携も行われており、安全に生活を行うための配慮がなされている。建物の中央は吹き抜けとなっており、風通しにも十分の配慮がなされている。

　従来の２人部屋とは異なること、多くの設備がすでに据えつけられていることから、寄宿料はかなり高めに設定されており、寄宿料と管理費で23,000円、光熱水量を合わせると月30,000円程度の出費が必要となる。部屋の一部はサマースクールに来学する海外および他地区の学生のために、夏休みの間１もしくは２ヶ月退去することを条件に入居して貰うことにした。この一時退去については、実施事例が少ないため、希望者を確保できるか心配であった。しかし、この条件つき入居を選ぶ学生は意外に多く、

ほぼ予定通りに入居が進行し、一安心した次第である。

伊都キャンパスでは、同様の規模の寄宿舎を4棟建設する予定であるが、第2棟以降の寄宿舎建設費の一部に、寄宿料収入をあてる必要がある。国立大学法人化はＰＦＩ事業等による積極的な施設整備を可能にしたが、その費用を工面するための自助努力が必要となっている。従来の寄宿舎と異なり、実費に近い寄宿料が設定されているのは、国立大学法人化により寄宿舎整備方式が変更されたためである。

本寄宿舎の建設費用の一部は（株）やずやからの寄付によりまかなわれている。九州大学では、寄付金を用いた施設整備を可能にしており、その貢献に報いるため当該施設に寄付者の名称を冠しする制度を設けている。ドミトリーⅠでは8階を「やずや」フロアーとし、壁に銘板を設置して記念とした。この銘板の除幕式も矢頭社長と梶山総長により当日行われた。

平成19年4月時点の「ドミトリーⅠ」の入居率はほぼ満足できる状況にある。私費留学生にとっては寄宿料が高めであることが留学生の応募を若干低調にしているが、日本人学生は希望者全員を入居させることができないため、一部を日本人学生用に転用している。現在は、工学系の学生のみが伊都キャンパスに移転しているため、女子学生用のフロアーに若干空室が存在するが、これは過渡的状況ではやむを得ないことと考えている。

ファカルティーディベロップメント

ファカルティーディベロップメント（ＦＤ）は、大学の自己改革活動の重要な手法の1つである。大学の教育研究活動を見直し、改善するための活動として重要である。九州大学では、全学的に実施される全学ＦＤと、各部局で実施される部局ＦＤの2本立てでＦＤが行われてきた。

全学ＦＤでは、4月に実施される初任者研修、全学教育の改善に関するＦＤ、大学全体の教育活動に関するＦＤの3つが毎年実施されてきた。初任者研修は、直近1年間に採用された教員に大学の教育研究システムを理解させるために開催されるものである。平成19年の初任者研修では、助手から助教に採用された教員全員を初任者研修の対象としたため、50周年記

念講堂の大講堂で行うことになり、多くの教員が参加した。

　全学教育関連ＦＤは、実際に業務に携わっている教員を対象に実施され、現状の把握を行うとともに、小部会に別れて改善策を検討し、全体会議でさらに議論する形式が取られており、全学教育の改善に寄与してきた。平成18年度は、平成18年９月に全学教育におけるティーティングアシスタント制度の運営に関するＦＤを行い、運用面での改善に大きく寄与した。

　大学全体の教育活動に関するＦＤは、全部局に共通した話題を選ぶ必要から、全学教育がらみのものが多かったが、平成19年３月には19年度から全学的に導入する Grade Point Average（ＧＰＡ）制度に関するＦＤを行った。初任者研修は情報伝達が中心となるが、教育関連ＦＤでは討議中心のシステム改革につながる討議を中心に行っている。

　一方、部局ＦＤはさまざまなテーマについて実施されていることは評価できるが、その多くは情報獲得に重きを置いており、教育改革に関る議論がほとんど行われていないことが難点であった。また、各部局で独立して実施されているため、前向きに実施されたＦＤの成果が大学全体に還元されないことが問題であった。

　平成18年６月に高等教育機構の設置が認められ、教育関連業務は機構内に置かれた学生委員会、教務委員会、全学ＦＤ委員会の３つの委員会を通じて実施されることになった。これらの委員会は従来から存在していたものであるが、学生委員会および教務委員会が毎月開催され、学生教育の実施に深く関っていたのに対し、全学ＦＤ委員会はほとんど開催されていなかった。実際、平成17年11月に教育担当副学長に就任後の８ヶ月間、本委員会は一度も開催されなかった。

　九州大学の教育は、研究院に所属する教員によって実施されるため、教育システムの改革は各部局の支援を得る必要がある。実際、低年次学生向けの全学教育および大学院学生向けの大学院共通教育の実施においては、カリキュラムの編成および教員の確保に多くの困難を克服しているのが現状である。

　各部局においては、大学院重点化および大学法人化の過程で組織の拡充やカリキュラムの変更を重ねてきており、教育研究システムの見直しが必

要になっている。また、大学法人化に伴い、評価関連業務や競争的資金の獲得・運営に関する業務が激増しており、業務の整理を行わなければ教員が高いレベルで業務を達成することが困難になっている。

とくに、教育は各部局に所属する教員が実施すること、九州大学のような総合大学では教育目標の異なるさまざまな学部および学府が存在することから、教育システムの改革を部局単位で実施することが必要となっている。現場の事情を反映しない改革は現場の教職員にさらに負担をかけることになり、トップダウンのみでは適切な教育改革を行うことはできない。

各学部および学府も、学科、コース、部門などの構成単位の集合体であり、全体としてコンセンサスを得ることが困難であり、コンセンサスの成立に時間を要し、改革が進まないの大学の姿である。しかし、大学評価においては目に見える進展が求められており、教育システムの改善効果を社会に示すことが大学の課題となっている。

したがって、大学業務の改善に関する議論は、各部局の構成単位で実施することが最も効果的であり、部局ＦＤおよび構成単位ごとのＦＤの重要性は非常に大きいものとなっている。全学ＦＤ委員会では、部局ＦＤの実施状況を報告していただくとともに、その成果を大学全体で共有するシステムを構築しようとしている。

改革業務は、ＰＤＣＡサイクルにしたがって行うことが不可欠とされている。ＰＤＣＡサイクルとは、Plan、Do、Check、Action を繰り返し行うことを意味する。大学の教育理念に沿って計画を策定し、それを実行し、実行した結果を検証し、修正した改革案を実行に移すことである。最初の計画を実施できれば、それ以降は Check と Action を繰り返すことになる。この改革業務を実行する中で、新しい改革の必要が生じると、Plan から始まる新たなＰＤＣＡサイクルを開始することになる。

平成18年度のＦＤ委員会では、部局ＦＤの実施結果の報告を求めるにとどまったが、平成19年度以降はＦＤにより得られた成果をどのような教育改革に結びつけ、どのような成果を得たかを全委員に配布し、各部局でのシステム改革に役立てて貰うことにしている。

第10章　10月

平成18年10月の主な日程

10月1日（日）後学期開始
10月2日（月）後学期授業開始
10月4日（水）ＪＴＷ開講式
10月5日（木）・6日（金）全国国立大学学生指導担当副学長協議会（大阪）
10月10日（火）体育祭
10月19日（木）七大学学生関係協議会（北大）
10月20日（金）部局長会議等、教育研究評議会、記者懇談会
10月23日（月）～24日（火）部局長活動報告会
10月26日（木）九州大学Ｐ＆Ｐ成果発表会
10月27日（金）九州大学戦略的教育研究拠点活動状況報告会
10月30日（月）名誉教授懇談会
10月31日（火）「魅力ある大学院教育」イニシアティブ理工農系九州地区合同シンポジウム

　10月は、2年次学生の進級の時期である。九州大学では、低年次教育と学部（高年次）教育に別れており、多くの学部では低年次教育に1.5年を割いている。低年次教育は六本松地区で行われてきたが、学部教育は他のキャンパスで行われるため、10月の進級に伴い、学生は転居する必要が生じる。年度途中の転居は、学生アパートの確保上問題があり、半年間転居を遅らせる学生も多い。進学時期を1年次終了時もしくは2年次終了時に行うことができれば、この問題を解決することが可能である。

　九州大学は、2学期制をとっているが、第3学期終了時点での進級は単位取得上でも不利を生じる。すなわち、1年次後期に必修単位を取得することができなかった科目では、2年次前期で必ずしも単位を取得することができず、進級が困難になることがありうるからである。一部の学部では仮進学制度を採用しており、進級に必要な単位が若干不足している場合は仮進学させ、高年次で単位を取得することを可能にしている。しかし、学生は他のキャンパスから六本松キャンパスへ講義に出向くことになり、時

間的ロスが発生せざるを得ない。箱崎地区と六本松地区の伊都地区での統合が終了した時点では分散キャンパスのデメリットは解消されるが、その間、かなりの不便に耐える必要が生じる。教養教育と学部教育の役割分担を見直し、より効率的な教育体制を構築することが望まれる。

10月5日および6日には、大阪で全国国立大学学生指導担当副学長協議会が開催されたが、後述するように多くの情報を獲得することができた。10月19日に開催された七大学学生関係協議会は、北海道大学の担当で同大学において実施された。事務協議と副学長会議が別々に行われたが、副学長会議は2週間前に実施された全国国立大学学生指導担当副学長協議会で十分な討議を行っていたため、新たな情報はほとんど得られなかった。

10月23日および24日には、部局長活動報告会が開催された。これは各部局の活性化、部局長のリーダーシップの発露を目的として行われるものであり、各部局長の部局運営方針を話していただき、本部からの助言を行うものである。総長特別補佐として役員会に出席するようなり2年半が過ぎていたが、この間感じたことは、役員会と部局間の情報伝達が不十分なことであった。本部から部局へ多くの情報が流されてきたが、その内容の理解が不十分であり、必要な施策の実施に必ずしも結びつかない状況が続いていた。一方、部局情報は本部にほとんど伝えられることがなく、部局の積極的な取り組みに関する情報が本部に届かない状況も見受けられた。部局長活動報告会はこのような情報伝達の隘路を取り除くことにつながるものであり、定期的に実施されることが望まれる。

10月26日には、教育研究プログラム・研究拠点形成プロジェクト（P＆P）の成果発表会が開催された。P＆Pは、特色ある教育研究プログラムの学内支援制度であるが、今回は平成17（2005）年度に終了する13件のプロジェクトの報告を聴取し、S、A、B、Cの4段階で評価を行った。評価結果は、Sが1件、Aが4件、Bが8件であった。高い評価を受けたプロジェクトは、今後大学から申請する大型プロジェクトの中心になりうる研究であり、今後も大学からの重点支援対象になるものである。

10月27日は、九州大学戦略的教育研究拠点の活動状況報告会が行われた。これは、総長が重点的に支援することを決定した5つのセンターの運営状

況を把握するために行うものであり、報告終了後、各センターへの助言が行われた。5つのセンターとは、1）デジタルメディシンイニシアティブ、2）システムＬＳＩ研究センター、3）バイオアーキテクチャーセンター、4）未来化学創造センター、5）アジア総合政策センターである。これらのセンターは、世界最高水準の教育研究拠点を目指す九州大学が、重点的に推進する戦略的教育研究拠点として新設・拡充を行ったものであり、高度な目標の達成を求められている組織である。関連部局は、これらのセンターの拡充にむけて真剣に対応していただく必要がある。

全国国立大学学生指導担当副学長協議会

　10月5日および6日に、大阪大学を当番校として全国国立大学学生指導担当副学長協議会が千里阪急ホテルで開催された。協議事項は、1）学生の修学支援・成績表送付、2）生活指導・モラル教育、2）カルト系団体対策、4）個人情報開示、5）放送大学単位互換、6）学生の学業・生活・メンタル・ハラスメント等相談窓口、7）キャリア教育、8）ティーティングアシスタント制度、9）その他であった。

　学生の修学支援・成績表送付に関する議題を提案したのは佐賀大学であり、まず提案趣旨の説明が行われた。佐賀大学では、学部学生5,400名中100名を超える退学者（1.6％）、170名前後の休学者（2.7％）がいることが報告され、その指導に苦慮しているとのことであった。この問題への対処法として、成績不良者を早期に把握すること、修学支援体制を確立することなどがあげられた。年2回の成績報告のみでは成績不良者の早期発見は覚束なく、チューターやティーティングアシスタントなどを活用し、学期中でも学生の修学状況をモニターする制度を確立する必要がある。また、成績不良者については親に連絡することが望ましいことがあるが、未成年の低年次学生には実施可能であっても、すでに成人している学生においては実施しにくいことが多いのが現状である。

　今回の協議会で最大の収穫は、カルト系団体対策に関する大阪大学の報告である。その実態および対策について具体的な情報が得られたため、今

後の学生指導に大きな助けとなった。

　学生の学業・生活・メンタル・ハラスメント等相談窓口は、どこの大学でも設置しており、その配置や運営に工夫をこらしていることが報告された。家庭での躾教育が不十分であるため、学生のマナーが低下するとともに、学生の精神的なひ弱さが問題になっている。勉学、友人関係、就職等の諸問題に適確に対応することができず、相談することのできる友人も作りえない学生が増加している。その結果、休学、引きこもり、退学、自殺などが増加することになる。九州大学でも、学生生活・修学相談室、健康科学センター、留学生センター、なんでも相談室、キャリア支援センター等で学生の相談を受けているが、非常に初歩的なレベルの相談が多いことに驚いている。

　上記の全学的な相談体制と平行して、クラス担任制や指導教員制が各学部や学府で実施されているが、十分な相談体制が取られているとは思えない状況である。かなり重傷のメンタルヘルスを担当する健康科学センターでは、相談希望者数が多過ぎてすべての希望者の相談を受けることができない状況が生じている。問題を抱えた学生の教育現場での早期発見および対処は、これらの問題の解決に大きく寄与する。また、修学支援体制の充実について、関係者のご理解を得たいと考えている。

「魅力ある大学院教育」イニシアティブ理工農系 九州地区合同シンポジウム

　「魅力ある大学院教育」イニシアティブは、大学院教育の活性化を目的として文部科学省が支援しているプログラムである。このプログラムは、現代社会の新たなニーズに応える創造性豊かな若手研究者の養成機能を強化することを目的として、大学院における意欲的かつ独創的な研究者養成に関する教育取り組みに対して重点的な支援を行い、大学院教育の実質化を行うことをめざしている。九州大学では、平成17年度に3件、平成18年度に3件が採択され、大学院教育の高度化に関する活動を行っている。

　このプログラムには、九州地区の他大学も採択されており、10月31日に、

九州大学の「魅力ある大学院教育」イニシアティブ採択一覧

平成17年度
1）フロントリサーチャー育成プログラム（理学府）
2）ものづくり型実践的研究人材の戦略的育成（総合理工学府）
3）歯学国際リーダーの養成プログラム（歯学府）

平成18年度
1）英語による法学博士課程の充実化（法学府）
2）世界戦略的フードサイエンス教育（生物資源環境科学府）
3）臨床研究活性化のための大学院教育改革（医学府）

「魅力ある大学院教育」イニシアティブ理工農系九州地区合同シンポジウム

1）開会の辞
寺岡靖剛（九州大学大学院総合理工学府長）
2）講演
大学院教育について　鈴木優香（文部科学省高等教育局大学振興課大学院係長）
九州大学における大学院教育　山田耕路（九州大学教育担当理事副学長）
3）成果報告
ものづくり型実践的研究人材の戦略的育成　本庄春男（九州大学大学院総合理工学府教授）
自然エネルギー変換技術研究者の養成　保田昌秀（宮崎大学大学院工学研究科教授）
フロントリサーチャー育成プログラム　伊藤久徳（九州大学大学院理学府教授）
海洋環境・資源の回復に寄与する研究者養成　石坂丞二（長崎大学大学院生産科学研究科教授）
異分野融合能力をもつ未来開拓型人材育成　安部眞一（熊本大学大学院自然科学研究科教授）
世界戦略的フードサイエンス教育　宮本敬久（九州大学大学院生物資源環境科学府教授）
出稽古修行型の分野横断研鑽システム　古川徹生（九州工業大学大学院生命体工学研究科教授）
「資源循環総合演習」による実践的環境教育　添田政司（福岡大学大学院工学研究科助教授）
4）総合討論

理工農系九州地区合同シンポジウムが九州大学の総合理工学府で開催され、九州地区の6大学から8つのプログラムについて紹介が行われた。私も、

「九州大学における大学院教育」について講演を行ったが、要務があり、各プログラムの進捗状況を聞くことはできなかった。

　シンポジウムに先立ち、文部科学省関係者と意見交換を行うことができ、私の講演に先立ち次年度の教育支援に関する説明が行われたので、文部科学省の方針については多くの情報を得ることができた。近年、大学の教育改革支援に競争的資金が投じられ、教育改革支援が本格化しているが、その多くが2年間の支援にとどまっており、支援期間終了後は大学でその成果を継承する必要があることが、教育担当副学長会議で問題となっている。教育効果は、2年間の実施ではなかなか確認できないことが最大の問題であり、少なくとも5年間の支援が必要であることを副学長会議から提案することとしている。今回得られた情報では、平成19年度の募集では支援期間が3年に延長予定であるとのことであり、文部科学省でも改善の方向にあることが確認できたことが収穫であった。

第11章　11月

平成18年11月の主な日程

11月15日（水）ノーベル賞フォーラム講演会
11月16日（木）現代ＧＰシンポジウム
11月16日（木）総長諮問会議
11月16日（木）～20日（月）九大祭
11月17日（金）部局長会議等、教育研究評議会、記者懇談会
11月18日（土）大学院共通科目「科学研究実施論」集中講義
11月22日（水）大学マネージメントセミナー
11月27日（月）～29日（水）全国学生指導研究集会（東京）

　11月は、秋も深まり、冷え込む日が多くなる時期であるが、体育および文化行事が行われる時期でもある。九州大学では、11月15日に医学部百年講堂でノーベル賞フォーラムが開催され、野依良治、江崎玲於奈博士による講演とパネルディスカッションが行われた。また、会場には複数の高校から生徒が派遣され、九州大学の学生とともに質疑応答に参加した。参加予定の外国人受賞者が旅行上のトラブルで参加できなかったことが残念であったが、高校生および九大生とノーベル賞受賞者との間で質疑応答が行われたことは、彼らの修学意欲の向上に大きく寄与したものと思われる。

　11月16日から20日にかけては、九大祭が行われた。平成18（2006）年は、例年通り六本松キャンパス（旧教養部）と大橋キャンパス（芸術工学部）で各種の催しが行われた。以前は箱崎キャンパスでも実施されていたが、現在は行われていないのが残念である。われわれの学生時代は、箱崎キャンパスでは各所で研究発表会などの催しが行われており、私も一般向けの展示を３年次に実施し、教員に採用されてからは３年次学生の指導を行っていた。非専門家に研究内容を解りやすく説明する練習になっていた催しであり、復活させたい行事の１つである。大学祭では、学生の飲酒による事故や周辺地域への迷惑が問題になることが多いが、今回の九大祭は問題なく実施された。

11月16日に開催された現代ＧＰ（Good Practice）シンポジウムは、平成16年度に獲得した「WBT（Web Base Training）による医療系統合教育」に関するものであり、開会挨拶に出向いた。文部科学省の関係者と意見交換することができたことは収穫であったが、総長諮問会議に出席する必要があり、シンポジウムには参加することができなかった。

　九大祭期間中の11月18日に、大学院共通科目として「科学研究実施論」を9時から17時まで開講した。科学研究の実施に関するノウハウを学生との質疑応答を交えて教授したが、内容が高度化するにつれて質問数が減少した結果、1日で予定の教授内容を終えることとなった。そこで、2日目は自宅学習としてレポートの作成を行わせることとしたが、次年度は講義内容を練り直すことが必要であることが明らかとなった。

　11月の後半は、大学マネージメントセミナーおよび全国学生指導研究集会に出席するため、いずれも東京に出張した。教育担当副学長が主催する会議はかなりの数に達しており、委員長代理を設定することができない会議もあり、出張が重なると学務が停滞することがあるのが問題である。このような状況を改善するためには、業務の整理および効率化を総合的に行っていく必要がある。各種会議に委員長代行を置き、教育担当副学長が不在の場合でも教育業務が円滑に行われる体制を作ることが望まれる。

大学院共通教育

　九州大学では、大学院共通教育を平成18年度後期から開始した。大学院共通教育は、大学院教育の実質化を目指すものであり、各学府の専門教育ではカバーできない部分を支援するものである。大学院学生の教育に共通した基礎的教育、学際性の高い講義、学生に社会性を付与するための講義等が大学院共通教育の対象となろう。専門性の獲得は、それぞれの学府で工夫をこらして実施されており、大学院共通教育で担当する必要はないが、各学府の特徴ある教育については全学に拡げていただきたいと考えている。

　大学院共通教育プログラムは、文部科学省により支援されている。大学院共通教育で育成する人材は、1）高い専門性に加え、柔軟性、創造力、

実践力、マネジメント力、国際対応力等を有する人材、2）グローバル化や科学技術の進展等、社会の急激な変化に対応しうる人材、3）専門分野だけでなく、関連する周辺分野の知識を含めた豊かな学識を有する人材である。

　この目的を達成するため、1）科学技術政策アナリスト関連科目群、2）サイエンスコミュニケータ関連科目群、3）知的財産・職業倫理関連科目群、4）国際協力・国際貢献関連科目群、5）経済・ビジネス関連科目群、6）感性・心理関連科目群、7）防災・自然・環境関連科目群等に分類される講義を開設し、これらの科目群を履修した学生には何らかの形で履修認定を行っていきたいと考えている。

　大学院の学生は、各学府において高度の専門教育を受けるとともに、研究の遂行に多くの時間を費やすことが通例である。したがって、大学院共通教育の開講においては、学生の都合を考慮することが不可欠である。すなわち、夜間開講、休日開講、集中講義の実施等、学生が効率的に時間を使うための配慮が必要になる。休日における集中講義の開講は、分散型キャンパスへの対応としても有効である。また、単位数も1単位を標準とすることにより、15時間の講義に参加することで単位取得が可能となり、柔軟な受講計画の作成を可能にする。教員にとっても、集中講義による開講は時間的制約を最小限にとどめることになる。私自身、「科学研究実施論」を休日開講の集中講義として開講したが、学生の評判は良好であった。

科学研究実施論

　農学研究院所属の間は、自専攻の修士学生を対象に食糧化学特論を開講し、研究者教育を行ってきたが、専門知識の伝達を中心に実施する必要があり、科学者としての基礎教育は研究室での研究指導が中心であった。本年度に大学院共通教育を担当することになったため、文系と理系を問わない高度専門家教育の一翼を担うことが可能になった。

　これまでの教育経験を学生に伝える資料として、平成17年8月に『大学でどう学ぶのか』を執筆し、大学入学から博士号取得までの大学時代に修

得すべき技能についてまとめていたので、これを参考書として講義内容を構成することができた。科学者として必要な技能には、問題発見および解決能力、情報処理能力、表現力、論理性、コミュニケーション能力等の総合的な能力がある。同様な能力は、社会的リーダーにも要求されるものである。そこで、科学研究実施論では、科学研究の遂行に必要な実際的な技能の習得法を教えるとともに、リーダーシップ教育を施すこととした。

　大学院共通教育は、学府の専門教育を補完するものであり、各学府の専門教育と競合するものであってはならない。学生の受講を容易にするためには、さまざまな講義形態を採用する必要があり、通常形式の毎週講義、平日の集中講義、土日や夜間を利用した時間外講義等を幅広く試行することとした。また、講義選択の自由度を上げるため、15時間1単位を基本として実施することにした。私自身は、土日の集中講義を試行することとし、今回は九大祭期間中の休日に開催することにした。

　参考書である『大学でどう学ぶのか』から抽出した情報をスライドにまとめ、学生に配布して講義を行った。講義は、説明しながら学生の疑問にその場で答える形式を取り、いわゆる双方向授業方式で知識の定着を図ることにした。講義終了後、科学研究実施論と大学院共通教育に関する感想をレポートとして提出して貰い、講義で教えた文章作成技術の定着度を評価することとした。

　講義に出席した学生数は27名で、そのうち26名がレポートを提出した。大部分が修士課程の学生であったが、博士課程の学生が1名、4年次学生が2名受講した。4年次学生はいずれも大学院進学希望者であるので、今回取得した単位は大学院進学後に有効となるように設定している。

　講義内容は、独創的な技能を培うための基礎的学修、学会発表のやり方、論文執筆能力の育成の3つに大別される。基礎的学修では、ものの考え方や表現力のつけ方などについて講義したが、多くの質問が行われ、充実した双方向授業を行うことができた。しかし、最後の論文執筆法に関する講義では、執筆経験者がほとんどいないためか質問が少なく、予定した時間より早く終了せざるを得なかった。

　しかしながら、工学部の博士後期課程1年の受講生から、学会発表のや

り方で教えた発表技術をすぐに応用して満足すべき結果を得たこと、執筆予定の論文の作成に講義内容を応用したいとのレポートが提出されたことは、教育者として満足できる結果であった。その他の学生から提出されたレポートは、基礎的学修への満足度を表すものが中心であった。

大学院共通教育については、実務的能力の向上や学際的知識の獲得が可能であることに高い評価を下していた。実施形態については、研究時間を確保するため、休日や夜間等の正規時間外の実施を希望する学生が多数を占めた。全体として、大学院共通教育に対する期待感が高く、今後の充実が必要であることを痛感させられた。

大学マネージメントセミナー

11月22日は、大学マネージメントセミナー教育編に出席した。これまでは、特にテーマが設定されていなかったが、今回はキャリア支援をテーマに講演会が行われた。内容は、法政大学学事顧問清成忠男前総長による「大学教育を通じたキャリア形成」、東京工業大学冨浦梓監事による「人材育成における大学の役割-多様化した社会に適応する大学教育」、労働政策研究・研修機構小杉礼子総括研究員による「新規大卒労働市場の変化とキャリア形成支援」であった。

清成先生は、法政大学キャリアデザイン学部を平成14年に申請して設置されたご本人であり、平成18年に発足した日本キャリアデザイン学会の初代会長でもある。キャリアデザイン学部は、各大学で行われるキャリア教育の専門家を養成するために設置された学部であり、定員の23倍の受験生が殺到したとのことであった。学生の資質や勉学目標に大きなばらつきが見られる現状では、学生のキャリア教育の重要性が高まっており、九州大学でもキャリア支援センターを設置して博士課程の学生のキャリア支援を開始したところである。

冨浦梓幹事の講演は、即戦力となる人材を供給するためには大学教育はどうあるべきかという視点で語られていた。単なる知識の集積では不十分であり、より高度の知恵を用いて課題を解決する能力を付与することが必

要であるということであった。また、幅広い知識の必要性も強調されていた。私自身が学生に教えていることは、問題発見、問題解決、思考力、判断力、想像力、独創性、表現力などの総合的能力であり、自分自身の専門にこだわらない学際的な姿勢を身につけさせようとしているので、富浦幹事の話には共感する点が多く存在した。

　小杉礼子研究員の講演では、学校基本調査などの調査結果に基づく現在の学生気質などの説明があり、学生の未熟さについて再認識することとなった。自分の進路について決定できない学生が増加していること、従来は大学では教える必要のなかった社会性に関する教育プログラムが必要になっていること等が報告された。大学での学生の活動と就職実績との間で唯一の相関が得られているものとして課外活動があげられたが、課外活動の重要性は学生指導担当の教職員の間ではよく知られているものの、現場の教員にはほとんど知られていないのが現状である。

全国学生指導研究集会

　11月27日から29日にかけて、全国学生指導研究集会が開催された。本年度は九州地区の琉球大学が実施を担当したため、分科会の座長は、九州地区の国公私立大学学生指導担当副学長が主として担当した。分科会は、学生相談、キャリア支援、修学支援、正課外活動の4つに分類され、20名強の構成員による分科会が約20個組織され、個別討議および全体討議を行った。私は、正課外活動を割当てられ、座長を務めた。討議内容として、必須テーマと領域テーマが用意され、必須テーマ「大学の危機管理について」は全分科会で討議し、討議内容を日本学生支援機構に報告し、報告書にまとめることとなった。

　研究集会では、まず東京工業大学の冨浦梓監事による「大学における統治、統制、遵奉」に関する講演が行われた。私は、冨浦監事の同様のテーマに関する講演を大学マネージメントセミナーで聞いたばかりであったので、今回の講演では目新しい情報は少なかった。大学およびその構成員の背信行為に関する話もあったが、いろいろな問題に対して現場で対応して

いる立場として、十分に認識している内容であった。

　分科会では、まず必須テーマに関する意見交換が行われた。このテーマは、ＪＲ福知山線の列車事故の教訓を活かすために行われたもので、学生が事故にまき込まれた場合の危機管理体制について議論した。このような突発事故に対応する危機管理委員会をすでに設置している大学は、われわれの分科会に参加した約20大学中1大学にすぎず、1大学から危機管理マニュアルを作成しているとの発言があった程度である。議論は、主として学生加入保険について行われ、特約の有無により死亡時の補償金額がかなり異なることが指摘された。この事実は、各大学の学生支援関係者に周知する必要があるので、日本学生支援機構に保険内容や加入実態について調査し、各大学に情報を提供していただくことにした。

　われわれの分科会が担当した領域テーマは、ボランティアなどの学生の自主的活動に関するものであった。まず、単位化に関する議論が行われ、単位化するか否かはその内容によるとの結論を得た。これは、単にボランティア活動を行うだけでは単位を付与することはできず、業務内容や従事時間数を記載した証明書等の、学修内容を把握できる資料の添付が単位付与に必要であるとの認識に基づくものである。また、ボランティア活動が学外で実施される場合、学外者を傷つける危険性があることが指摘された（介護ボランティアやスポーツ指導等）。このような事態に対応するためには、保険加入等の対応が必要であると結論された。

　課外活動支援については、各大学とも共通した悩みをかかえていた。大学間競争が激しい昨今は、大学の研究や教育の活性化について論じられることが多いが、教育においては正課活動への配慮が中心であり、正課外活動への支援は十分ではないのが現状である。施設整備は常に立ち後れており、サークル活動経費の支援も限られたものである。また、人的支援も十分ではないことが明らかとなった。大学公認サークルでは、大学教員が部長や顧問に就任してサークル活動を支援することが通例であるが、近年は教員に引受けて貰うことが困難になっている。一部の私立大学では、ほとんどのサークルの顧問を事務職員が勤めていること、教員が顧問を勤めている場合も、補佐役として配置した事務職員が主として顧問業務を行って

いる大学があることが報告された。

　大学法人化に伴い、大学教員の業務が増加した大学が多く、サークル顧問業務の負荷を嫌う教員が多いのが現実である。また、顧問業務には個人的な出費を伴うこと、学生の事故などに対応する必要があること等も顧問就任を躊躇させる要因となる。正課外活動は、学生の総合的能力の向上に大きく寄与し、学生の就職内定に貢献することが報告されており、大学として積極的に課外活動を支援することが必要になっている。正課外活動を大学の教育活動の一環として実施するためには、教員が顧問を務めることが不可欠であるが、それを可能にするためには顧問教員の大学貢献度を正しく評価するとともに、大学からの支援を充実することが必要である。顧問教員に手当を支給している大学もあったが、それ以上に必要であることは課外活動の重要性を認知し、全学的な支援体制を構築することである。

　正課外活動とともに、学生自治会の低迷も問題となっている。学生自治会の政治的活動への偏向は望ましいものではないが、大学祭等の自治運営能力の低下は、学生の総合力の低下を物語るものであり、その対策について議論した。学生自治会の活動資金については、大学が代理徴収しているところが多く、支出については大学が管理する大学と自治会に任せて決算のチェックを行う大学に別れた。ある大学は後者を採用していたが、多額の不正使用が行われた結果、大学管理方式に切り替えたとのことであった。

　自治会活動に参加を希望する学生がほとんどいないことは、学生自治会の低迷をもたらすだけでなく、政治活動団体により乗っ取りをもたらす。このような事態を防ぐためには、定常的に自治会活動に参加する学生を供給することが効果的である。一部の大学では、自治会活動をサークル活動として行っており、大学祭の運営などの業務を１年次から分担することを可能にしている。この形式では毎年新入生が自治会活動に参加し、学年進行とともに経験を積んでいくので、高いレベルで自治会活動を維持することが可能である。

第12章　12月

平成18年12月の主な日程

```
12月 2日（土）体育総部50周年記念式典
12月 3日（日）ホームカミングデイ
12月 7日（木）21世紀における学際教育ジョイントセミナー
12月12日（火）～14日（木）中国人民大学訪問
12月15日（金）部局長会議等、教育研究評議会、記者懇談会
12月26日（火）冬季休業（１月７日まで）
12月28日（木）仕事納め
```

　12月は、課程博士の論文取りまとめの時期である。１月の教授会に提出するためには、12月中旬に博士論文および審査関係書類を事務に提出する必要があり、指導教員にとっても博士課程の学生にとっても多忙な時期を過ごすことになる。12月は寒気が強まる時期でもあり、１月から２月にかけては卒業関連の業務も待っていることから、健康に留意すべき時期である。

　12月２日に、体育総部50周年記念式典が実施された。体育総部は体育系サークルの代表から構成されており、サークル活動の円滑な実施に向けて大きな貢献をしてきた。午後から九州大学箱崎キャンパスで記念式典および講演会が行われ、夜はホテルに会場を移してレセプションが行われた。私も、教育担当副学長に就任するまで硬式野球部長を務めており、課外活動支援は現在の職務の１つであることから出席したいと考えていたが、東京で開催された委員会に出席しなければならず、参加することができなかった。

　12月３日に、九州大学ホームカミングデイが六本松キャンパスで実施された。六本松地区の伊都地区への直接移転が文部科学省の承認を受け、平成21（2009）年４月に移転を行う予定となったため、本年度のホームカミングデイは六本松で開催することとなった。当日は準備委員会委員として運営に参加する予定であったが、ノロウイルス感染症のため参加すること

ができなかった。

　冬季休業は、12月26日から1月7日までである。1月8日は成人式で休日なので、授業開始は1月9日からである。夏季休業とは異なり、休業期間2週間程度であるので、大きな計画を実行する余裕は無いが、忙しい1年を過ごした後の息抜きになる。学部学生や大学院学生の多くは帰省してのんびりすることができ、博士論文を提出した学生も一息つくことができる。

　教職員にとっての休業は御用納めが終了してからであり、12月28日の御用納めから1月4日の仕事始めの1週間が骨休めの時期となる。この休みは、博士課程3年の学生をかかえている教員にとっては、博士論文の修正を行う絶好の機会であり、のんびりする暇も無い。12月下旬の博士論文提出の以前に論文原稿のチェックを行うことが出来れば良いのだが、学生はぎりぎりまで実験を積み重ねる傾向があり、事前チェックをする余裕のある日程で原稿を書いてくれることは少ない。平成18年度の冬は、主査を4件と副査を1件かかえており、主査2件分の論文修正を冬季休業中に行った。

　仕事納め式は16時の総長挨拶で始まり、簡単な慰労会が行われた後、担当部署での仕事納めに移行する。教育担当副学長は学務部の仕事納めに出席して1年の業務を終えることになる。

中国人民大学訪問

　12月12日から14日にかけて、21世紀プログラムに関する調査を目的として北京を訪問した。まず、九州大学北京事務所を訪問して、宋敏所長をはじめとする北京事務所スタッフとの情報交換を行った。北京事務所の借用料は九州大学から支出されているが、スタッフの多くはボランティアとして活動していただいており、支援を強化する必要を感じた。

　翌日訪問する予定の北京人民大学には、21世紀プログラムの田中和子さんが留学している。そこで、北京事務所との意見交換から同席して貰い、情報収集を支援していただいた。副学長に就任して以来、研究室の学生と

の交流がほとんど不可能になっているが、積極的に勉学を行っている学生と接触することができたことは嬉しい経験であった。

中国人民大学では、まず陳副学長との意見交換を行った。アメリカ帰りの40歳の新進気鋭の副学長であり、大学改革に積極的に取り組んでいる姿勢が印象的であった。中国では、全国から集められた精鋭が北京の大学に集中しており、学生のレベルと教育支援体制はかなり充実していることが伺えた。地方大学とのレベルの違いが非常に大きいため、全国的に世界レベルに達するまでかなりの時間を要するものと思われるが、重点大学の強化分野のレベルについては急速に最先端レベルに到達可能であろう。

北京のエリート学生達の弱点は、精神的なひ弱さであるらしい。原則として子供は1人しか持つことができないため、大事に育てられ過ぎているようだ。少子化は日本でも同様であり、一家庭あたりの子供の数が減少するにつれて家庭の躾が不十分になる傾向がある。学業成績が良い場合、北京の大学を目指して猛烈な試験勉強を行うことになり、社会体験が不足した状態で大学に入学する学生がいるものと思われる。

引き続いて実施された国際関係担当者との情報交換では、学生交流を中心に議論した。日本人学生を受け入れる場合、事前教育は会話中心の聞き取り能力で十分であり、作文能力は重視していないとのことであった。北京の大学に留学する場合、英語力があれば必要最低限の情報交換が可能である。しかし、地方の大学に留学する場合は中国語の聞き取り能力が必要となる。

中国人民大学は、法学、経済学に強みを持っており、農業経済学では中国のトップを任じている。農業経済専攻を基盤として発展してきた農村発展学院との意見交換では、トップの位置を確保することの重要性を痛感した。農村発展学院で博士号を取得した学生は、そのまま本学院で地位を獲得することができず、他大学での教育経験が教員採用の必要条件となっている。同様な制度はアメリカの一流大学でも行われているが、この条件を導入する際には学院内にも強い反対意見があり、強行せざるを得なかったとのことであった。しかし、中国トップの地位を保っているため、卒業生を地方大学の教員とすることには何の支障も無いこと、地方大学で優秀と

認められた教員のみを本学院で採用するシステムを取っており、問題なく優秀な教員を補充できるとのことであった。

　科学研究費獲得額等のランキングにおいて、九州大学は2番手から4番手に位置する研究分野はかなりあるが、トップを走っている分野が少ないのが弱点である。全ての分野でトップを目指すことは現実的ではないが、得意分野に資源を集中することによりトップの分野を創出することが可能であろう。選択と集中をどのようにして実施するかが、九州大学の運営全般の課題となっている。

課程博士論文提出

　課程博士の審査は、1月の教授会に論文を提出して審査委員会を設置し、論文公聴会を開催して審査を行い、その結果を2月の教授会に報告して承認される経過をたどることが多い。博士論文を1月の教授会に提出するためには、学生は、12月下旬に必要書類とともに博士論文を学府事務に提出しなければならない。

　博士論文の審査は、1名の主査と2名以上の副査により実施される。12月下旬に提出される論文は、審査教員による事前チェックを受け、修正を行った完成論文であることが望ましい。論文のチェックに2週間から3週間、修正に1週間、製本に1週間はかかると考えると、11月初旬には博士論文の初稿が完成している必要がある。学位論文の執筆所要時間は人により異なると思われるが、1ヶ月から2ヶ月は必要であろう。このように逆算すると、遅くとも9月末には論文執筆に専念できる体制をとることが必要となる。多くの場合、初稿の完成は12月に入ってからであり、審査委員による事前チェックを行う余裕は無い。

　学位論文の執筆を開始して初めて実施すべきであった実験項目が明らかになることが多い。質の高い学位論文を作成するためには、早めに論文の構成を考え、執筆を開始することが望ましい。私の場合は、博士課程3年の4月に学位論文の章建てと各章で使用する予定である図表の一覧を提出させ、論文内容を確認することにしている。この時点で学位論文の完成情

況について指示しておけば、学士論文の完成が大幅に遅れることを予防できる。
　学位論文を提出するためには、十分な業績が必要である。学生の業績は、学位論文と直接関係のあるものと直接関係の無いものに分類される。直接関係のあるものが学士授与に用いられるものであり、1つの論文は一回しか使用できない。課程博士の授与では、指導教員が論文業績の二重使用が無いように管理しているので、論文共著者の使用承諾書を提出する必要はない。しかし、論文博士においては、学位論文と直接関係があるとした全ての論文について、共著者全員から学位論文の提出に用いる権利を放棄する旨の承諾書を取得し、提出することになる。
　私が属する化学系の分野では、比較的論文を出しやすい状況にあるので、少なくとも4編の投稿論文を用いて学位論文を提出できるよう指導している。投稿した論文は、学術雑誌等に掲載されるまで少なくとも6ヶ月の期間が必要である。学位論文提出時期に採択されている論文でなければ学位授与に使えないので、論文作成の指導には長期的展望が必要である。
　学位論文の作成は、日本人は日本語で、留学生は英語で作成することを基本にしている。原著論文の投稿は通常英語で書かせているので、日本人学生の場合は英語論文を日本語に書き直す必要が生じる。論文業績の多い学生にとっては英語の投稿原稿を各章に用い、体裁のみ整えた方が楽であるが、あえて日本語でまとめ直させている。その理由は、博士号を取得した学生の多くは教育者あるいは研究者として学生や部下を指導することになるが、本人の学位論文がその際の教育用テキストとして最適であるからである。留学生は、自国語で書かれては審査ができないので、国際語である英語を用いることになる。
　私自身、自分の学位論文を用いて論文の書き方やデータ処理の方法を学生に伝えている。したがって、学生が書く学位論文は後輩の手本になるものである必要があり、可能な限り修正を行わせることにしている。文章の書き方、数値の取扱い方、論文としての統一性の取り方など、最後の教育の機会であるので、できる限り丁寧に見てやることにしている。

課外活動

　課外活動は、学生の総合的能力の向上に大きく貢献する正課外の活動であり、文化系および体育系の各種サークル活動が行われている。サークル活動は、人間関係の確立法を学ぶ重要な場であるが、近年の学生は束縛を嫌う傾向が強く、自由度の高いサークルへの参加を好む傾向が強い。その結果、大学の支援対象となっている部あるいはクラブへの参加率が低下している。

　課外活動への学生の参加を好まない教員も多い。私は平成13年4月に硬式野球部長に就任し、平成17年11月に教育担当副学長に就任するまで、約5年間にわたり硬式野球部長を勤めたが、課外活動の有効性を認めない教員が多いことが不満であった。私自身は硬式野球部には1年間しか在籍しておらず、肩と膝を壊して退部したためＯＢ名簿には記載されていない。前任の硬式野球部長と仕事上深い関係があり、後任を託されることとなったが、その結果、かなりの時間と経費を投入することとなった。野球部長業務そのものは学生教育と深く関係しており、やり甲斐もあったが、教員の多くが課外活動の意義を十分に理解していないため、課外活動支援業務が阻害される場合があることが残念であった。

　九州大学は、箱崎および六本松地区から伊都地区への移転を実施中である。工学系の学部および大学院が平成17年と18年の夏休みを利用して伊都地区に移転したが、工学部学生はサークル活動において重要な戦力となっているので、現在の分散状態はサークル活動の実施に大きな支障となっている。伊都地区の整備も、教育・研究関連施設の整備が中心であるため、課外活動施設の整備が遅れているのが現状である。旧教養部である六本松地区を伊都地区に直接移転することが可能となったが、六本松地区の移転時に整備予定の施設では課外活動を十分に支援することが困難な状況にある。これは、正課授業に必要な施設のみが国庫補助の対象となっており、課外活動関連施設は大学の負担により整備することが原則になっているからである。九州大学では、移転経費を捻出する必要もあり、課外活動施設

の整備に必要な経費を捻出することは非常に困難な情況にある。したがって、課外活動支援を充実するためには、新たな整備手法を考えることが必要になる。

　大学の施設の整備は、正規授業の実施に必要な施設でなければ国家資金の適用は不可能と考えて良い。正規授業に用いる施設の併用が可能な場合は問題が無いが、それ以外の施設については別途建設する必要がある。九州大学は平成23年に創立百周年を迎えることから、百周年記念事業を開始しており、その一環として募金活動を行っている。この事業で得られた寄付金の一部を課外活動関連施設の建設に利用することは可能であろうが、全ての要求を満たすことは困難であろう。この状況を打開するためには、百周年記念事業の推進を邪魔しない形で卒業生、周辺自治体、企業等の支援を仰ぐ必要があると考えている。

文化系サークル

　サークルは、文化系と体育系に分類されている。体育系サークルは、体育総部を結成して大学の支援を受ける体制を整えているが、文化系サークルにはそのような組織がなく、大学からの支援が十分では無い状況にある。体育系サークルについては、年2回の顧問教員会議が開催され、現場からの要求を述べる機会があったが、文化系サークルにはそのような機会は与えられてこなかった。そこで、平成18年度の第2回顧問教員会議に分化系サークルの顧問教員、指導者、学生代表者に参加していただき、支援に関する要望を伺うことにした。この会議では、文化系サークルからも多くの意見を聞くことができたが、全サークルの意見を同時に聴取することとなったため、途中で意見聴取を停止せざるを得なかった。これを機会に、文化系サークルでもサークル連合組織を設立し、大学からの支援の窓口を開いていただきたいと考えている。

　文化系サークルの支援の充実は、大学の一体感を高めるために大きく貢献すると考えている。学内に演奏会等を行う施設が存在し、日常的に文化的活動が行われていれば、学生・教職員が楽しく教育研究に従事すること

ができる。学外からの参加が可能であれば、地域密着型のキャンパス作りに貢献することになる。伊都キャンパスにはタウン・オン・キャンパス構想があるが、それを実現するためには体育施設とともに文化施設の充実が必要であり、そこで日常的に行われる行事に学内外から多くの観客が集まることが望まれる。これは、アメリカの大学では珍しくない光景であり、このような行事への参加を通じて愛校心が高まるものである。

体育系サークル

体育系のサークルは、各サークルの代表者による構成される体育総部を運営しており、大学からの支援金の配分等を自主的に振り分けている。サークルにおける自主的な活動に加え、このような調整業務に携わることにより、学生の社会性は大きく向上する。したがって、サークル活動は九州大学学術憲章に記載されている「社会性の原則」の実現に寄与するものであり、正課活動に準じた支援を行うべきである。しかし、課外活動の重要性に関する教員の認識は不十分であり、十分な支援が行われていないのが現状である。

体育系サークルについては、夏と冬に顧問教員会議を開催してサークル活動支援に関する意見交換を行ってきた。この会議において、監督、コーチ等の指導者を会議に出席可能として欲しいという意見が提出され、平成18年度の第2回顧問教員会議を土曜日の午後に開催することとした。この会議は、平成19年2月3日に開催され、体育系サークルの現場指導者に加えて、文化系サークルの関係者にも出席していただき、サークル支援策について意見交換を行った。

最大の関心事は、伊都、箱崎、筑紫、六本松の分散キャンパス問題と、伊都キャンパスの施設整備の問題であった。医系の馬出キャンパスと芸術工学部の大橋キャンパスは独立してサークル活動を行っているので、分散キャンパス問題は大きな問題となっていないが、一部の全学サークルには両地区の学生が参加しているので、分散状態に対する措置を急がねばならないのが現状である。分散キャンパスは、学生の交通費負担や時間的損失

を増大させ、移動中の事故の危険も増大するため、中間的な位置に練習場を確保することも考慮する必要があろう。

　サークル活動支援の不足は、公認サークルへの入会率の低下をもたらし、非公認サークル活動に参加する学生の比率が増加をもたらしている。これは、学生の課外活動状況の把握を困難にするとともに、学生の安全を確保する上でも障害となっている。また、公認サークルの活性の低下につながっている。サークル活動に対する適切な評価と公的支援の強化が是非とも望まれる。

平成18年度文化系サークル一覧（6月1日現在、括弧内は顧問教員）

○全学サークル：1,498名
1) 囲碁部：22名（医学研究院：久保千春教授）
2) ＳＦ研究部：17名（システム情報科学研究院：多川孝央助手）
3) 映画研究部：40名（人文科学研究院：小黒康正助教授）
4) 英語研究部：15名（言語文化研究院：井上奈良彦教授）
5) 演劇部：13名（言語文化研究院：大津隆広助教授）
6) 音楽鑑賞部：39名（工学研究院：齋藤敬高講師）
7) 会計学研究会：18名（経済学研究院：大下丈平教授）
8) 化学研究部：30名（理学研究院：川東利男教授）
9) ギターアンサンブル：30名（法学研究院：土井政和教授）
10) グリーンクラブ：89名（農学研究院：石川洋哉助手）
11) 軽音楽ジャズ研究会：91名（法学研究院：出水薫助教授）
12) 混声合唱団：39名（人文科学研究院：辛島正雄助教授）
13) 茶道部（裏千家）：24名（比較社会文化研究院：高田和夫教授）
14) 茶道部（表千家）：12名（芸術工学研究院：片山雅史助教授）
15) 写真部：55名（高等教育総合開発研究センター：小山紘三助教授）
16) 将棋部：16名（数理学研究院：高瀬正仁講師）
17) 書道部：34名（医学研究院：續輝久教授）
18) 吹奏楽団：51名（人間環境学研究院：松田武雄助教授）
19) 生物研究部：100名（理学研究院：島崎研一郎教授）
20) 探検部：12名（理学研究院：吉村和久教授）
21) 男声合唱団コールアカデミー：54名（医学研究院：神宮司誠也助教授）
22) 地学研究部：42名（比較社会文化研究院：石田清隆助教授）
23) 鉄道研究同好会：17名（言語文化研究院：鈴木右文助教授）
24) 能楽部：16名（歯学研究院：山本健二教授）
25) バンド同好会：39名（工学研究院：渡辺徹也教授）

26）美術部：30名（人文科学研究院：京谷啓徳助教授）
27）百人一首愛好会：14名（応用力学研究所：松野健教授）
28）フィルハーモニーオーケストラ：57名（工学研究院：松村晶教授）
29）フォークソング部：53名（農学研究院：高木正見教授）
30）舞踏研究部：20名（数理学研究院：赤司泰義助教授）
31）文芸部：23名（人文科学研究院：小黒康正助教授）
32）邦楽部：29名（人文科学研究院：静永健助教授）
33）放送研究会：38名（人間環境学研究院：山口裕幸教授）
34）法律相談部：29名（法学研究院：西村重雄教授）
35）ボランティアサークル：18名（比較社会文化研究院：高野信治教授）
36）漫画研究部：30名（言語文化研究院：松村瑞子教授）
37）マンドリンクラブ：34名（工学研究院：松村晶教授）
38）落語研究会：31名（比較社会文化研究院：中野等助教授）
39）ロック研究会：85名（システム情報科学研究院：竹田正幸教授）
40）ワークキャンプ：3名（医学研究院：中野武彦教授）
41）タップダンスサークル：28名（歯学研究院：城戸瑞穂助教授）
42）国際文化交流会：10名（法学研究院：崔鐘植助教授）
43）ディベートクラブ：13名（言語文化研究院：井上奈良彦教授）
44）鳥人間チーム：38名（工学研究院：谷泰寛講師）
○医学部サークル：66名
1）医用工学研究部：15名（医学研究院：松田武久教授）
2）軽音楽部：22名（医学研究院：中西洋一教授）
3）熱帯医学研究会：29名（医学研究院：信友浩一教授）
○歯学部サークル：14名
1）国際交流部：14名（歯学研究院：石川邦夫教授）
?医学部保健学科サークル：15名
1）日本舞踊部：15名（医学研究院：豊福不可依教授）
○芸術工学部サークル：530名
1）美術部：22名（芸術工学研究院：小野直樹助教授）
2）フィルハーモニー管弦楽団：35名（芸術工学
3）軽音楽部：159名（芸術工学研究院：川原一彦助手）
4）映画研究会：9名（芸術工学研究院：脇山真治教授）
5）テープ・レポート・プレイ：35名（芸術工学研究院：川原一彦助手）
6）JAZZすきもの会：30名（芸術工学研究院：福留公利助教授）
7）空間音楽研究会：15名（芸術工学研究院：岩宮眞一郎教授）
8）工芸同好会：8名（芸術工学研究院：石村真一教授）
9）茶道部：5名（芸術工学研究院：片山雅史助教授）

10）フォークソング部：21名（芸術工学研究院：中島祥好教授）
11）写真部：11名（芸術工学研究院：源田悦夫教授）
12）演劇部：11名（芸術工学研究院：大島久雄助教授）
13）Voice Academy：10名（芸術工学研究院：鏑木時彦助教
14）ソラ：18名（芸術工学研究院：鶴野玲治助教授）
15）アドゥマン（マンガ部）：15名（芸術工学研究院：知足美加子助手）
16）照明屋：12名（芸術工学研究院：森田真嗣教授）
17）生音部：48名（芸術工学研究院：鮫島俊哉助教授）
18）マイバラード部：10名（芸術工学研究院：矢向正人助教授）
19）RecLab：19名（芸術工学研究院：脇山真治教授）
20）ＧＰ：8名（芸術工学研究院：池田美奈子助教授）
21）BUG PROJECT：29名（芸術工学研究院：石井達郎助手）

平成18年度体育系サークル一覧（6月1日現在、括弧内は顧問教員）

○体育総部サークル（大学公認サークル）：1,598名（体育総務委員会は重複するため、部員合計に加算しない）
 1）合気道部：45名（比較社会文化研究院：嵩洪教授）
 2）アイスホッケー部：37名（歯学研究院：久木田敏夫助教授）
 3）芦原空手部：12名（工学研究院：園田佳巨助教授）
 4）アメリカンフットボール部：78名（アドミッションセンター：渡邊哲司講師）
 5）応援団：9名（経済学研究院：古川哲也教授）
 6）空手道部：26名（歯学研究院：池本清海教授）
 7）弓道部：69名（産学連携センター：小寺山亘教授）
 8）剣道部：32名（工学研究院：江碕哲郎教授）
 9）航空部：17名（工学研究院：東野伸一朗講師）
10）硬式ソフトボール部：19名（経済学研究院：石田修助教授）
11）硬式庭球部：44名（医学研究院：中野武彦教授）
12）硬式野球部：40名（農学研究院：新開章司助手）
13）ゴルフ部：19名（工学研究院：高木節雄教授）
14）サッカー部：20名（生物環境調節センター：筑紫二郎教授）
15）山岳部：12名（農学研究院：熊丸敏博助教授）
16）自動車部：20名（工学研究院：村瀬英一教授）
17）柔道部：33名（医学研究院：小宗静男教授）
18）準硬式野球部：29名（農学研究院：古賀信也助教授）
19）小林拳部：19名（工学研究院：井戸垣俊弘教授）
20）少林寺拳法部：59名（システム情報科学研究院：峯恒憲助教授）

21) 水泳部：35名（経済学研究院：川波洋一教授）
22) スキー部：32名（工学研究院：平島剛教授）
23) ソフトテニス部：37名（理学研究院：下東康幸教授）
24) 体操部：13名（人間環境学研究院：新谷恭明教授）
25) 卓球部：47名（先導物質化学研究所：速水洋教授）
26) テコンドー部：57名（韓国研究センター：松原孝俊教授）
27) 軟式野球部：62名（高等教育総合開発研究センター：小山紘三助教授）
28) 馬術部：10名（農学研究院：岡野香助教授）
29) バスケットボール部：29名（法学研究院：大河原伸夫教授）
30) バドミントン部：47名（工学研究院：末岡淳男教授）
31) 男子バレーボール部：17名（言語文化研究院：栗山暢助教授）
32) 女子バレーボール部：11名（言語文化研究院：栗山暢助教授）
33) ハンドボール部：31名（農学研究院：伊東信教授）
35) ボート部：21名（工学研究院：渡邊公一郎教授）
36) 洋弓部：64名（経済学研究院：高田仁助教授）
37) ヨット部：36名（歯学研究院：名方俊介助教授）
38) ラグビー部：47名（応用力学研究所：佐藤浩之助教授）
39) 男子ラクロス部：64名（農学研究院：井上晋助教授）
40) 女子ラクロス部：38名（農学研究院：井上晋助教授）
41) 陸上競技部：86名（人間環境学研究院：稲葉継雄教授）
42) 錬心舘空手部：30名（歯学研究院：寺田善博教授）
43) ワンダーフォーゲル部：14名（システム情報科学研究院：和田清教授）
44) サイクリング同好会：90名（先導物質化学研究所：吉沢一成教授）
45) 相撲愛好会：2名（経済学研究院：角ヶ谷典幸助教授）
46) トライアスロン愛好会：20名（理学研究院：荒田博行助教授）
47) ハンググライダー愛好会：8名（総合理工学研究院：片山一成助手）
48) 体育総務委員会：26名（健康科学センター：橋本公雄教授）
○医学部サークル（学部公認サークル）：448名
1) 空手部：25名（医学研究院：田中雅夫教授）
2) 弓道部：48名（医学研究院：高橋成輔教授）
3) 剣道部：23名（医学研究院：姫野国佑教授）
4) 硬式庭球部：44名（医学研究院：恒吉正澄教授）
5) サッカー部：37名（医学研究院：前原喜彦教授）
6) 柔道部：10名（医学部附属病院：小宗静男教授）
7) 準硬式野球部：35名（医学研究院：柴田洋三郎教授）
8) 水泳部：10名（医学研究院：久保千春教授）
9) ソフトテニス部：25名（医学研究院：飯田三雄教授）

10）卓球部：20名（医学研究院：石橋達朗教授）
11）バスケットボール部：17名（医学研究院：金出英夫教授）
12）バドミントン部：39名（医学研究院：入田和男教授）
13）バレーボール部：25名（健康科学センター：丸山徹助教授）
14）フットサル部：31名（医学研究院：池田典昭教授）
15）ラグビー部：21名（医学研究院：田中雅夫教授）
16）陸上競技部：17名（医学研究院：中野仁雄教授）
17）ゴルフ部：17名（医学研究院：内藤誠二教授）
18）ジャグリング部：4名（医学研究院：岩城徹教授）
○医学部保健学科サークル（学部公認サークル）：60名
 1）硬式テニス部：30名（医学部：東田善治教授）
 2）バスケットボール部：30名（医学部：山本千恵子助手）
○歯学部サークル（学部公認サークル）：203名
 1）硬式庭球部：24名（歯学研究院：白砂兼光教授）
 2）ゴルフ部：23名（歯学研究院：前田勝正教授）
 3）サッカー部：26名（歯学研究院：竹之下康治助教授）
 4）準硬式野球部：19名（歯学研究院：坂井英隆教授）
 5）スキー部：29名（歯学研究院：平田雅人教授）
 6）バスケットボール部：36名（歯学研究院：古谷野潔教授）
 7）バドミントン部：18名（歯学研究院：赤峰昭文教授）
 8）ラグビー部：28名（歯学研究院：山下喜久教授）
○薬学部サークル（学部公認サークル）：33名
 1）サッカー部：33名（薬学研究院：市川和洋助教授）
○芸術工学部サークル（学部公認サークル）：224名
 1）硬式庭球部：31名（芸術工学研究院：西山徳明教授）
 2）サッカー部：10名（芸術工学研究院：朝廣和夫助手）
 3）バスケットボール部：20名（芸術工学研究院：尾本章助教授）
 4）バレーボール部：27名（芸術工学研究院：萩原祐志助教授）
 5）ラグビー部：25名（芸術工学研究院：安河内朗教授）
 6）バドミントン部：21名（芸術工学研究院：鶴野玲治助教授）
 7）格闘技研究会：36名（芸術工学研究院：田村良一助教授）
 8）合気道部：4名（芸術工学研究院：若宮幸平助手）
 9）フットサル部：10名（芸術工学研究院：知足美加子助手）
10）蹴球設計：40名（芸術工学研究院：吉岡智和助手）

第13章　大学の組織

九州大学のキャンパス

箱崎地区：福岡市東区箱崎6－10－1	電話：092－642－2111
病院地区：福岡市東区馬出3－1－1	電話：092－641－1151
六本松地区：福岡市中央区4－2－1	電話：092－726－4555
筑紫地区：春日市春日公園6－1	電話：092－583－7555
大橋地区：福岡市南区塩原4－9－1	電話：092－553－4400
別府地区：別府市大字鶴見字鶴見原4546	電話：0977－27－1600
伊都地区：福岡市西区元岡744番地	電話：092－802－2708

　九州大学は、箱崎、病院、六本松、筑紫、大橋、別府、伊都の7つのキャンパスから構成されている。伊都キャンパスには、平成17（2005）年10月に工学系学部と学府の半分が箱崎地区から移転し、平成18年10月に工学系の残りが移転した。現在は六本松地区の伊都地区への移転に向けて準備が行われている。

　伊都地区への移転が開始されるまでは、1、2年次の低年次教育が六本松で実施され、それ以降の高年次教育は箱崎もしくは病院地区で実施されていた。九州芸術工科大学が九州大学と合併して芸術工科部となって以来、高年次教育の実施場所が1ヶ所増加した。筑紫地区は、総合理工学府や応用力学研究所等の研究所に所属する大学院学生の教育と研究を中心に行っているので、学部学生が筑紫地区に出向く必要はほとんどなかった。

　低年次学生の専門教育では低年次専攻教育科目が開講され、教員が六本松地区に出向いて講義を行う日と低年次学生が箱崎、病院、六本松、筑紫地区に出向いて専門教育を受講する日が設定されていた。このような、教員もしくは学生が複数のキャンパスで活動する形式は、時間的にもコスト的にもかなりの負担となる。伊都地区は、六本松地区と比較すると他の地区との間の距離が長く、移動に長時間を要するので、講義受講のため学生が移動することは不可能である。そこで、移動が必要となる場合は教員が移動して講義を実施しているが、距離的に離れた2つの地区で大学業務に

携わる教員の時間的ロスは無視できないものとなっている。

このようなキャンパス間の移動を削減する方法として、テレビ会議や遠隔授業システムがあるが、それで全てが解決するものではない。すでに、かなりの業務でメイル会議による簡素化が行われているが、一同に会する必要がある場合も少なくない。将来的には、箱崎地区と六本松地区は伊都地区に移転するが、学生教育の面から考えるとキャンパスの数は少ない方が効率的である。病院地区に所属する学部・学府の教育研究の内容はかなり特殊なものがあるので、必ずしも統合する必要は無いが、大橋地区および筑紫地区は伊都地区に統合することが望ましい。

伊都地区は、福岡市の西端にあり、かならずしも交通の便が良くない。箱崎および六本松地区は市営地下鉄の沿線にあり、大橋および筑紫地区はＪＲ鹿児島本線および西鉄大牟田線の沿線にあるため、交通の便が良い。したがって、これらの地区は、シティキャンパスあるいはサテライトキャンパスとして有効に利用することができよう。少なくとも、六本松および箱崎地区の一部は移転後もサテライトキャンパスとして利用可能になることが望まれる。その場合、九州大学単独で利用するのではなく、六本松地区は福岡大学、福岡歯科大学、西南大学、中村学園大学などの西部地区の大学との共同利用キャンパスとして、箱崎地区は、福岡女子大学、九州産業大学、福岡工業大学等との東部地区の大学の共同利用キャンパスとして利用可能になることが望まれる。

学府・研究院制度

九州大学では、大学院重点化を行った際、学府・研究院制度を採用した。従来は、学部の上部組織として大学院が設けられており、教員は学部に所属していた。学府・研究院制度では、教員は研究院に所属し、学部学生は学部に、大学院生は学府に所属する。研究室には３年次もしくは４年次から学生が配属され、大学院生と共に研究に従事するが、厳密に言えば３つの異なる組織に属する人間が共同して研究を行っていることになる。

教養部の改組や大学院重点化に伴い、大学院のみの組織や大学院専担講

九州大学の研究院・研究所・学府・学部の対応関係（平成15年4月現在）

研究院・研究所	学　　　府	学　　　部
人文科学研究院	人文科学府、比較社会文化学府	文学部
比較社会文化研究院	比較社会文化学府	
人間環境学研究院	人間環境学府	文学部、教育学部、工学部
法学研究院	比較社会文化学府、法学府	法学部
経済学研究院	比較社会文化学府、経済学府	経済学部
言語文化研究院	比較社会文化学府	
理学研究院	理学府、医学系学府	理学部
数理学研究院	数理学府	理学部、工学部
医学研究院	医学系学府	医学部
歯学研究院	歯学府	歯学部
薬学研究院	薬学府	薬学部
工学研究院	工学府	工学部
システム情報科学研究院	システム情報科学府	理学部、工学部
総合理工学研究院	総合理工学府	工学部
農学研究院	生物資源環境学府	農学部
生体防御医学研究所	医学系学府	
応用力学研究所	工学府、総合理工学府	
先導物質化学研究所	総合理工学府	

座が発足し、従来型の学部と大学院学生の両方が所属する研究室と混在する形で教育研究が行われている。また、学部学生の教育を主要任務とする教育センター等に所属する教員や研究を主任務とする研究所に所属する教員も存在する。これらの教員を研究院に所属させることにより、学部および学府教育の分担を従来よりも自由に決定することが可能になっている。

　その結果、システム生命科学専攻やユーザーサイエンスインスティテュート（ＵＳＩ）等の、部局横断型の教育研究組織を設立して運営することが可能になった。システム生命科学専攻は、医学、工学、農学、理学関係の研究分野が結集して設立された大学院5年一貫教育を行う組織であり、学際大学院として今後の発展が期待されている。

　ＵＳＩは、ユーザーの視点に立った研究と教育を行うために設置された組織であり、大学院教育の実質化と学際的研究推進の2つの面で九州大学

の教育研究に寄与することが期待されている。芸術工学府と工学府が共同することにより設置されたが、医学府、農学府等の研究者との間で共同研究を行っており、産業界に貢献できる学際的人材を輩出するだけでなく、学際的研究の場を提供することのできる組織として将来の発展が期待されている。

学　部

　学府（大学院）の名称および専攻名は、大学院重点化に伴い多くの大学で変更され、比較的長い名称を持つものが多くなった。一方、学部名は従来の学問領域の名称を踏襲しているものが多く、卒業年度の古い人にとっては解りやすいものになっている。しかし、学部内の教育単位である学科

九州大学の学部構成

学　部	構　成
文学部	人文学科：哲学コース（哲学・哲学史、倫理学、インド哲学史、中国哲学史、美学・美術史）、歴史学コース（日本史学、東洋史学、朝鮮史学、考古学、西洋史学、イスラム文明史学）、文学コース（国語学・国文学、中国文学、英語学・英文学、独文学、仏文学）、人間科学コース（言語学・応用言語学、地理学、心理学、比較宗教学、社会学・地域福祉社会学）
教育学部	教育学系（国際教育文化コース、教育社会計画コース）、教育心理学系（人間行動コース、心理臨床コース）
法学部	基礎法学（法文化学、法史学、法動態学）、公法・社会法学（公法学、社会法学）、民刑事法学（民事法学、刑事法学）、国際関係法学（国際関係法学）、政治学（政治学基礎、政治動態分析）
経済学部	経済・経営学科（現代経営システムコース、国際ビジネスコース）、経済工学科（経済工学コース）
理学部	物理学科、化学科、地球惑星学科、数学科、生物学科
医学部	医学科、保健学科（看護学専攻、放射線技術科学専攻、検査技術科学専攻）
歯学部	歯学科
薬学部	創薬科学科、臨床薬学科
工学部	建築学科、電気情報工学科、物質科学工学科、地球環境工学科、エネルギー科学科、機械航空工学科
芸術工学部	環境設計学科、工業設計学科、画像設計学科、音響設計学科、芸術情報設計学科
農学部	生物資源環境学科（生物資源生産科学コース、応用生物科学コース、地球森林科学コース、動物生産科学コース）

名には多くの変更が行われており、旧来の学科名との対照が困難になっている。

近年は、学科の数を減らして学生にとって自由度の高い教育プログラムを設定することが求められている。また、旧来の学科を複数取り込んだコース制をとっている学部もある。この場合、旧来の学科は分野としてその名称を残している。

学部教育は、学問の基礎として非常に重要である。大学教育に対する社会の要請を見ると、学部教育では教養教育の充実、大学院教育では高い専門性の付与が求められる場合が多い。教養教育の重要性は、大学在学中は理解されないことが、30代後半に責任ある立場に立つようになると教養教育の欠如に悩むことが多い。したがって、教養教育の重要性は卒業年次が古くなるにつれ、また、地位が上がる程強く認識される傾向にある。

学部学生は、専門性の獲得を強く望んでおり、教養教育のみでは満足しない傾向が強い。したがって、低年次から専門教育を平行して実施する楔型教育が多くの大学で行われている。このシステムでは、講義を通じて学生に学問の意義や楽しさを伝えることができれば、修学意欲の向上に大きく寄与することができる。

しかし、専門的知識の伝達に偏った講義を行うと、知識を吸収する準備のできていない学生はついていくことができず、苦手意識を植えつけることになる。大学における講義、とくに低年次学生に対する講義は、学問領域へのいざないであり、専門分野に興味と意欲を持たせることが肝要である。優秀な学生を教員が属する専門分野に引き込むためには、教育能力の高い教員を低年次教育に投入し、学問の楽しさを学生に伝えることが重要である。

大学評価情報システム

九州大学では、教員の教育研究活動に関する実績を大学評価情報システムに入力していただき、公開している。ここに掲載された情報は、大学における活動のほとんどを網羅しており、学外からのアクセスが非常に多く

なっている。掲載内容は、基礎情報、教育、研究、社会貢献・国際連携、病院臨床報告に分類されており、各教員の活動状況の概略を知ることができる。

　基礎情報に記載する項目のほとんどは、ホームページで公開される内容である。ただし、電子メールアドレス、電話番号、ファックス番号については、各教員が公開の可否を選択することができる。これらの項目は、英文での入力も行う必要があり、公開の対象となっている。

　教育では、学生の個人情報に関する項目は公開の対象となっていないが、教員の教育実績の一部は公開されている。研究、社会貢献・国際連携、病院臨床活動報告においては、情報の多くがすでに公開されたものであること、学生の個人情報は含まれていないこと等から、その大部分が公開の対象となっている。

　これらの情報は、大学および個々の教員の活動を知る上で重要であり、国内外から多数のアクセスが行われている。学内においても、活発な活動を行っている教員の選抜を行う際に活用されている。大学の認証評価や法人評価のための書類を作成する場合、個々の教員の活動状況を記載する必要が生じることがあるが、本システムから出力した結果を評価書作成の基本情報として用いることが可能である。

　九州大学では、教員の個人評価システムの確立を試行しているが、その実施に際して大学評価情報システムの一部を利用することが可能になっている。難点は、項目数が多いため入力に時間を要することであるが、一度入力すれば、毎年更新すべき情報は少なくなり、維持することは比較的容易である。ただし、業績が非常に多い教員にとっては、毎年追加すべき情報が多いので、入力作業を簡素化し、見やすくするための改良が続けられている。

　大学評価情報システムの運営は、法人評価において高い評価を得ている。平成16年度の評価結果では、教員業績データシステムの存在が九州大学のプラス評価項目の1つに取り上げられている。本システムへの学外からのアクセス件数は非常に多く、海外からのアクセスも着実に増加している。学内では、支援対象教員の選抜等に利用することができ、学外からは、共

同研究先の選定等に利用されている。各教員は、本システムへの情報入力をこまめに行い、学内外へ強くアピールしていただきたい。

　九州大学では、平成19年度から教員の個人業績評価を試行するが、本システムの情報の多くを個人業績評価書に転載することが可能になっており、教員の業務負担の増加が極力抑制されている。評価作業は、教職員に業務の追加をお願いすることになるが、評価を行うことにより業務の効率化や教育研究活動への支援強化が達成されれば、その意義は大きなものとなる。

大学評価情報システムのデータ項目一覧

基礎情報
０−１）　教員基礎情報：氏名、性別、国籍、九大着任年月、現職名および就任年月、他大学・民間機関等への就職実績、取得学位名、専門分野、所属、教育分野、電子メールアドレス（選択公開）、電話番号（選択公開）、ファックス番号（選択公開）
０−２）　学府担当：学府専攻、学府大講座
０−３）　学部併任：学部学科、学科目
０−４）　附属施設・学内共同教育研究施設等勤務／併任：施設名
０−５）　ホームページ：ＵＲＬ、説明
０−６）　現役職：名称
０−７）　活動概要：研究・教育・社会活動概要

教育
Ｉ−０）　教育活動概要：教育活動概要
Ｉ−１）　担当授業科目：開講年度・学期、授業科目名、教育対象、授業形態、単位数、分担単位数、準備及び実施状況、教育方法・成績評価方法の状況
Ｉ−２−１）　学部卒業研究指導学生：配属年度、学生氏名、社会人／留学生、卒業等の区分、教員数
Ｉ−２−２）　大学院修士課程指導学生：指導期間、学生氏名、社会人／留学生、教員数、修了等の区分
Ｉ−２−３）　大学院博士課程指導学生：指導期間、学生氏名、社会人／留学生、教員数、修了等の区分
Ｉ−３）　博士学位論文調査委員：学生氏名、論文題目、甲／乙の区分、取得年月、主査／副査
Ｉ−４）　指導研究生：氏名、始年月、終年月、区分、社会人／留学生
Ｉ−５−１）　指導学生のみの学会発表等：発表題目、発表者氏名、学会等の形態、学会等名、発表形態、発表年月、発表場所
Ｉ−５−２）　指導学生のみの原著論文：論文題目、著者氏名、学会又は雑誌等

名、論文形態、発行年月、その他（巻、号、ページ等）、被引用回数
Ｉ－５－３）　指導学生のみの著書：著書名、執筆形態、著者氏名、一般書又は専門書、発行所、発行年月、その他（巻、号、ページ等）
Ｉ－５－４）　指導学生のみの総説・論評・解説・書評・報告書等：題目、総説・解説等の区分、著者氏名、掲載誌名又は発行所名、発行年月、その他（巻、号、ページ等）
Ｉ－５－５）　指導学生のみの作品・ソフトウェア・データベース等：名称、作成者氏名、内容、発表年月、最終更新年月
Ｉ－５－６）　指導学生の受賞状況：受賞学生氏名、賞の名称、授与組織名、授与年月、受賞内容
Ｉ－５－９）　日本学術振興会特別研究員（ＤＣ，ＰＤ）の受入状況：年度、受入区分、出身大学、特別研究員氏名
Ｉ－６）　ファカルティーディベロップメントへの参加状況：開催年月、主催組織、役割、名称、参加者数
Ｉ－７）　学生のクラス指導等：年度、区分、クラス名
Ｉ－８）　学生課外活動指導等：年度、サークル等名、役割
Ｉ－９）　他大学・他機関等の客員・兼任・非常勤講師等：年度、区分、国内外の区分、大学・学部／機関名、講義年度学期、曜日時限または期間
Ｉ－10）　国際教育イベント等への参加状況：開催年月、イベント名、開催国・都市名、主催組織、参加者数
Ｉ－11）　その他の特筆すべき教育実績（各自の判断）：年月、内容等

研究

Ⅱ－１）　主な研究テーマ：研究テーマ、キーワード、研究期間、研究のアウトライン
Ⅱ－２）　従事しているプロジェクト研究：研究プロジェクト名、研究形態、代表又は分担、代表者名、機関名、主催機関名（国名）、協力機関名（国名）、研究期間、プロジェクトの概要
Ⅱ－３－１ａ）　学会発表等：発表題目、発表者氏名（全員）、学会等の形態、学会等名、発表形態、発表年月、発表場所
Ⅱ－３－１ａ）　学会・研究会における座長等：学会等名、学会等の形態、役割、開催年月、開催場所
Ⅱ－３－２）　原著論文：論文題目、著者氏名（全員）、学会又は雑誌等名、論文形態、発行年月、その他（巻、号、ページ等）、被引用回数
ⅠⅠ－３－３）　著書：著書名、執筆形態、著者氏名（全員）、一般書又は専門書、発行所、発行年月、貢献度、その他（巻、号、ページ等）
Ⅱ－３－４）　総説・論評・解説・書評・報告書等：題目、総説・解説等の区分、著者氏名（全員）、掲載誌又は発行所名、発行年月、その他（巻、号、ページ等）

Ⅱ－3－5）　作品・ソフトウェア・データベース等：名称、作成者氏名（全員）、内容、発表年月、最終更新年月

Ⅱ－3－6）　特許出願・取得：発明の名称、発明者、出願者、出願先、特許出願年月、特許出願番号、査定結果、特許登録年月、特許番号、発明の内容・企業化の状況等

Ⅱ－4－1）　所属学協会：所属学協会名、国内又は国際の区分

Ⅱ－4－2）　学協会役員等への就任：学協会名、国内又は国際の区分、役員・世話役の名称、就任期間

Ⅱ－4－3）　学会大会・会議・シンポジウム等における役割：会議等の名称、国内又は国際の区分、役割、開催年月、開催場所、参加者数

Ⅱ－4－4）　学会誌・雑誌・著書の編集への参加状況：学会誌／雑誌／著書名、区分、役割、就任期間

Ⅱ－4－5）　学術論文等の審査：年度、外国語雑誌査読論文数、日本語雑誌査読論文数、国際会議録査読論文数、国内会議録査読論文数、合計

Ⅱ－5）　研究活動に関する情報の公開：公開方法、内容等、公開年月

Ⅱ－6）　海外渡航状況、海外での教育研究歴：滞在機関名、滞在国名、渡航目的、渡航期間、その他

Ⅱ－7）　受賞：賞の名称、授与組織名、区分、受賞年月、受賞内容

Ⅱ－8）　外国人研究者の受入れ状況：氏名、所属機関名、国籍、事業主体、受入れ期間

Ⅱ－9）　その他の優れた研究業績：年月、業績の内容

社会貢献・国際連携

Ⅲ－0）　社会連携活動概要：社会連携活動概要

Ⅲ－1－1）　国内・国際政策形成及び学術振興等への寄与活動：活動期間、区分、寄与活動の内容、組織・団体名

Ⅲ－1－2）　文部科学省、日本学術振興会等による事業の審査委員等就任状況：就任期間、委員会名／役職名、任命機関

Ⅲ－1－3）　新聞・雑誌記事及びＴＶ・ラジオ番組出演等：年月、区分、新聞／雑誌／放送局等の名称、内容

Ⅲ－1－4）　一般市民、地域社会及び産業界等を対象とした活動：年月、区分、活動の題目／内容、主催又は連携組織団体名、活動場所

Ⅲ－2－1）　諸外国を対象とした高度専門職業人教育活動：始・終年月、研修コース等名、学生／研修生の所属国

Ⅲ－2－2）　初等・中等教育への貢献状況：年月、区分、題目／内容、学校／出版社名等

Ⅲ－2－3）　その他優れた社会貢献活動：年度、内容

Ⅳ）　学内運営に関わる各種委員・役職等：就任期間、区分、名称

V－1） 科学研究費補助金（文部科学省、日本学術振興会）の申請採択状況：期間、研究種目、課題番号、申請／採択状況、代表／分担の区分、研究課題、研究経費（申請・採択）

V－2） 科学研究費補助金（文部科学省、日本学術振興会以外）の申請採択状況：期間、研究種目、課題番号、申請／採択状況、代表／分担の区分、研究課題、研究経費（申請・採択）

V－3） 日本学術振興会の申請採択状況（科学研究費補助金以外）：期間、事業名称、申請／採択状況、代表／分担の区分、研究課題、研究経費（申請・採択）

V－4） 競争的資金（受託研究を含む）の申請・採択状況：期間、資金名、申請／採択状況、代表／分担の区分、研究課題、研究経費（申請・採択）

V－5） 共同研究・受託研究（競争的資金を除く）の受入状況：研究期間、区分（代表／分担）（共同／受託）、研究課題／内容、相手機関／企業、金額

V－6） 寄附金の受入状況：年度、寄附金名称／研究課題等、相手機関／企業、金額

V－7） 学内資金・基金等への申請・採択状況：期間、資金・基金等名、申請／採択状況、代表／分担の区分、研究題目、研究経費（申請・採択）

病院臨床活動報告

H－1） 専門診療領域：専門診療領域
H－2） 臨床医資格：所属学会名、資格名
H－3） 医師免許取得年：医師免許取得年
H－4） 勤務時間配分：研究、教育、臨床、管理運営
H－5） 特筆しておきたい臨床活動：特筆しておきたい臨床活動

第14章　教育

　教育は、大学における最も重要な業務である。教員は、学生の教育を主任務として雇用されているが、日本では教育業務に関する評価制度が確立していないため、研究業績を中心に採用が行われてきた結果、多くの教員は研究を主任務として採用されていると考えているのが現状である。その結果、教育業務を研究の遂行を阻害するものとして、教育内容の充実に十分な努力が行われない状況に置かれている。

　各学部および大学院における教育は、研究を高度化するための人材育成につながるため、真剣に努力している教員が多いが、低年次の全学共通教育や平成18（2006）年度から開始した大学院共通教育への関与に消極的な教員が多いことが悩みの種である。

　大学に入学してくる学生の資質は、個々の学部で考えると入学時の能力に大差は無いものと思われる。しかし、学部卒業時の到達レベルには大きな差が生じており、大学院進学後の成績や社会人としての実績に反映されていく。この差を生じる原因として、低年次教育において自分の進むべき道を見いだすことができたか否かがあげられる。実際、卒業時の成績と有意な相関を示す唯一の指標は、低年次教育の成績である。

　学部および学府で教育を担当している教員は、高年次および大学院教育の充実により優秀な学生を育成することができると考えている。しかし、低年次教育で学生に学問への興味を持たせることができなければ、その学問領域に邁進したいと考える前途有望な学生を惹きつけることができない。したがって、学部担当教員が低年次学生に対して実施する低年次専攻教育には、その学部で任用できる最高の教育能力を有する教員を担当させることが望まれる。

教育憲章と学術憲章

　九州大学では、教育憲章と学術憲章を定めている。教育憲章では、人間性、社会性、国際性、専門性の4つの原則を唱っており、一体性の原則において全学をあげて4原則を達成することを規定している。学術憲章では、研究の使命、研究の理念と倫理性、研究の社会的・国際的貢献、研究と教育の融合、一体性と職責の遂行について定めている。

　学部および学府では、これらの憲章に基づいて部局の教育・研究に関する理念を決定し、アドミッションポリシーを策定している。これらの基本的な理念に基づいて中期目標・中期計画を策定し、その成果について法人評価を受けることになる。

　教育憲章に掲げられている4つの項目のうち、専門性の獲得は、各学部および学府の教育を充実することにより、高いレベルで達成することが可能である。

　国際性の獲得は、学部の低年次および高年次教育において語学教育を実施しており、学府でも外国語で記載された論文の講読等により国際性の付与を心がけている。しかしながら、受講可能な時間数では十分な外国語教育を施すことは困難であり、外国語での講演や論文執筆能力を付与するための高度な語学力の育成は、学生と指導教員の努力に負うところが多いのが現状である。

　人間性および社会性の獲得は、学生の総合力の向上に必要であり、大学院教育の実質化においても強く求められているものである。これらの資質の向上を目的として、低年次学生が受講する全学教育や大学院共通教育において関連科目の開講を進めている。

　教員だけでなく、学生も専門性の充実を中心に考える傾向が強い。その結果、低年次に実施される幅広い分野にわたる教養教育を退屈なものと考える学生が多くなる。有能な部下を育てるためには専門性の付与で十分であるが、社会でリーダーシップを取りうる人材、研究者としてパイオニア領域の開拓を行うことのできる人材を輩出するためには、幅広い知識を付

与する必要がある。学生の多くは、社会に出て指導的な立場に立って初めて教養教育の重要性を認識することが多い。そこで、教養教育の重要性を初年次の学生に伝えるため『大学でどう学ぶのか』を出版し、利用可能にしている。

　九州大学では、21世紀プログラムを創始し、「専門性の高いゼネラリスト」の育成を図ってきた。このプログラムは、学外での評価は高いものの、学内での認知はまだ不十分であり、このプログラムが存在することを知らない教員もかなり存在する。21世紀プログラムの学生は、どこの学部の講義であっても受講することができ、自分自身で受講計画を立てているが、個々の教員に受講許可を受ける際、かなりの困難を味わっているのが現状である。

九州大学教育憲章

第1条（趣旨）
　九州大学は、日本国民のみならず、世界中の人々からも支持される高等教育を一層推進するために、この教育憲章を定めることとする。
第2条（教育の目的）
　九州大学の教育は、日本の様々な分野において指導的な役割を果たし、アジアをはじめ広く全世界で活躍する人材を輩出し、日本及び世界の発展に貢献することを目的とする。
第3条（人間性の原則）
　九州大学の教育は、秀でた人間性を有する人材を育成し、上記の目的を達成するために、次のことを指向することとする。
（a）人間の尊厳を守り、生命を尊重すること。
（b）人格、才能並びに精神的及び肉体的な能力を発達させること。
（c）真理と正義を愛し個性豊かな文化の創造をめざすこと。
（d）自然環境を守り、次世代に譲り渡すこと。
第4条（社会性の原則）
　九州大学の教育は、秀でた社会性を有する人材を育成し、上記の目的を達成するために、次のことを指向することとする。
（a）自由な社会に積極的に参加し、勤労を尊び、責任ある生活を送ること。
（b）基本的人権を尊重すること。
（c）両性の平等を尊重すること。
（d）必要な政治的教養を含む市民的公共性を育成すること

第5条（国際性の原則）
　九州大学の教育は、秀でた国際性を有する人材を育成し、上記の目的を達成するために、次のことを指向することとする。
（a）アジアをはじめ全世界の人々の文化的、社会的、経済的発展に寄与すること。
（b）種族的、国民的及び宗教的集団の間の理解、寛容及び友好を促進すること。
（c）世界の平和に貢献し、将来の世代を戦争の惨害から守ること。
（d）国際連合憲章の謳う原則を尊重すること。
第6条（専門性の原則）
　九州大学の教育は、秀でた専門性を有する人材を育成し、上記の目的を達成するために、次のことを指向することとする。
（a）人間性の原則、社会性の原則及び国際性の原則並びに実際の生活に即して、専門性を深化、発展させること。
（b）科学技術の発達と学術文化の振興を融合させること。
（c）独創性、創造性を重視すること。
（d）専門家としての職業倫理を育成すること。
（e）学問の自由及び専門家の自律性を尊重すること。
第7条（一体性の原則及び職責の遂行等）
1．九州大学は、全学一体となって、上記の教育目的及び原則の達成に取り組むこととする。九州大学の教職員及び学生は自己の使命を自覚し、その職責等の遂行に努めなければならない。
2．前項の職責を遂行するために、教育研究組織の自治及び構成員の身分は尊重されなければならない。

九州大学学術憲章

第1条（趣旨）
　九州大学は、より善き知の探求と創造・展開の拠点として、人類と社会に真に貢献し得る研究活動を促進してゆくために、この学術憲章を定めることとする。
第2条（研究の使命）
（1）九州大学は最高学府として、人類が長きにわたって遂行してきた真理探求の道とそこに結実した古典的・人間的叡知とを尊び、これを将来に伝えてゆくことを使命とする。
（2）九州大学はまた、諸々の学問における伝統を基盤として新しい展望を開き、世界に誇り得る先進的な知的成果を産み出してゆくことを使命とする。
第3条（研究の理念と倫理性）
（1）九州大学は、伝統に学びそこに見られる知的探求を尊びつつ、現代に生きる我々に相応しい知の深化と発展とを指向する。

> （2）九州大学は、創造的かつ独創的な学術研究を重視し、学問の自由および研究者の自律性を尊重する。
> （3）九州大学はさらに、人間的叡知と科学的知識との調和に努めつつ、諸々の知の実践的価値を追求してゆく。
> （4）九州大学は、科学が自然環境と人類の生存とに重大な影響を与えることをつねに顧慮し、自らの良心と良識とに従って、社会の信頼に応え得る研究活動の遂行に努める。
> 第4条（研究の社会的・国際的貢献）
> （1）九州大学は、大学の理念としての真理探求の精神を堅持すると共に、その研究活動を通じて、長期的な視野のもと、人類の福祉と文化の発展、ならびに匪界の平和に貢献してゆくべく努める。
> （2）九州大学の研究はまた、普遍性と汎用性を目指して広く社会の要請に応え、かつその立地する地域社会に貢献するものとなるよう努める。
> （3）九州大学は、聞かれた大学としてその研究成果を学外に開示し、さらには活発な情報発信や人的交流、諸研究機関や産業界との連携に努めながら、学術研究の国際的拠点となることを目指す。
> 第5条（研究と教育の融合）
> 　九州大学は、世界的に活躍し得る人材を育成し輩出する使命を有しており、研究と教育との権能を調和・融合させながら、人類の未来を託するに足る人材の養成を目指す。
> 第6条（一体性と職責の遂行）
> 　九州大学は、教職員と学生とが一体となって、上記の事柄の達成に取り組むこととする。九州大学の教職員と学生は自己の使命をよく白覚し、それぞれの責任の遂行に努めなければならない。

企業が求める大学教育

　九州大学では、教育憲章に基づいて、高い専門性を有する高度技能者の育成と秀でた能力を有する研究者の育成を目指している。卒業生の多くは、民間企業に就職して社会の第一線で働いているが、九州大学の教育が高い評価を受けるためには、社会が必要とする人材について評価し、それを教育システムに反映する必要がある。

　企業が求める大学教育や人材像については、民間企業の調査結果が利用可能である。また、九州大学においても卒業生や企業の採用担当者にアン

ケートを実施し、教育プログラムの改善に利用している。ここでは3つの調査結果について紹介する。

経済同友会調査結果

まず、平成11年12月に実施された経済同友会の調査結果においては、大学を卒業する学生について、企業が求めるものと大学教育が与えるものに違いが認められている。学部学生に対して企業が重視していることは、熱意・意欲および行動力・実行力である。協調性、論理的思考力、表現力に対する要望も強いが、専門知識・研究内容については要求順位が低いものとなっている。

一方、大学院卒に対しては、熱意・意欲および行動力・実行力が学部卒と同様に強く求められているが、第3位に専門知識・研究内容があげられ

新卒者採用で企業が重視する資質（経済同友会会員企業233社が回答、3つまで複数回答可、平成11年12月実施）

項　目	学部卒（％）	大学院卒（％）
熱意・意欲	① 71.7	① 64.0
行動力・実行力	② 49.8	② 40.3
協調性	③ 29.6	⑤ 23.7
論理的思考力	④ 27.5	④ 29.4
表現力・プレゼンテーション能力	⑤ 21.5	⑧ 17.1
常に新しい知識・能力を学ぼうとする力	⑥ 16.7	⑧ 17.1
問題解決力	⑦ 15.5	⑥ 18.5
創造性	⑦ 15.5	⑥ 18.5
専門知識・研究内容	⑨ 14.2	③ 34.6
国際コミュニケーション能力	⑩ 7.7	4.7
課題発見力	⑩ 7.7	⑩ 10.4
一般知識・教養	6.6	3.3
判断力	2.6	1.9
実務能力	2.1	2.4
学業以外の社会体験	1.7	0.5
コンピューター活用能力	1.3	0.9
その他	6.9	7.1

ている点が異なっている。協調性および論理的思考力の要求も高いが、表現力・プレゼンテーション能力に関する要求度は若干低くなっている。これは、必ずしも表現力・プレゼンテーション能力を重視していないのではなく、当然持っているものと考えられているためであろう。

　近年の社会的要求は、即戦力になりうる学生の輩出である。以前は、学生を採用した企業において企業向けの再教育を行っており、学生の社会性に関する教育は大学に求められていなかった。しかし、経済環境が悪化し、競争的環境が一般的なものとなった現在、教育コストの削減が企業で重要視されているようである。文部科学省においても、大学院教育の実質化を求めており、大学院生に社会性を付与することが喫緊の課題となっている。

　ＣＯＥ大学の使命に、高度な研究者の育成がある。現在は、高度な専門性を獲得させるための指導に加え、社会性を獲得させるための教育が追加されており、教育内容の見直しと改善が求められている。

経団連調査結果

　日本経済団体連合会では、文系と理系の大学院に分けて調査を行っており、要求順位が系により異なっている。文系では、自分の考えを導き出す能力を最も重視しており、実践的教育、専門知識、協調性に関する要求が続いている。理系では、専門知識が最も重視されており、自分の考えを導き出す能力、幅広い基礎知識がそれに続いている。

　このような社会的養成に対応する教育を行うことは、卒業生の就職に必要なことであり、大学のカリキュラムの見直しが必要になっている。現在は、学部学生は３年次の秋から、修士学生は１年次の秋から就職活動を開始している状況にある。したがって、初期教育が非常に重要となっており、学部教育では１、２年次の低年次教育、学府教育では１年前期の基礎教育が重要である。

　社会対応型の教育プログラムが機能していない場合、学生は内定を得るのに長期間を要し、勉学および研究に費やす時間を確保できないことになる。アピール力の弱い学生は、面接試験で不採用となり、１年近くにわた

人間育成面での大学・大学院への期待（日本経済団体連合会会員企業684社が回答）と人材育成面で大学・大学院が注力している点（全国大学48学部、49研究科が回答）

項目	文系 社数(%)	文系 部局数(%)	理系 社数(%)	理系 部局数(%)
専門分野の知識を学生にしっかり身につけさせること	209	78	340	65
教養教育（リベラル・アーツ）を通じて学生の知識の世界を広げること	162	24	55	11
専門分野に関連する他領域の基礎知識も身に付けさせること	177	38	231	45
知識や情報を集めて自分の考えを導き出す訓練をすること	436	57	287	38
チームを組んで特定の課題に取り組む経験をさせること	192	4	119	13
ディベート、プレゼンテーションの訓練を行うこと	140	13	53	19
国際コミュニケーション能力、異文化理解能力を高めること	161	22	92	15
理論に加えて実社会とのつながりを意識した教育を行うこと	285	29	162	12
実践重視の実務に役立つ教育を行うこと	76	7	57	2
専門知識を学ぶ目的を理解させるためのプログラムを持つこと	47		38	
職業観醸成につながるプログラムをもつこと	90		31	
その他	6	2	6	3
合計	684	97	684	97

って就職活動を続けることになり、大学教育を十分に施すことができない場合が生じている。学生の社会性の獲得やコミュニケーション能力の向上については、さらなる努力が必要である

　一方、大学および大学院が力を注いでいる点は、文系および理系のいずれにおいても専門知識の付与が中心となっている。他領域の基礎知識および自分の考えを導き出す能力についてもかなりの努力が払われているが、企業が求める優先順位とは一致していない。教養教育の重要性も、企業が求めているレベルでは認識されていないようである。

　教養教育は、学生にとっても重要性が理解できにくい分野である。社会に出て、責任ある立場に立ち、対外交渉を任される立場となって初めて教

養の不足を感じることが多い。卒業生に対してアンケートを行うと、多くの卒業生が教養教育の重要性を主張するが、在学時は専門知識の獲得を最も重要なものと考えている。発表力や国際性の重要性も理解できない学生が多いので、大学は意識してこれらの実践的能力を磨くカリキュラムを充実する必要がある。

九州大学調査結果

　九州大学においても、平成17年10月に「企業が求める人材像」について調査を行った。九州大学の学生を採用している企業139社を選定して、郵送によるアンケート調査を行い、35社から解答を得た。

　採用方針においては、「社風にあった人材を採用する」が14社、「社風とは無関係に多様な人材を採用する」が14社、その他が5社、無回答が2社であった。その他では、協調性、基礎能力、企業目的に賛同する人材、その年の欲しい人材、自分でできること等があげられていた。

　その他の重要な要素として、ストレス耐性、素直な心とひたむきさを併せ持つこと、リーダーシップ能力・課題発見能力・コミュニケーション能力を重視、学生時代に注力したものがあるか等があげられていた。

　大学院生と学部学生に対する要求に差をつけていない企業もあったが、全体として大学院生には専門性と論理的思考力を、学部生には強調性、バイタリティー、柔軟性を求める傾向が認められた。

　これらの要素を評価する基準は、「全ての要素をバランス良く」が17社、「いずれかの要素が卓越した人」が8社、「その他」が10社であった。その他では、総合的に判断、どちらでも良い、人物により変る、業務により変る、どちらも採用するなどの意見が記載されていた。

　人物評価のポイントを「面接の段階ごとに変えている」企業は14社、「変えていない」企業は21社であった。

　好ましくない要素としてあげられたものは、後ろ向きで前向きの向上心がない（3社）、コミュニケーション能力が低い（3社）、あきらめやすくやる気がない（2社）、内向的で暗い（2社）、うわべだけの発言をする

（以下1社)、自己中心的で感謝の気持ちがない、挨拶など常識的なことができない、素直でない、誠実でない、過度に傾倒する、非難・批評をする、虚偽の言動をする、法令違反をする、夢が現実的でない、ストレス耐性が低い、基礎能力が低い、エリート意識がある、主体性がない、行動や思考の視野が狭い、論理的思考力がない等であった。

求める人材像については、「毎年見直しを行っていない」が14社、「経営方針や各部門の意見を踏まえて見直している」が12社、「最近の一般的人物評価の変化を踏まえて見直している」が4社、「その他」が3社、「無回答」が2社であった。その他では、毎年検討はしている、各人をさまざまな尺度で評価している、明文化された求める人材像を設定していない等があげられた。近年は、創造力、コミュニケーション能力、積極性、柔軟性、思考力、問題解決能力、個性、リーダーシップ、ストレス耐性などが重要視されつつある。

採用選考時の人物評価要素〈複数回答可〉

1) 意欲的でチャレンジ精神にあふれている（32社）
2) 相手の意見や質問をきちんと踏まえた上で、自分の意見をわかりやすく述べることができる（31社）
3) 協調性がありチームワークがとれる（26社）
4) 社会人として将来何をやりたいのか、夢や目標を持っている（25社）
4) 自ら立てた目標達成に向けて粘り強く努力する（25社）
6) 常に前向きな発想で向上心が高い（23社）
7) 性格が明るく素直で誠実である（22社）
8) 論理的思考力が高い（21社）
9) 新しいものに興味をもち知的好奇心が高い（20社）
10) 礼儀正しくはきはきとしている（19社）
11) 仕事に対する使命感や責任感が強い（18社）
12) 現状にとらわれず状況の変化に柔軟に対応できる（16社）
13) 積極的でリーダーシップがとれる（15社）
14) 一般常識や専門課程で学んだ知識、語学力が身についている（14社）
14) コツコツと努力し、持続性や忍耐力がある（14社）
16) 自らの経験や考え方に基づく独創的な発想をする（13社）
16) 革新の気概を持ち、変革力がある（13社）
18) 自分に厳しく公正・正直で倫理観が高い（10社）
19) 職務の遂行に必要な各種の資格を取得している（3社）

大学・大学院への期待（複数解答可）

1）知識や情報を集めて自分の考えを導き出す訓練をすること（25社）
2）理論に加えて、実社会とのつながりを意識した教育を行うこと（22社）
3）専門分野の知識を学生にしっかり身につけさせること（19社）
4）教養教育(リベラル・アーツ)を通じて学生の知識の世界を拡げること(11社)
5）チームを組んで特定の課題に取り組む経験をさせること（8社）
6）ディベート、プレゼンテーションの訓練を行うこと（6社）
7）職業観醸成につながるプログラムをもつこと（5社）
8）専門分野に関連する多領域の基礎知識を身につけさせること（4社）
9）国際コミュニケーション能力、異文化理解能力を高めさせること（3社）
10）実践重視の実務に役立つ教育を行うこと（2社）
11）専門知識を学ぶ目的を理解させるためのプログラムをもつこと（1社）
11）その他（1社）

　事務系の採用においては、「職種別採用を実施している」が12社、「実施していない」が20社、「その他」が1社、無回答が2社であった。その他はデザイン系で一部実施との解答であった。

　知識やセンスの有無をどこで判断するか（職種別採用実施企業対象、複数解答可）では、「面接の質疑応答」が9社、「筆記試験内容」が7社、「大学の成績」と「資格の有無」が4社、「所属研究室」と「卒論のテーマ」が2社、「その他」（作品から）が1社であった。

　技術系の採用においては、「学校推薦と自由応募」が16社、「自由応募」が15社、「その他」が2社、「無回答」が2社、「学校推薦」は0社であった。その他の2社は区別していない、技術系の採用が無かった。

　自由応募を行う理由（複数解答可）は、「多様な人材の確保」が26社、「専門知識以外の要素を重視」と「自由応募を希望する学生の増加」が14社、「高い専門知識の必要性」が7社、「学校推薦のみでは充足できない」が4社、「新分野の専門知識の必要性」が3社であった。

　専門分野の知識レベルをどこで判断しているか（複数解答可）では、「面接」が31社、「卒論のテーマ・内容」が16社、「大学の成績」が11社、「筆記試験成績」が10社、「所属研究室」が5社、「資格の有無」が4社、「その他」が2社であった。

　学校推薦と自由応募を併用している16企業においては、12社が「自由応

募が増える」と解答しており、「学校推薦が増える」と解答したのは1社のみであった。

　九州大学への要望では、辛口の意見はほとんど無かったが、1社が男子学生に自己表現力に欠ける学生がいるが、女子学生は遜色ないことを指摘していただいた。解答をいただいた35社は九州大学に対して好意的な企業であるため、不満が少なかったものと思われるが、私自身が蓄積してきた学生の採否に関する情報は、九州大学の学生は自己宣伝が下手であることを示している。特に、九州管内から入学した男子学生にその傾向が強い様である。以前は、女子学生にもその傾向が強かったが、女子学生の就職難が顕著となった時期から急速に女子学生の積極性が高まってきた。採否のポイントは面接で話すべきものを持っているか、自分の長所を表現できるかにかかっているが、男子学生にはまだ甘さが残っている様であり、内定の獲得が遅れる傾向が認められる。

教育職員免許状

　教育は、重要な業務であり、国の発展の根幹に関わるものである。したがって、教員養成は大学の重要な業務の1つである。九州大学は、教員養成を主任務としていないため、小学校教諭の資格を取ることはできないが、中学校および高校教諭の資格を取るためのカリキュラムが各学部で用意されている。

　教育職員免許状を取得するためには、教職課程を修了する必要がある。各学部の専門教育には、教育職員免許状の取得に寄与する科目もあるが、卒業に必要な単位に加えて取得することが必要な科目もある。したがって、教育職員免許状を取得するためには、学生生活はかなり忙しいものとなる。理系学部の学生は、実験・実習に多くの時間を費やす必要があるため、教職課程の講義を受けることが困難な場合も少なくなく、教育職員免許状の取得をあきらめる学生が多い。また、少子化が進行して教員ポストの増加が見込めない状況では、教員の採用枠が少なくなっており、これも教育職員免許状の獲得を躊躇させている。

大学教育は、すでに人格形成が基本的に終了した学生に対して実施される。したがって、大学入学時の学生の能力をいかに伸ばすかが重要な作業となる。研究者としての適性や社会的リーダーとしての適性は、基礎教育段階ですでに決定されていることが多く、大学では学生の個性に応じて長所を伸ばすことが最も教育効果を高める。科学者あるいはリーダーとしての能力を有する人材を育成するためには、小中学校の教育から改善し、独創性にあふれた優秀な人材を育成して大学に送り込むことが必要である。

　九州大学の卒業生は、小学校教諭として後進の育成に携わることはできないが、少なくとも中学生および高校生に対する教育を行うことが可能である。教育担当副学長としては、教員養成プログラムの充実を行うとともに、最も優れた学生が教職を希望する文化を作りたいと望んでいる。

　また、初等教育の充実に大学として貢献することを考えるべきである。感受性の高い時期に、最新の科学技術に関する知識を解りやすく教え、子供たちに科学に対する興味を持たせることは重要な責務である。大学教員がそのような能力を磨くともに、小中高校の教諭の再教育により、子供たちの潜在能力を十分に引き出すことのできる人材を育成することは、大学の重要な責務の1つである。

九州大学で取得可能な教育職員免許状

文学部：中学校教諭一種免許状：国語、社会、英語。高等学校教諭一種免許状：国語、地理歴史、公民、英語、独語、仏語、中国語。
教育学部：中学校教諭一種免許状：社会。高等学校教諭一種免許状：地理歴史、公民。
法学部：中学校教諭一種免許状：社会。高等学校教諭一種免許状：地理歴史、公民。
理学部：中学校教諭一種免許状：数学（物理学科、数学科）、理科（物理学科、化学科、地球惑星科学科、生物学科）。高等学校教諭一種免許状：数学（物理学科、数学科）、理科（物理学科、化学科、地球惑星科学科、生物学科）、情報（数学科）。
工学部：中学校教諭一種免許状：数学（機械航空工学科のみ）。高等学校教諭一種免許状：数学（機械航空工学科のみ）、工業。
農学部：中学校教諭一種免許状：理科。高等学校教諭一種免許状：理科、農業、水産。

第15章　修学支援

　日本では少子化が進行し、家庭における躾が十分に行われていない状況にある。これは、基礎教育ではいじめ等の問題を発生させ、高等教育では自立できない学生の増加につながっている。大学に学生を受け入れた以上、学生たちの資質を向上させ、社会に役立つ人材として送り出すことが大学の責務である。

　年齢層の高い教員が受けた教育は、一種のエリート教育であり、大学院教育とは自分ではい上がるものであった。講義が難解であっても、自分で勉強し、問題を解決することが常識であった。大学院進学者が少なかった時代は、先輩からの助言を聞く機会も多く、自ら学び、先輩や教員の考え方を取り入れることは比較的容易であった。

　最近は、大学院進学者が増加する一方で教員数は減少しており、1人の教員が指導する学生の数は大幅に増加している。また、研究費獲得や大学業務の遂行に費やす時間が増加していることも、学生教育の充実を妨げている。学生の成熟度の低下と教員の時間の不足は、学生の修学指導を十分に行い得ない状況を作り出しており、修学支援システムの効率化が喫緊の課題となっている。

　学生の修学支援では、勉学上の支援のみでなく、金銭的な支援も必要になっている。日本の経済が、バブル崩壊後の不況から立ち直りつつあるとはいえ、その効果は均等に現れている訳ではない。保護者の経済状態が悪化したため、学業を続けることが困難な学生の比率が増加している状況にある。家計困窮者については、授業料減免措置が取られてきたが、その予算は限られている。以前は、全額免除を行った後、残額を半額免除に振り当てることができた。しかし、現在は希望者全員に半額免除を行うことができない状況にある。

　九州大学のような研究重点大学では、博士後期課程教育の高度化は非常に重要な課題である。博士後期課程学生の充足率が低い情況は、是非とも

改善する必要がある。博士後期課程への進学をためらわせる理由の1つは、学位取得後の就職に不安があることである。望ましい就職口を得ることができずに大学に残る学生もいるが、収入を得ることができなければ苦しい生活を送ることになる。このような情況を放置することは、大学院重点化大学には不適切であり、博士後期課程学生および学位取得者への修学支援は最重要課題であると考えている。現在、国の支援を受けてキャリア支援センターを設置し、これらの高度技能者への支援方策の策定および実施を行っているが、5年間の支援が終了した時点では、ここで開発した支援業務を大学の日常業務に組込むことことを可能にしておかなければならない。

修学費等

　大学に入学するためには、入学料が必要である。また、在籍するためには、半年ごとに授業料を払う必要がある。国立大学法人化以前は、入学料と授業料が隔年ごとに値上げされていたが、法人化後は、定められた範囲内で大学が独自に設定できることになっている。実際には、大学の法人評価に用いられる中期目標・中期計画期間である6年間は据え置きになる可能性が高い。

　入学料および授業料については、予算の範囲内で免除することが可能になっている。いずれも特別の理由があることが条件になっている。入学料免除の理由はかなり限られたものになっているが、授業料免除は家計の困難度と学業成績に基づいて選考が行われている。主に、私費留学生と家計困難者が授業料免除の対象となっている。以前は全額免除を行うことが可能であったが、現在は家計困難者が増加したため、全額免除を行うことは不可能になっている。平成18（2006）年度は半額免除のみとしたが、それでも有資格者全員に対して授業料を免除することができない情況にある。

　授業料免除に利用可能な予算は、授業料収入の5.8％に限定されている。さらに免除枠を拡大するためには、大学独自の予算から出費する必要がある。九州大学では、小規模ではあるが、大学経費を用いて家計困難者や成績優秀者への授業料免除や奨学金の給与を行っている。また、九州大学学

生後援会も修学支援を行っているので、教員および学生はこれらの情報を獲得し、活用して欲しい。

修学費等（受験生のための大学案内2006より抜粋）

入学料：282,000円（予定）
入学料免除：平成17年4月から平成18年3月までの間に、本人の学資を主として負担している者が死亡した場合、本人もしくは本人の学資を主として負担している者が風水害等の災害を受けたことにより、入学料の納付が著しく困難であることが認められた場合、入学料の免除を受けることができる。
授業料：年額535,800円（予定）（毎年4月と10月の2期に分けて納入、半期分267,900円）。
授業料免除：以下の場合、選考により授業料の全額もしくは半額免除を受けること

日本学生支援機構奨学金

日本学生支援機構では、奨学金の貸与を行っている。奨学金には、無利子の第1種奨学金と有利子の第2種奨学金がある。この奨学金は、貸与終了後返還することが前提になっており、先輩からの返還金が後輩への貸与に利用される。したがって、返還が滞ると奨学金の新規貸与が困難になる。ただし、経済的事情等で返還が困難な状況にある場合、「返還期限猶予」の制度が用意されている。

奨学金の貸与は、平成16年4月まで日本育英会が行ってきた。このシステムでは、大学院で第一種奨学金を受けた者が教育または研究職についた

日本学生支援機構奨学金の種類（平成17年度）

1) 第1種奨学金（無利子貸与）
　学部学生（自宅通学者）：月額45,000円
　学部学生（自宅外通学者）：月額51,000円
　博士前期課程学生：月額88,000円
　博士後期課程学生：月額122,000円
2) 第2種奨学金（有利子貸与、選択制）
　学部学生（月額3万円、5万円、8万円、10万円）
　大学院学生（月額5万円、8万円、10万円、13万円）

場合、返還特別免除制度が適用されていた。日本学生支援機構が発足した平成16年度以降は、それに代るものとして「特に優れた業績による返還免除」制度が創設されている。

　この制度は、大学院第１種学資金の貸与を受け、当該年度中に貸与期間が終了する者のうち、在学中に特に優れた業績を挙げた者について各大学で選考し、日本学生支援機構が認定した者について、貸与された奨学金の全部または一部が免除されることとなっている。平成16年度貸与終了者から部分的にこの制度が適用され、一部の学生が奨学金の全額もしくは半額の返還を免除された。平成17年度貸与終了者から本格的な運用が開始され、４月18日に予備査定を行い、21日の教育審議会で決定して、大学推薦を行った。

　推薦枠は、貸与者数の30％以内で、推薦者の３分の１が全額免除、３分

日本学生支援機構大学院第一種学資金返還免除候補者の選考における評価項目

１）学位論文その他の研究論文
イ：新規性、ロ：独創性、ハ：学問領域への貢献、ニ：国際的評価、ホ：波及効果・発展性
２）大学院設置基準（昭和49年文部省令第28号）第16条第２項に定める特定の課題についての研究の成果
イ：新規性、ロ：独創性、ハ：学問領域への貢献、ニ：国際的評価、ホ：波及効果・発展性
３）著書、データベースその他の著作物
イ：新規性、ロ：独創性、ハ：学問領域への貢献、ニ：国際的評価、ホ：波及効果・発展性
４）発明
イ：新規性、ロ：独創性、ハ：学問領域への貢献、ニ：国際的評価
５）授業科目の成績
イ：理論等の理解度、ロ：研究方法の理解度、ハ：研究展開能力、ニ：発表・説明能力
６）研究又は教育に係る補助教務の実績
イ：研究・実験方法の改善・工夫への貢献、ロ：教育方法の改善・工夫への貢献
７）音楽、演劇、美術その他芸術の発表会における成績
イ：発表会等の社会的位置付け、ロ：国際的評価、ハ：社会的反響、ニ：受賞
８）ボランティア活動その他の社会貢献活動の実績
イ：社会貢献度

の２が半額免除の対象となる。平成17年度は、九州大学の修士課程の貸与終了者は609名であり、推薦枠は183名であった。専門職大学院では、貸与終了者５名に対して１名、博士課程では、11名に対して３名の枠が与えられた。この推薦枠の設定に用いられる貸与終了者数は、平成17年10月末の資料に基づいているため、その後の異動により若干枠が増加することがあり得る。そこで、大学からの推薦は多めに行うことになっている。

　大学院教育は、それぞれの学府で異なっており、全学的に公平な評価を行うことが困難である。したがって、対象者数に比例した推薦枠を学府ごとに設定し、それぞれの学府から候補者を推薦していただいている。選考基準となる項目は、日本学生支援機構から示されている。これらの項目について、５：非常に優れている、４：優れている、３：良好である、２：やや良好である、１：普通の５段階評価を行い、各学府から推薦が行われる。

　大学院の教育は学府ごとに行われており、大きな学府ではさらに専攻に別れて実施されるので、共通の選抜基準を設けることが困難である。したがって、貸与終了者数に比例して専攻ごとに推薦枠が設定され、順位を付して推薦が行われることになる。学府は、専攻の推薦者リストを取りまとめて大学に提出し、大学は学府の推薦者を取りまとめて日本学生支援機構に推薦することになる。

　推薦時に必要な書類は、業績優秀者返還免除申請書および推薦理由書である。添付する資料は、大学院における成績証明書および特に優れた業績を証明する資料である。資料を添付することができない業績は、特に優れた業績として推薦理由書に記載することができない。第一著者として刊行された研究論文、国際学会における口頭発表、各種学会による発表賞の受賞、その他受賞歴などが大きく評価される。推薦者リストは４月下旬に提出され、免除者の決定は５月下旬頃行われる。

　奨学金返還免除は、学生にとって大きな経済的援助となる。返還免除を受けるためには、在学中に実績をあげておくことが必要である。第１種奨学金の貸与を受けている学生は、評価項目を参考にして積極的な大学院生活を送って欲しい。

民間・地方公共団体奨学金

　民間・地方公共団体からも奨学金の給与（返還義務がない）もしくは貸与（返還義務がある）が行われている。ここに示した奨学金以外にも、各地方公共団体が独自に募集している奨学金があるので、学資が乏しい学生は積極的に応募すると良い。大学として受け入れている奨学金は、学務部の学生生活課で取りまとめているので、最新情報の取得は学務部に出向くのが得策である。

　また、学部や学府で奨学金の受入を行っている場合もある。最近は、学部や学部自身が表彰制度や奨学金制度を実施している場合がある。これらの情報は、それぞれの部局の学生係で取得していただきたい。留学生が対象となる奨学金も別に用意されているが、これは国際交流関係の部署が管理しているので、学務部では把握していない。

　これらの奨学金を獲得するためには、それぞれの奨学会で決められた書式を用いて申請を行う必要がある。大学はそれをとりまとめ、学業および家計困難度に基づいて推薦順位を付与し、推薦可能な人数を推薦することになる。申請しなければ奨学金を得ることはできないので、修学費用に不足をきたす場合は積極的に申請を行って欲しい。

　奨学金を獲得できた場合、授与式や卒業記念祝賀会等への出席を求められる場合がある。このような機会を通じて他大学の学生との交流を行うことができるので、学生の総合力の向上にも寄与している。学生の積極的な応募が望まれる。

給与奨学金一覧

藍教育振興会：月額20,000円、4名。
伊藤家育英会：月額5,000円、1名。
井深大記念奨学基金：月額80,000円、3名。
大野城市：月額22,000円、2名。
貝島育英会：月額20,000円、5名。
樫山奨学財団：月額36,000円、2名。
川村育英会：月額15,000円、2名。

北田奨学記念財団：月額50,000円、11名。
木村奨学会：月額33,000円、1名。
九州大学学生後援会：月額25,000円、3名。（院）月額25,000円、1名。
九配記念育英会：月額20,000円、13名。
建築業協会：（院）月額20,000円、1名。
鴻池奨学財団：月額24,000円、1名。（院）月額24,000円、1名。
札幌市教育委員会：月額6,000円、1名。
シェル石油奨学資金：月額20,000円、1名。
杉浦奨学会：（院）年額200,000円、1名。
竹中育英会：月額50,000円、6名。（院）月額70,000円、3名。
帝京育英財団：月額22,000円、2名。
徳風会：月額20,000円、1名。
中富記念財団：月額10,000円、1名。
中村治四郎育英会：月額20,000円、2名。
中山報恩会（2／3貸与）：月額42,000円、24名。（院）月額50,000円、5名。
ニビキ育英会：月額14,000円、4名。
日本コカコーラボトラーズ育英会：月額15,000円、3名。
日本証券奨学財団：月額45,000円、4名。（院）月額50,000円、2名。
原菊太郎基金：月額35,000円、1名。
二又教育文化振興奨学会：月額25,000円、3名。
古屋亨記念奨学基金：月額50,000円、1名。
三菱信託山室記念財団：月額30,000円、7名。（院）月額50,000円、3名。
森下育英会：月額18,000円、3名。
山岡育英会：月額30,000円、7名。（院）月額60,000円、3名。
山田育英会：月額15,000円、4名。
吉田育英会：（院）月額80,000円、3名。
吉田学術教育振興会：月額25,000円、4名。
吉本章治奨学会：月額30,000円、1名育英会：月額15,000円、2名。
（院）は大学院生対象、自宅と自宅外で月額が異なる場合は自宅外の金額。

貸与奨学金一覧

あしなが育英会：月額50,000円、10名。
石川県：月額43,000円、1名。
井上育英会：月額30,000円、7名。
岩国市：月額25,000円、3名。
浦上奨学会：（院）月額50,000円、3名。
愛媛県：月額44,000円、4名。

えびの市：月額20,000円、3名。
大分県奨学会：月額38,000円、10名。
大分市奨学資金：月額34,000円、8名。
大村市：月額15,000円、1名。
岡田甲子男記念奨学財団：月額46,500円、2名。
岡山県育英会：月額50,000円、6名。
沖縄県国際交流・人材育成財団：月額45,000円、5名。（院）月額70,000円、1名。
鹿児島県育英財団：月額50,000円、82名。
川村育英会：（院）月額50,000円、2名。
北九州市：月額42,000円、43名。（院）月額42,000円、9名。
岐阜県：月額32,000円、2名。
清川秋夫育英奨学財団：月額50,000円、2名。
熊本県育英会：月額25,000円、4名。
熊本市：月額48,000円、1名。
けんしん育英文化振興財団：月額30,000円、1名。
交通遺児育英会：月額50,000円、2名。（院）月額100,000円、2名。
佐賀県：月額50,000円、57名。
実吉奨学会：月額36,000円、10名。（院）月額45,000円、7名。
島根県：月額70,000円、2名。
末吉町：月額25,000円、2名。
鈴木奨学会：月額31,000円、2名。（院）月額42,000円、5名。
添田町育英資金：月額22,000円、1名。
高尾野町：月額40,000円、1名。
帝人奨学会：（院）月額80,000円、4名。
電通育英会：月額40,000円、6名。
長崎県育英会：月額31,000円、34名。
中村積善会：月額51,000円、4名。
日鉄鉱業奨学会：月額15,000円、35名。
日本通運育英会：月額20,000円、18名。
延岡市：月額20,000円、1名。
野母崎町：月額18,000円、2名。
日向市：月額20,000円、1名。
平戸市：月額23,000円、1名。
五島市：月額40,000円、1名。
福岡県教育文化奨学財団：月額50,000円、35名。
福岡市：月額42,000円、1名。
福島県：月額35,000円、2名。

> フジクラ育英会：月額18,000円、2名。
> 松藤奨学育成基金：月額30,000円、3名。
> みずほ育英会：月額42,000円、1名。
> 宮崎県育英資金：月額50,000円、13名。
> 宮崎県奨学会：月額25,000円、1名。
> 山口県ひとづくり財団：月額42,000円、6名。
> 吉田育英会：月額60,000円、4名。
> （院）は大学院生対象、自宅と自宅外で月額が異なる場合は自宅外の金額。

大学教育を活かすために（山岡育英会会誌、2007年Ｎｏ．42掲載）

> 　山岡育英会の現役およびＯＢ奨学生の皆様、充実した生活をお送りでしょうか。大学で学んだことを社会で活用することに困難を感じている方もおられるのではないでしょうか。大学では、さまざまな知識を得ることができますが、その知識を活用するための方策は必ずしも教えられないため、知識の活用が妨げられているように思われます。近年は、大学教育の実質化やキャリア教育の実践が求められており、大学教育も変わりつつあります。しかし、学生の資質や指向が多様化しているため、すべての学生に対してその希望に応える教育プログラムを実施することは困難な状況にあります。また、大学は自ら学ぶべき場所であり、単に社会的スキルを教える所ではないことを考えると、すべてのプログラムを用意することは適当では無いように思われます。
> 　大学で学ぶべきことは、知識獲得の方法、ものの考え方、人との付合い方などであり、単に知識を増やすことではないと思います。九州大学の入学試験では、前期日程、後期日程、アドミッションオフィス（ＡＯ）方式など、複数の選抜方式が行なわれていますが、これらの入学試験の結果と卒業時の成績との間には明確な相関が認められていません。この結果は、これらの選抜方式の有効性を示しているものと思われます。一方、初年次教育の成績と卒業時の成績との間には明らかな相関が認められています。これは、低年次教育において高い学修意欲を持つことができた学生は大学の教育システムを活用して速やかに成長することを意味しています。
> 　短期大学や医系の大学は例外ですが、多くの大学では、4年間の学士課程、2年間の博士前期（修士）課程、3年間の博士後期課程が用意されています。しかし、目的を持って勉学に邁進しなければ意外に得るところは少ないものです。満足できる大学への入学を目指して、高校までしっかり勉強しますが、大学に入ると目的を失い、なんのために大学に入ったのか解らないまま卒業する学生が多々あります。大学は社会に出るための準備期間でもありますが、大学にきて初めて自分のやりたい学問を追求することが可能になることを認識していただきたいと思います。大学での勉強は、生涯教育の出発点でもあり、これから皆さんが満足

できる社会生活を送るための基礎となる時期であることを考えて貰いたいと思います。

では、大学に入学してまず考えるべきことは何でしょうか。私は、自分を知ることであると考えています。自分の特性を理解し、どのような分野で、どのような社会生活を送りたいのかを知ることができれば、講義の選択、学問分野の選択、就職先の選択などを自分で行うことができます。自分で選んだ道でなければ逆風に耐えることはできません。是非、早めに自分自身を見直し、自分の好みを明らかにし、自分の頭で考え、自分の足で歩いて行く習慣をつけて欲しいと思います。

このような自己発見を助けるものに読書があります。良書は、自分が体験できなかったことをわれわれに教えてくれます。大学では、自己形成のための講義はほとんどなされていませんので、自分で学ぶ必要があります。そこで、大学入学から博士号の取得に至る大学生活の過ごし方を学生に伝えるため、「大学でどう学ぶのか」（海鳥社発行）を執筆・出版しましたが、読書経験が希薄であるため、学生が読んでくれないのが悩みの種です。社会的に要求されているさまざまな技能を自ら育てるための本ですので、社会人に多く読まれていますが、これからの人生を設計することのできる学生時代に読むことがより効果的な内容となっています。本書に限らず、さまざまな書物に親しみ、自分自身を確立し、満足のいく社会生活を送っていただきたいと思います。

すでに卒業された方は、人間関係を大事にしていただきたいと思います。人間関係の円滑化は、組織内での業務の遂行を容易にしますので、就職するとすぐにその重要性を認識することができます。容易に認識できないのは、他組織の人々との関係を維持することの重要性です。企業等に就職すると、当面は組織内での業務を担当しますが、中堅職員になると対外的な業務に従事することが多くなります。対外的業務の遂行には、同窓生などの人脈が非常に役に立ちますが、必要になって初めて接触するようでは誰も真剣に対応してくれません。それ以前の損得抜きの付合いが重要です。出身大学の同窓生や山岡育英会のＯＢ達との関係を大事にし、素晴らしい社会生活を送っていただきたいと思います。

日本学術振興会による支援

日本学術振興会では、種々の公募事業を行っている。特別研究員制度は、優れた研究者に、その研究生活の初期において、自由な発想のもとに主体的な研究課題等を選びながら研究に専念する機会を与えることにより、わが国の学術研究の将来を担う創造性に富んだ研究者の養成・確保に資することを目的としている。大学院博士課程在学者および大学院博士課程修了

日本学術振興会の主な公募事業

> 1）研究者養成
>   特別研究員、特別研究員（RPD）、海外特別研究員
> 2）学術の国際交流（国際交流事業）
> ○研究者招聘等：外国人特別研究員（一般）、外国人特別研究員（欧米・短期）、
>   外国人招へい研究者（長期・短期）等
> ○本会と諸外国の学術振興機関との協定・覚書に基づく二国間交流：
>   二国間交流事業共同研究・セミナー、特定国派遣研究者等
> ○国際的な研究拠点の形成：先端研究拠点事業、アジア研究教育拠点事業等）

者等で、優れた研究能力を有し、大学その他の研究機関で研究に専念することを希望する者を採用し、研究奨励金を支給している。

　特別研究員の応募は、毎年1万件を越えており、増加傾向にある。採用率は年度により異なるが、10～20％である。特別研究員の審査では、論文業績等の実績だけでなく、将来性などを吟味して評価することになっている。しかし、評価委員は専門分野を超えて審査を行うことになり、研究内容や研究計画については公平な審査を行うことが困難である。したがって、投稿論文、学会発表、表彰歴等の第三者評価に耐えた業績のなかで、当人の貢献が大きいと思われるものについて評価を行うことが妥当であろう。

　同様な状況は、授業料免除や科学研究費等の競争的資金に関する個人評価についても存在する。私も、さまざまな方面から学生や研究者の個人評価を頼まれるが、そこで評価指標として用いているのは、第一著者の英語論文（できれば海外雑誌）、口頭での国際学会発表、公的機関による表彰歴である。日本語論文を評価していないのは、化学系の評価を頼まれるからであり、他の分野ではこの評価方式は必ずしも正しくないと思われる。第一著者の論文しか評価しないのは、論文作成の責任を持つのが第一著者だからである。第一著者としての責任を持つことのできる研究者でなければ、血税を用いて支援する必要は無いと考えている。

　ポスターでの国際学会発表は、学生では評価するが、研究者では必ずしも評価しない。演題を提出したけれども、ポスターを貼付けただけで、発表すべき時間に会場にいない日本人研究者を多く見てきたからである。また、国内で開催された国際学会のポスター発表は、海外での発表より割り

引いて評価している。

　学会等からの表彰は、第三者による審査が行われているので、評価の対象に加えている。支部表彰や小さなワークショップ等における発表賞については、評価に加えるか否かは悩ましいところである。どの程度の競争に勝ち抜いたのかがほとんど解らないからである。他の重要な項目を用いて評価していき、最終的に序列をつけなければならない段階で、このようなマイナー評価項目を用いることになる。

　研究者として育成したい学生には、大きな支援を受けることができるように指導していきたいものである。指導教員は、このような支援制度の存在および支援を受けるための条件について熟知することが望まれる。私は、博士後期課程への進学を希望する学生には、単に博士号を取得するためではなく、より高いレベルを目指して研究を行う様指導している。博士号を所得した後に研究を続けることができるポストを獲得することが重要であり、そのためには学生が実績を残すことができる様指導する必要がある。

　研究室に入ってくる学生の指導における達成目標は、修士卒業までに2つの論文を投稿することである。1報目は教員もしくは先輩が第一著者となることが多いが、ここで論文のまとめ方を覚えさせる。2報目は第一著者として論文執筆を担当させるが、ここで、論文を通す力を付けさせることになる。学生に執筆を担当させると、実験結果にふさわしいレベルよりランクの低い雑誌に採択されることになりかねないが、大学は学生の教育が主務であり、やむを得ないことである。

　修士2年でこのレベルに達した学生は、博士後期課程に入学した段階で自由に研究を設計できるようになる。論文が1つ採択される度に学生は成長し、2年後にはほとんど手がかからない情況となる。当初から、いつ外へ出ることになっても共同研究で博士論文を仕上げることができる様、後輩を育てておくことを指導しているので、緊急の募集が行われた場合はPDもしくは正規職員として就職させることができる。3年次にはいつでも学位論文の執筆にとりかかれる様に指導しているので、時間的余裕があれば速やかに学位論文を執筆させ、学位審査を行い、博士号を付与して、就職させている。

博士後期課程の学生には、国際学会での口頭発表が必要であることを早くから伝えているので、英語力の向上については個々の学生が自ら努力している。投稿論文は英語が中心となるので、学生の英語を訂正する機会が多くなる。学生の原稿を修正した場合、必ず修正理由を教える必要がある。これを怠ると、学生は何度でも同じミスを行い、英語力の向上は期待できない。毎日の丁寧な指導が学生の成長を促し、指導に要する時間を速やかに短縮させる。学生の能力を高めるためには、教員の能力が高くなければならない。指導教員も、高いレベルを目指して自己研鑽を怠らないことが肝要である。

キャリア支援室

　就職相談室は、平成18年4月にキャリア支援室と名称を変更した。ここでは、就職に関するさまざまな相談を受けている。就職相談は、年間を通じて行われているが、2月〜6月にかけて多くなる。男女別では、若干女性の比率が高く、相談者数の47％が男性、53％が女性である。学生数は男性の方が多いので、女性の就職環境がまだまだ厳しいことを物語っている。相談者の多くは、再度相談に来室する。再来者数の46％が男性、54％が女性であるので、再来率に男女差は無い。

　学部別では経済学部が最も多く、法学部、文学部がこれに続いている。男女比は学部によって大きく異なるが、これは在籍する学生の比率を反映するものであろう。文系学部の相談者数は407名で、全体の69％に達する。

　理系では、工学部が最も多く、理学部、農学部がこれに続いているが、在籍する学生数から考えると工学部の学生の相談率はかなり低いものとなる。以前は、指定校制度的な取扱いがなされており、企業から推薦を依頼された場合、大学から推薦した学生はほぼ採用されていた。工学部は、企業との関係が他の学部より強く維持されており、就職支援も比較的充実している様である。薬学部や医系の学部は、資格確保を大きな目的としている学部であるため、就職相談が必要な学生は少ない。学部の相談者の割合は、37％が男性、63％が女性である。

月別相談件数（平成17年4月～平成18年3月）

	相談日数	相談件数	相談者数			再来者数		
			男	女	合計	男	女	合計
4月	12	195	49	37	86	31	18	49
5月	15	220	50	44	94	36	18	54
6月	18	226	47	54	101	20	23	43
7月	15	185	35	38	73	21	13	34
8月	19	116	19	35	54	8	19	27
9月	15	107	23	33	56	6	30	36
10月	16	153	23	52	75	7	29	36
11月	16	133	24	39	63	6	15	21
12月	15	132	34	23	57	15	6	21
1月	14	132	24	43	67	11	27	38
2月	16	209	57	54	111	33	35	68
3月	17	256	61	59	120	35	40	75
合計	188	2064	446	511	957	229	273	502

　学府では女子学生の比率が下がるので相談件数に占める割合も51％となる。相談者数は生物資源科学府で最も多く、理学府、工学府がこれに続いている。文系学府の就職相談件数は、学部と比べるとかなり少なくなるが、理系と比べると学生数が少ないためであろう。

　学府に所属する学生の数は、工学府が最も多く、生物資源環境科学府がそれに次いでいる。工学府の学生の相談者数が比較的少ないのは、工学系では企業との関係を密接に保持している分野が多いことによるものであろう。生物資源環境科学府と理学府では、女子学生の相談者数が多くなっており、大学院卒では学部卒より女性の就職の困難度が高いことを反映している様である。

　学生の就職相談の内容を定期的に報告を受けているが、かなり初歩的な内容の就職相談が大学院レベルで行われていることに驚く。就職先の決め方、エントリーシートの書き方など、指導教員に相談するべきことがキャリア支援室に持ち込まれている。専門性に関する事項については、相談員では対応できないので、教育現場での指導教員等による就職指導とキャリア支援室での専門員による就職指導の役割分担を考える必要がある。

就職相談室年間就職相談事項・内容(平成17年4月～平成18年3月、延べ2,064件)

○就職情報の収集について（38件）
1）求人情報の収集と確認（38件）
○就職活動について（912件）
1）就職活動の仕方・方法、心構え、障害者、既卒者など（176件）
2）自己分析、志望動機、自己ＰＲ、キャリアプランなど（74件）
3）業界、業種、企業研究（103件）
4）資格、職種、仕事の研究（68件）
5）企業訪問、ＯＢ、ＯＧ訪問、リクルーターとの面談（72件）
6）就職相談者に対する課題設定（94件）
7）受験手続・受験報告と助言（146件）
8）浪人・留年経験者・年齢問題と就職活動（41件）
9）進路相談、進学か就職か、公務員試験の併願、公務員と民間の併願、学業成績、理工系から文系職へ、留学（113件）
10）留学生の就職活動（25件）
○応募、選考について（1,1　07件）
1）書類選考対策：履歴書、自己紹介書、エントリーシート、インターンシップ申込等の閲覧・添削など（481件）
2）適性検査、ＳＰＩ、ＣＡＢ、ＧＡＢ、Ｗｅｂテストなど（19件）
3）面接試験事前準備：挨拶、服装、マナー、お辞儀など（73件）
4）面接試験対策：志望動機、自己ＰＲ、セールスポイント、学生時代のこと、エントリーシートの相関、グループディスカッションの対応策など（178件）
5）企業説明会、エントリー、セミナー参加などの是非（44件）
6）採用内定と関連事項：複数内定と選択、辞退、誓約書、承諾書、内定後の就職活動、内定後の企業訪問、採用内定取消など（176件）
7）公務員試験と関連事項について（109件）
8）学校推薦：学校、学部、学府など（27件）
○その他（7件）
1）外国人留学生夫婦の妻が就職出来ずに卒業する場合の在留資格変更と就労について（1件）
2）留学生の留学ビザから就労ビザへの変更手続きについて（1件）
3）卒業見込み証明書等発行及び提出時期について（1件）
4）難病指定を受けている学生の就職活動について（2件）
5）商社研究会〔仮称〕：採用内定者体験集発行ボランティア活動について（1件）
6）就職活動体験記編集フォーマットについて（1件）

学部・学府別相談者数（平成17年4月～平成18年3月）

学部	男	女	合計	学府	男	女	合計
文	13	88	101	人文	0	2	2
教育	0	14	14	法	2	2	4
法	51	78	129	経済	11	17	28
経済	125	38	163	理	19	35	54
理	18	26	44	工	35	6	41
薬	0	1	1	芸工	2	18	20
工	32	34	66	生資環	23	71	94
芸工	4	6	10	比文	1	4	5
農	7	34	41	人環	0	22	22
21世紀	0	7	7	シ情	35	0	35
医学系	0	1	1	数理	34	1	35
研究生	15	0	15	シ生	7	3	10
				医学系	2	3	5
				総理工	9	1	10
合計	256	327	592	合計	180	185	365

　教育現場での就職指導は、指導教員により大きなバラツキがあることが問題である。社会とのつながりが深い教員は、強力な就職支援を行うことができるが、そのようなつながりを持っていない教員は、十分に就職支援を行うことができない。その結果、配属された研究室等により就職活動の難易度が変化することになる。就職活動が長期化すると、学生の勉学に支障を来すので、部局においても就職支援システムの充実を図っていただきたい。

学生生活・修学相談室

　学生生活・修学相談室は、平成10年4月に「カウンセリング・ルーム」と「学生指導教官室」を統合して設置されたものである。スタッフとして3名の常任相談員が学生のカウンセリング、履修・修学相談、修学・生活情報の提供等の業務にあたっている。また、これを補完するものとして、学生係に「何でも相談窓口」が設置され、学生の修学相談にあたっている。

九州大学学生生活・修学相談室紀要巻頭言（第7号、2005年度発行）

　2004年4月の大学法人化から2年の歳月が過ぎようとしています。この間、「学生生活・相談室」は学生相談窓口として多くの学生の生活相談や修学相談に対処してきました。しかしながら、大学法人化に関する業務の複雑化、芸術工学部をはじめとする新学部や学府への対応、伊都キャンパス移転に伴う新たな支援体制の構築など、「学生生活・相談室」が実施すべき業務は増加の一途をたどっており、十分な対応ができにくい状況にあります。今後も、学生諸君の勉学意欲を高めるため、「学生生活・相談室」の拡充および各部局における修学指導体制の拡充をはかっていきたいと考えていますのでよろしくご支援の程お願い申し上げます。

　「学生生活・相談室」は常任相談員と相談員から構成されています。常任相談員は臨床心理学を専門とする教員であり、相談員は2年を任期として各学部や学府から選出された教員です。学生が直面する修学上の問題は多岐にわたっており、教育の現場で速やかに対処することが最も効果的です。「学生生活・相談室」では専門家による修学指導を受けることができますが、全学教育、学部教育、大学院教育の現場においても修学指導体制を確立し、問題点の早期解決を図ることが肝要であると考えています。各部局のご協力をお願い申し上げます。

　高校までは、大学入試を目的として不得意な科目も勉学に励む必要がありました。一方、大学では個々の学生がそれぞれ勉学の目的を明らかにし、自分の進むべき道で成功するための種々の知識を獲得することが重要です。異なる個性を持つ学生たちがお互いに情報を交換し、のびのびと成長していくことを望んでいます。多くの友人を作って下さい。悩みを相談できる友人がいれば修学上の問題点が深刻化することはないものです。多くの友人達と楽しい学生生活を送って下さい。

　充実した学生生活を送るためには、それぞれの学生が人生の目的を明らかにする必要があります。卒業後の人生設計が不明確であれば、適切な勉学プランを立てることができません。大学では学生の進路、修学、就職などに関する相談に対応するため種々の施策を講じていますが、その情報が十分に学生に伝わっていないようです。入学時に配布される種々のパンフレットや大学のホームページに学生生活に関する情報が多数掲載されています。これらの情報源を活用して有意義な学生生活を送っていただきたいと思います。

　教職員の方々も学生の修学指導に関する情報にアクセスしていただき、教育現場で適切な修学支援を行っていただきたいと思います。本誌には、学生相談に関する研究論文や「学生生活・相談室」の活動報告等が掲載されています。ご高覧いただければ幸いと存じます。

　相談室は、教育担当理事副学長を室長として、3名の常任相談員、32名

の部局相談員、学務部学生生活課のインテーカー1名で構成されている。部局相談員の数は部局によって異なっており、学部で1名の相談員を置いているところもあれば、学科ごとに相談員を置いている学部もある。

　常任相談員が最も時間を取られている業務はカウンセリング業務であり、来談者数が増加するとともに、来談回数が増加する深刻な悩みが増えつつある。同様な状況は、メンタルヘルスに関する支援を行っている健康科学センターからも報告されている。

　常任相談員から報告されている最近の傾向は、大学院学生の相談者数の増加である。とくに、他大学から入学した学生の相談が増加している。大学への入学あるいは他大学の大学院への入学は、新たな環境に適応しなければならないことから、精神的に不安定な状況をもたらしうる。友人を作ることができた学生は、トラブルに対処することが比較的容易であるが、それが不得手な学生にとっては、簡単なトラブルが学生生活の継続を困難にする場合がある。

　大学で1人暮らしを始める学生は、人生経験が不足しているため、円滑な人間関係の確立に失敗するケースがある。また、悪質な勧誘による高価な粗悪品の購入や、カルト集団の勧誘も新入生が遭遇する危険要因である。このような危機は、入学後半年以内に起こることが多い。したがって、入学後半年間は学部、学府を問わず、注意深く学生を見守る必要がある。

　問題を抱えた学生は、大学を休むことが多くなる。初期の兆候を見逃すことなく、適切に対処すれば大事に至らないものである。九州大学では、低年次学生に対してはクラス担任が、学部配属後は配属先で決定される担任が、研究室配属後は指導教員が、学生の修学指導を行うこととなっているが、完全とはいえないのが現状である。

　カルト集団は、表面上はサークル活動や社会貢献活動を行っており、大学として活動を制限することは困難な場合が多い。1年次の前期は、数日の合宿あるいは旅行などにより親密度を増す努力が行われるが、夏季休暇中に1ヶ月程度の缶詰合宿に参加すると、脱退しにくい状況となり、精神的に大きなダメージを受けるケースが出てくる。教職員や保護者が学生の行動を見守り、このような危険に遭遇しないよう守っていただきたい。カ

九州大学学生生活・修学相談室紀要巻頭言（第8号、2006年度発行）

　工学系部局の伊都キャンパス移転が2005年および2006年の10月に実施され、移転予定人員のほぼ半数が移転を完了しました。2006年には、伊都キャンパス食堂「ビッグドラ」、学生寄宿舎「ドミトリー？」が完成し、学生支援施設も充実してきました。しかしながら、キャンパス内外の学生の息抜きの場の整備はまだまだ不十分であり、伊都地区の学生への修学支援体制の充実が必要となっています。「学生生活・相談室」は学生相談窓口として学生の生活相談や修学相談に対処してきましたが、伊都キャンパスにも相談窓口を設置して学生支援の充実に努めています。悩みの種は、大学法人化に関する業務の複雑化や芸術工学部などの新学部や学府への対応等々、「学生生活・相談室」が実施すべき業務が増加の一途をたどっていることです。今後も、学生諸君の勉学意欲を高めるため、「学生生活・相談室」の拡充および各部局における修学指導体制の拡充をはかっていきたいと考えていますのでよろしくご支援の程お願い申し上げます。

　「学生生活・相談室」は常任相談員と相談員から構成されています。常任相談員は臨床心理学を専門とする教員であり、相談員は2年を任期として各学部や学府から選出された教員です。学生が直面する修学上の問題は多岐にわたっており、教育の現場で速やかに対処することが最も効果的です。「学生生活・相談室」では専門家による修学指導を受けることができますが、全学教育、学部教育、大学院教育の現場においても修学指導体制を確立し、問題点の早期解決を図ることが肝要であると考えています。各部局のご協力をお願い申し上げます。

　近年、人付合いが苦手な学生が増え、友人や教員に相談すれば簡単に解決できる問題が「学生生活・相談室」、「なんでも相談室」、「就職相談室」、「留学生センター」、「健康科学センター」などに持ち込まれ、相談窓口の担当者を忙殺させています。その結果、早期に対応すべき深刻な問題を抱えた学生への対応が遅れる状況も生じています。この状況を改善するためには、教育現場での対応能力を向上させ、簡単な問題については学部、学府等で処理可能にすることが得策です。そこで、2006年には学生生活相談連絡協議会を設置し、上記の学生支援関係組織の担当者と部局の相談員の先生方にお集まりいただき、情報交換を行うことにしました。この連絡協議会では、各組織における学生支援状況や改善策の報告および部局との連携を強化するための協議を行っています。また、各支援組織では学生向けパンフレットを読みやすいものに改訂する努力を続けています。

　教職員の方々も学生の修学指導に関する情報にアクセスし、教育現場での適切な修学支援の実施に役立てていただきたいと思います。本誌には、学生相談に関する研究論文や「学生生活・相談室」の活動報告等が掲載されています。ご高覧いただければ幸いです。

ルト教団対策として、九州地区の87大学で情報を共有するシステムを作っ

たが、教育現場で学生の保護活動が行われなければ、共有した情報も意味のないものとなる。

　大学院学生の修学指導は、指導教員が責任を持って実施していただく必要がある。入学試験を行って採用した学生には、必要な知識あるいは技術を修得させ、卒業あるいは修了に導くのが教員の義務である。学生の修学

教職員のための学生サポートブック緒言（2007年4月発行）

　大学全入時代を迎え、学生の修学指導は大学の存在価値を評価する上で、重要な評価指標の一つとなっています。教育関係副学長会議などにおいても、日本人学生および海外からの留学生の修学指導、学生のメンタルヘルス、キャリアサポートなどが重要議題として取り上げられています。九州大学においても、学生生活・修学相談室、キャリアサポート室、健康科学センター、留学生センターなどを通じて、学生の修学指導、就職指導、健康維持に関する活動を行っているところです。しかし、大学院重点化に伴う大学院学生数の増加、法人化に伴う教職員の業務拡大などにより、指導を要する学生の数が増加傾向にあり、これらの組織ですべての相談業務を遂行することが困難な状況となっています。

　大学における最も重要な業務は学生の教育ですが、教育の質を高め、高い能力を有する学生を輩出するためには、学生支援は非常に重要な業務となっています。現場で実際に教育を担当される各部局の教員の方々には、クラス担任や指導教員として学生の修学指導に多大のご支援をいただいているところですが、学生指導の方策などに関する情報伝達が不十分であったため、皆様には大きな負担をお掛けしてきたことと思います。上記の学生支援組織と各部局の教員の方々との情報交換を促進するため、2006年度から学生相談連絡会議を開催しましたが、その中で明らかになったことは学生支援のためのマニュアルの必要性でした。このご要望に応えるため、学生生活・修学相談室、健康科学センターおよび留学生センターにおいて、「教職員のための学生サポートブック」を作成していただくことができました。教育現場で学生教育に携わっておられる皆様が、このサポートブックを有効に活用することにより、休学、引きこもり、退学、自殺などにつながりかねない学生の危機に速やかに対応していただくことを期待しています。

　学生の悩みは人に伝えることにより大きく軽減されるものですが、友人との付合いが苦手な学生が増加しており、学生支援組織に深刻な相談が持ち込まれることが多くなっています。深刻化した問題は解決に多くの時間を要し、問題をかかえた多数の学生に対応する時間を奪われているのが現状です。学生の問題を教育現場で早期に発見して解決し、学生たちが充実した学生生活を送ることが出来る様、皆様のご協力をお願い致します。最後に、本サポートブックの取り纏めにご協力をいただいた皆様に深甚なる謝意を表します。

第15章 修学支援

意欲の低さを指導困難の理由にあげる教員が多いが、修学意欲を引き出すのも教員の業務の1つである。

教育担当副学長は、休学、退学、引きこもり、不正行為による逮捕、自殺等、学生の諸問題に関する情報に接することが多い。希望を持って入学した学生が、このような不幸な事態に至ることを予防するためには、教育現場の協力が是非とも必要である。

教育現場への情報発信の重要性は、以前から強く認識してきた。平成18年度は、学生生活相談連絡協議会を開設し、学生相談に関与する組織の連携を図ったが、その成果として、「教職員のための学生サポートブック」を平成19年4月に教職員に配布することが可能となった。この手引きが、学生が遭遇する諸問題の早期解決の一助となれば幸いである。

第16章　大学での学び、自立のための表現

大学における学びのゴール

なにごとも自分で

　まずは、次のような場面を想像してもらいたい。とある大学の教室で、講義が行なわれている。教師は学生たちに背を向け、黒板に数式などを書き付けている。一方、教壇から数えて四列目あたり、ちょうど振り返った教師の視線が向かう辺りで、1人の学生が机に突っ伏している。居眠りしているのだ。

　さて、ここで問題。振り返ってこの学生を見た教師は、次にどんな行動をとるだろうか。例えば、彼のところへ行って起こすだろうか。隣の学生に彼を起こすよう頼むだろうか。それとも怒鳴りつけるだろうか。最も確からしい答えは、そのいずれでもなく、ただ淡々と講義を続けるだろうというものだ。

　この時の教師は、だいたい次のようなことを考えていると想像される。「感じ悪いよなあ。でも、僕の話がつまらないのかもしれないし、深夜バイト明けだったら聴いちゃいられないだろうな。僕の話なんかよりも、眠って得られる健康上のメリットの方が大きいってことか。ちょっと悔しいが、彼がそう考えるのなら仕方ない。大人の判断は尊重しなくちゃいけない。起きている他の連中のためにも、話を続けるとしよう」

　実を言うと、大学の先生たちのこうした思考・行動はほとんど自動化されていて、いちいち意識に上ることもない。すなわち、大学教師の習い性である。同じような場面で小中高の教師がとる行動とは、だいぶ異なっているはずだ。

　それではまた、別の場面を想像してもらいたい。大学には、必ず人だかりのできる場所がある。それは、掲示板の前だ。大学では、授業の時間や

場所、休講などの連絡から、留学生・奨学生の募集、落し物情報や呼び出しまで、すべてがこの掲示板を通じてなされるのが通例だ。

　もしも、ある学生が掲示板の告知をうっかり見忘れて窮地に陥ったら、どうするか。答えは「どうしようもない」。血相変えて事務室へ駆け込んで、なんとかなる場合もあるが、たいていは「次からは気をつけてね」と優しく言われるぐらいが関の山である。

　ここでも、同じような場合に高校までならどうだろうかと考える。まず、そもそも生徒がそんな窮地に立たされること自体がほとんど無い。なぜなら、先生たちが生徒のいる教室へとやってきては、大事なことほど念入りに伝えてくれるからだ。生徒が忘れそうになれば、催促だってする。なんと温かいことだろう。

　それに比べて、大学はいかにも冷たい。しかし、その冷たさにも一応の理由はある。詳しい説明は省略するが、要するに大学では、いろいろな場面で自己の責任と判断とによって行動することが求められるのだ。言い換えれば、大人扱いをされる。それが大学という場所の基本的性質だということを、はじめに知ってもらいたい。

大学での学びは「研究」

　高校までとの違いについては、他に「大学での学びは研究だ」ともよく言われる。これもおおむね当を得たものだと私は思う。

　しかし、そもそも研究とはなんだろうか。研ぎ究めるなどという字面には、すさまじいものがあるが、ごく素朴な意味において研究（research）とは、まず謎・疑問を掲げ、それに対する論理的・実証的な（この点がオカルトとは違う）答えを探し求める行為である。特に難しくも高尚でもなく、多かれ少なかれ、誰もが日常的に行なっていることかもしれない。

　ところで、酒井邦嘉という人の著書に『科学者という仕事』（中公新書、2006年）がある。中身はもちろん優れているのだが、私の目は、最初にこの本の帯（新刊書の表紙の上から巻く紙片で、キャッチコピーなどを目立つように記してある）にとまった。そこに、次のような面白い文句があったからだ。

問題１）何かおもしろい問題を考えよ。
問題２）問題１で作った問題に答えよ。
　これが解ければ、あなたも研究者

　一見ふざけているようでいて、なかなか含蓄のあるフレーズである。それはなぜかというと、問題を自ら設定して解くというのが、すなわち研究そのものだからである。高校までの試験でこういう問題が出ることはまず無いだろうが、大学では十分にあり得る。しかも、考えられるうちで最も上質な問題かもしれない。この問題に楽しく取り組める人は、きっと大学における学習でも大きな成果を挙げられるだろう。私が「大学での学びは研究だ」が当たっていると言うのは、それが、高校までの学習モードとの違いを的確に表していると思うからだ。

目指すは、独立した学習者
　独立した学習者（independent learner）」という言葉がある。これは、大学教育の意義や目的を語るときによく登場し、国際的にも通用する語である。その意味を私なりに説明すれば、学ぶ内容・方法とも自分で決められる人、先生や教科書・問題集なしでも学んで行ける人、といった感じになる。
　すべての学生はそうなるよう努力すべきだと主張しても、反論に遭うことはまず無い。それぐらい、正しいことを言っている。しかし、考えれば考えるほど、実際に独立した学習者になるとは、言うに易く行なうに難いことのように思えてしまうのだ。
　私たちは、現代教育システムの中で、あまりにも他者に依存した（dependent）学習に慣れすぎている。私自身ふり返ってみても、学習する際には、常に傍らには誰かの手になる教科書があった。国語や数学といった教科の区切りは誰かの手で明確に引かれ、それぞれ何をどの順番で学ぶかまで決められていた。しかも、もれなく先生の手ほどきを受ける。
　さらに気になるのは、問題が常に外から与えられてきたという点である。「○○を解け」「××に答えよ」「△△から正しいものを選べ」といった指

示に従うのではなく何かを追究したという経験が、ほとんど無いのだ。大学における学びを研究というなら、まずは自分で問題を設定しなければ、何ひとつ始まらない。しかし、高校までの学習にそんな要素はまったく無いため、習慣としても全然身に付いていない。それで研究しようなどと、またしろなどというのは無理な話である。

　いわゆるよい大学を目指す高校生の中には、そうしたお仕着せ・詰め込み型の学習に不満をもっていて、「もっと自由に、好きなことを学びたい」と切に願い、また大学に行ったらそれができると信じている人が多い。しかし、自由に学ぶことが本当はどれほどたいへんであり、逆に先生の言いつけ通りに勉強する方がずっと楽かもしれないということに、彼らの思いは到らない。それは別に、彼らが愚かだというのではなく、状況がそうなっているということである。

　大学に入学した直後の学生たちが大学の授業に対してこぼす不満を聴いていると、大学教師たちの非力や怠慢は別にして、彼ら自身の側にも問題があったのだと気付く。すなわち、好きなことを学びたいという彼らの願いは、正確に言うと、好きなことだけ「教えてほしい」ということだったらしい。それはやはり見当違いであり、もちろん独立した学習者への道でもない。

　大学は、たしかに自由に学べるところである。ただし、その自由は、一般の高校生が想像するよりもっと奥深い。いくらかの自己責任をともなうそうした環境で、最もおいしい思いをする（成果を挙げる）人こそ、独立した学習者なのだと私は思う。大学生となって目指すべき究極のゴールは、要するにそこにある。

大学でものいう表現

表現から始まる学習

　独立した学習者となるには、もちろん自らがそうなるよう心がけ、努力することがまずは必要だろう。その上で、さらにどんな具体的なことをすればよいかと訊かれたら、私の場合は「表現すること」を勧める。大学受

験生や新入生と日常的に接している経験から、それはある程度の自信をもっていえることだ。

　なぜ表現かといえば、つまるところ、それによって他人の頭を上手く使えるからである。自力で学べといいながら他人を引っ張り出すのだから、いかにもややこしい。しかし、私が大学での学習について語る上では、どうしても避けられないところなので、なんとか言葉を尽くして説明して行こうと思う。

　ここではまず、「表現すること」と「他人に分かってもらうこと」とは同じだと仮定する。逆に、他人が分かってくれない状態を「表現できた」とはいわない。表現と分かってもらうこととの強い関連は、表現が苦手だと自称する学生たちが、その根拠・理由として、周囲の人から「何が言いたいのか分からない」と言われた経験をよく挙げることからも推測できる。

　そうした学生ほどではないにせよ、日ごろ私たちは、他人に向かって考えを述べたものの十分に分かってもらえない、という経験をよくする。この分かってもらえない状態は不快なもので、その場ではつい、それを「あいつの頭が悪いせいだ」などと思ってしまう。

　しかし、後からよく考えてみると、原因はむしろ自分の側に多くあったと気付くのではないだろうか。例えば、そもそも伝えたいことの中身を自分がよく理解していなかったり、相手の知識や興味・関心、立場などをよく理解していなかったり、それらへの配慮が足りなかったり……。多様な人の視点に立って物事を考える力を「教養」というならば、そのような原因による表現の失敗は、教養が足りないことの証拠ともなるだろう。

　ただし、表現しそこなったおかげで、自分に足りない知識や補うべき力が明確になるということも、同時にいえる。その上さらに、次こそはもっと上手く表現したいという気持ちがあれば、学習意欲も自然に湧いてくるのではないか。勉強とは基本的に辛い営みであって、意欲なしになかなか取り組めるものではない。表現の失敗は、その意欲の源泉ともなり得るし、考えようによっては、より賢くなるためのチャンスともいえる。

　つまり、他人に向けて自分の考えを表現することは、自発的な学習へのドライビングフォースの獲得につながるのだと私は思う。自ら課題・目標

を立てて取り組むことこそ、独立した学習者への道である。世の中で現に活躍している人たちの多くも、実はそうやって表現を上手く使いながら仕事をしているのではないだろうか。

表現が求められるわけ

　大学で表現力がものをいう場面はたいへん多いが、その最も代表的な例は、レポート、ゼミの二つだろう。

　レポートとは、講義に関連して学生自身が調べたり考えたりしたことを、一定の長さの文章にまとめて教師に「報告（report）」するものである。大学でつけられる成績のうち、かなりの部分がレポートの出来ばえによって決まる。特に、学年が上がるにつれて、高校までのような〇×式のテストは姿を消し、代わりにレポートが圧倒的に多くなる。その最終形態が卒業論文なのだといってもよい。

　一方、ゼミ（ゼミナール、seminar）とは、規模としては多くても30人ぐらいを限度とする少人数授業の一タイプである。ここでの教師の役割は、講義することよりも、学生たちによる話題提供と、それに基づく討論とを活発にすることである。専門分化の進んだ高学年の教育では、以前から一般的なスタイルだった。しかし最近は、入学直後の教育においてゼミの重みが著しく増しており、全新入生に対してゼミを必修化する大学さえあるぐらいだ。その主なねらいは、新入生に少しでも早く受験対応型の勉強スタイルを脱し、大学生らしい学習スタイルへ移行してもらおうというものだ。

　大学が表現を重視していることは、最近の入試や学生募集にも表れている。今日ではどの大学も、受験生向けにアドミッションポリシー（入学者受入方針）というものを公表しており、その中には、大学が求める学生像や、望ましい資質・能力などが書き綴られている。全国500以上の大学のアドミッションポリシーに多く登場する言葉を調べた報告によれば、「コミュニケーション」「表現力」などは、かなり上位に挙がっていたという。また、ここ数年で急速に一般化したＡＯ入試は、面接、小論文、志望理由書をその主な要素としている。それらはいずれも言葉による表現を求めて

おり、大学がいかに表現力を重視しているのかが分かるだろう。

ところで、大学が表現の必要性を強く訴えるようになった直接の理由は、やはり教室における日々の出来事にあるのだと考えられる。すなわち、授業の場でまったく質問しない・できない学生、自分の考えを述べられない学生、まともなレポートを書けない学生たちに、大学教師たちは長いこと悩んできたのである。

しかし、さらに突き詰めると、それは表現が大学における学習の基盤をなしているためだといえよう。大学での学びを特徴づけるキーワードの1つは、先述のように「研究」である。研究活動の流れは、大学教員などプロの研究者が行うものを使って説明すれば、おおむね次のようになっている。

　謎・疑問
　→　仮説
　→　検証（実験、観察、調査）
　→　結果報告（発表）
　→　議論（→　合意　→　知識）

すぐに分かるだろうが、このうち結果報告（発表）、議論などは、表現との関係がとりわけ強い。

実は、プロではない学生が行なう研究でも、この基本的な流れはあまり変わらない。というより、ゼミでの発表・討論やレポートなどを多用する教育スタイルが、そもそも学会発表や論文など、プロが行う研究活動の一部を模したものだといってよい。やはり、大学生らしい学習をする上で、表現は欠かせないのである。

表現力不足を自覚する大学生

ところで、大学生は自身の表現力についてどんな意識をもっているのだろうか。大学入試センターの柳井氏らは、全国の大学生約3万3千人を対象に行なった調査の結果を平成15（2003）年に報告している。

その中では、大学で必要と考えられる20の学習技能を列挙し、それぞれについて、入学時点で身についていた程度を自己評価させている。得られ

た評点を0から1の指数で表したところ、「プレゼンテーション」「まとまりのある長い文章を書くこと」「自分の考えをわかりやすく説明すること」の3項目はいずれも0.5未満であり、全体でも下（より「身についていない」方）からそれぞれ1、7、8番目の低さだったという。

ただし、入学から調査時点まで1〜3年間の変化（これも自己評価）を尋ねた別の設問では、それら3つの項目について「向上した」という回答が比較的多かったようである。すなわち、入学後に表現力は伸びた、と本人は感じているわけである。

私が勤める九州大学でも、大学入試センターの調査をモデルとして、ある年の新入生2,505人（うち回答者は1,817人）を対象に調べてみた。ここでは、個々の学習技能について（A）高校までに身についた程度と（B）大学での学習に必要だと思う程度（どちらも1〜4点で自己評価）とを同時に尋ねている。その結果、全部で26ある学習技能のうち、「プレゼンテーション」「まとまりのある長い文章を書くこと」「自分の考えをわかりやすく説明すること」の3項目は、いずれもAがBより低く、かつその差が全項目の中で最も大きかった（表1）。

表1　自己の表現力に関する新入生の意識

	A：高校までに身についた	B：大学で必要
プレゼンテーション	2.1	3.8
まとまりのある長い文章を書く	2.3	3.7
考えをわかりやすく説明する	2.5	3.9

ただし、それはあくまでも入学時点の話だから、その後の学習によって解消されれば大した問題ではないのかもしれない。しかし、実際には必ずしもそう上手く行かないらしいことを示すデータがある。

同じ頃、まったく偶然に、私の同僚が九州大学の4年生（775人が回答）を主対象として類似の調査を実施していた。そこでは、さまざまな学習技能の「重要度」と「達成度」（いずれも1〜5）とを、やはり学生に自己評価させている。その結果のうち「説明し、考えを示す表現力」「討論する能力」の2項目について重要度と達成度とを比べてみると、どちらも重

要度はきわめて高いのに対し、達成度は明らかにそれを下回っていた（表2）。すなわち九大生は、いよいよ卒業という頃になっても、自分の表現力は、近い将来において必要とされるレベルよりも低いと思っているのだ。

表2　自己の表現力に関する4年生の意識

	重要度	達成度
説明し、考えを示す表現力	4.8	3.4
討論する能力	4.7	2.9

　不足感や自信の無さが即ヘタだ、技量不足だということにはならない。また、適度の不足感は、逆に向上のための努力につながる可能性もあるだろう。しかし、もし不足感や自信の無さが強すぎるならば、日本人の遠慮がちな心性とも相まって、自ら進んで表現しようとする意欲は湧くことなく、表現力を磨く機会を失うことにもなるだろう。

　私見では、今のところ、そうしたマイナス面の方が大学ではより強く表れているようである。それにつけても、表現することによって独立した学習者への道を歩み始めることは、なかなか難しいのかもしれないと思う。

「書くのが苦手」の研究

湧いてきた疑問

　これまで、一般に大学生は言葉による表現力に自信を持っていないらしいという話をしてきたが、ここで改めて、私が勤める九州大学の最新データを見てみよう。

　平成18―19年入学者のうち全11学部の1,500人近くが回答した意識調査の結果は、表3の通りであった。表現についてはいずれも「苦手」が多数派

表3　新入生による表現力の自己評価

	得意	苦手
まとまりのある長い文章を書く	13.4%	64.9%
プレゼンテーション	13.9%	59.5%
考えをわかりやすく説明する	17.8%	48.7%

であり、特に文章を書くことについてそれが著しいのがわかる。

しかし私は、自らが調査して得たこのような結果から、1つの疑問を感じた。それは要するに、彼らは本当に苦手（＝ヘタ、不得意）なのかどうかということだ。もちろんその裏では、実は違うだろうと疑っているのである。

その疑いの根拠は、大きく2つある。第一に、九大生は受験学力でいえばかなりの上位層にいる学生であり、学習に関する技能の水準は、一般に同世代の中でも高いと考えられること。第二に、個人的経験として、これまで新入生のレポートや受験生の志望理由書をいくつも読んできて、それほど悲惨な出来だという印象をもっていないことである。

そこで、次のような仮説を立てた。すなわち、彼らは自分の表現力、特に書く技量を不当に低く評価している。これを確かめるために行なった実験とその結果とを、これから紹介して行こう。

「書くのが苦手」な人の自己評価

まず、書くのが苦手だという1年生だけを、ある少人数授業で募集する。このとき、本当は苦手ではない人が紛れ込まないよう、集まった人たちの苦手意識はきちんと確認した。

彼らには、さっそくある文章を書いてもらう。といっても、苦手な人にいきなり書けというのも酷なので、事前に「受講を希望する理由」というテーマを告知し、内容を考えてきてもらってある。長さは、手書き文字でＡ4版の紙に2分の1〜4分の3程度と短い。

それから1週間後、今度は、彼らが書いた文章の相互評価を行う。評価の基準は、
　a） 苦手度（「0.まったく苦手ではない」から「4.とても苦手」までの5段階）
　b） 評点（最低0〜最高100）
の2つである。

文章の筆者が誰であるかは完全に隠した上で、1人あたり4編程度を割り振るのだが、ここで1つ、重要な仕掛けをする。それは、評価する人自

身が書いた文章を、こっそりしのばせておくことだ。もちろん、彼らはそれが自分のものだと気付くだろう。しかし、不審に思っても、ほぼ初対面の教師に向かって「変です」とは言えないぐらい、彼らは奥ゆかしいのである。

　かくして、それぞれの文章に対して他者による評価が３つ、自己評価が１つ付けられる。その両者の比較こそがこの実験の焦点であり、結果は図１に示す通りだ。

　この図から、苦手度も評点も、自己と他者との間でかなり分布が異なっていることが分かる。すなわち、自分で評価した場合の方が苦手度は高く、評点は低い。

　そこで、より厳密に、同一の文章について自他の差（〔自己〕から〔他者〕を引く）を計算し、その分布を示したのが図２である。これを見ると、たしかに苦手度の差はほとんどプラス、評点の差はほとんどマイナスの値を示している。

　さて、ここで改めて、実験の前提条件を振り返ってみよう。彼らは、同じ年に同じ大学へ入学し、かつ同じように「書くのが苦手」という人たちであった。よって、文章の巧拙を評価する基準も、彼らの中ではだいたい同じようなものだと考えられる。

　それならば、苦手度であれ評点であれ、自己－他者間の差は０付近に集中しそうなものである。しかし、実際は一方に大きく、統計学的に見ても意味ありとされ得る程度に偏った分布となった。

　以上の結果から、「書くのが苦手」な人たちは、自分の文章表現力をとりわけ（不当に）低く評価する傾向があるのではないかと思われる。他者による評価を１つの客観的評価と考えれば、彼らの苦手意識の中には、客観的技量と無関係な、過剰な部分が含まれているようだ。

過剰な苦手意識のインパクト

　さて、続いてもう１つの実験を行なった。話の流れを良くするために、先ほどのものを「実験①」とし、これから紹介するものを「実験②」と名付ける。この実験②の焦点は、実験①の結果を他の一般学生に見せたとき

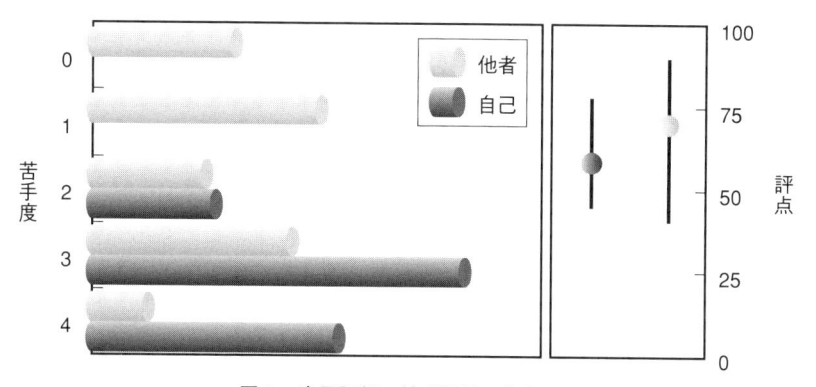

図1．自己評価、他者評価の分布
評点は平均と最大・最小値で表す。

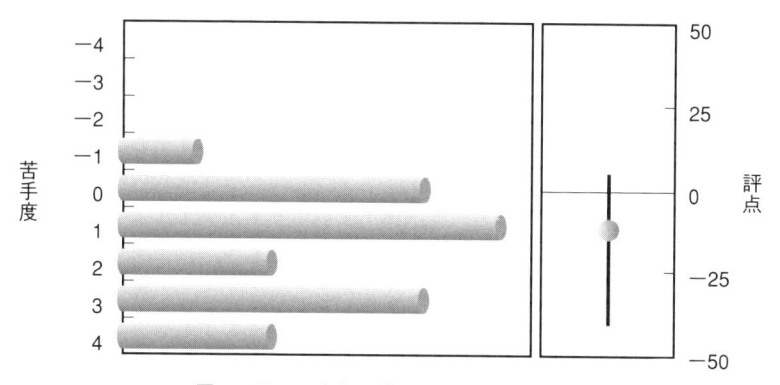

図2．同一の文章に対する自己、他者評価の差
値は［自己］－［他者］、評点は平均と最大・最小値。

に何が起こるか、ということだ。それによって、過剰な苦手意識の広がりや意味の大きさを、推し量ろうというのである。

　対象は、同じ九州大学の１年生、約150人である。学内の全11学部から人が集まる選択授業の中で、講義テーマにうまく（？）絡めて実行した。もちろん、この段階で学生たちは実験台にされていることを知らない。

　彼らには、まず自分の書く技量を、

　9. とても苦手、……、5. どちらでもない、……、1. とても得意
という九段階の基準で評価してもらった。次に、実験①のデータと私の解釈とを示し、その後でもう一度、自分の書く技量を上記の要領で評価して

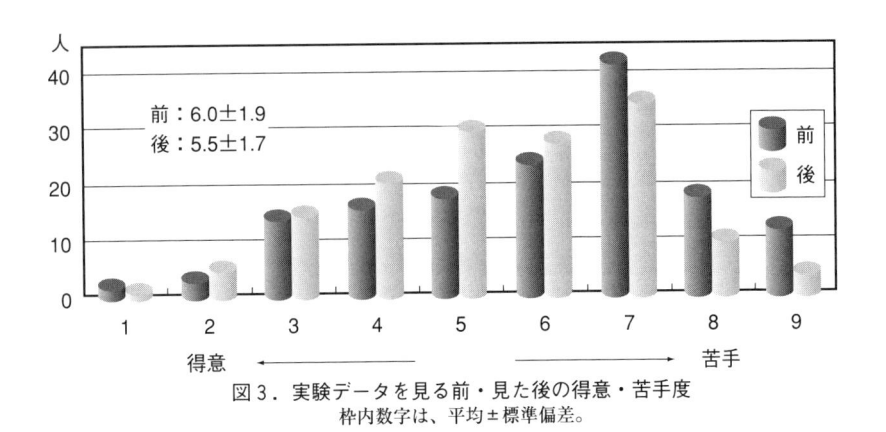

図3．実験データを見る前・見た後の得意・苦手度
枠内数字は、平均±標準偏差。

前：6.0±1.9
後：5.5±1.7

もらった。この間、10～15分程度である。

　そうして得られた結果が図3である。事前の回答は最多が7、平均6.0と、やや苦手側に偏った分布を示した。それが実験①のデータを見た後には、同じく最多は7だが平均は5.5へと、苦手ではない方向に山が動いている。前後のこの差は、統計的にも意味ありとされる程度のものだ。

　わずか15分足らずの話で変化する意識というのも面白い。しかし、そもそも苦手度が下がるというのは、どういうことだろうか。

　彼らが見た実験①の結果は「書くのが苦手」な学生が過剰な苦手意識をもっていることを示唆していた。よって、それを見たせいで自覚的な苦手度が低下した人というのは、自分にも思い当たるフシがあった人、つまり、同じように過剰な苦手意識の持ち主だったのではないかと考えられるのだ。

　個人レベルの変化を見たところ、事前の回答が「苦手」側（6～9）だった人のうちの約半数、全体の約3分の1が、事後にはマイナス（苦手ではない）方向へと移動していた。彼らが本当に過剰な苦手意識の持ち主だったとすれば、この問題は、一般学生たちの中にも広く存在する普遍的なものだと推測されるのである。

　同じ現象は他の場所でも見られるのか、いつから発生するのか、そもそも原因は……といった新たな疑問がいくつも湧いてくるのは、研究テーマとして優れている証拠かもしれない。大学生の表現力を「いかに高める

か」（いわゆるハウツー）に取り組んでいる人は多いが、「なぜ低いか」を探ろうとする人を私はほとんど知らない。研究者をもって自任する大学教員がそれでよいのか、という気も少しするのだが。

表現のトレーニング

将来進路でゼミなど

　表現力を鍛えるのに、唯一の正しい方法というのもあり得ない。しかし、これまでに多くの受験生や大学新入生と接してきた経験から、将来進路をテーマとしたゼミをやるのはどうかと私は思っている。

　それは第一に、ゼミというものの性質上、表現のトータルな訓練として有効である。また第二に、最近はそれが入試（特にＡＯ入試）の役にも立つ。さらには第三に、そもそも将来進路というテーマが、十代後半から20歳ぐらいの若者にとって最重要のものだと考えられるためである。

　なお、ここでは一応、これから大学へ行こうとする人々を想定しているのだが、第一、第三の理由は、特に高校生だけに当てはまるものではないはずだ。もとよりテーマは何でもよく、要するに、ゼミという形式だけが欠かせないのである。

ある受験生との会話

　では、具体的にどんなところに力点を置いてゼミを進めればよいかを考えたい。そのためここでは、私が本当に経験した、ある受験生との会話を披露する。登場するＳ君は、高３の男子である。「大学フェア」の類にやってきた彼は、あまり元気の無い感じで私のいるブースに座って、こう言った。

　「法学部のＡＯ入試を受けたいんですが、志望理由書が書けません」

　それだけ言うと、あとは私の答えをじっと待っている。私の方から「なぜ法学部なのですか？」と訊いたところ、Ｓ君は今度も短く、

　「法律を学びたいから」とだけ答えた。

　私は心の中でウームと唸った。これは、ダメな答えの典型である。ダメ

というのは、法学部志望者ならば誰でも口にする、当たり前の答えであって、志望理由書とするに値しないだろうということだ。

　そこで、さらに私が「なぜ法律を？」と尋ねたところ、ついにＳ君は沈黙してしまった。このときの彼の心中を察するに、せっかく大学の先生のアドバイスを聞きに来たつもりが、逆に質問攻めに遭い、戸惑っているのだろう。

　そこで、ちょっと助け舟を出すようなつもりで「法律にも、国の成り立ちを決める、犯罪を規定し裁く、商売を円滑にする等々、いろんなものがありますよね。あなたは法律のどんな部分に興味があるのですか？」と訊いてみた。すると、彼はようやく、次のように答えた。

　「犯罪に関すること。交通法などを学びたいんです」

　私は心中「しめた」と思った。交通法なんていうからには、何か具体的な体験でもあるに違いない。そこで「なにか事故でも？」と尋ねると、俄かにＳ君は語りだしたのである。

　「友だちが車にひかれて怪我をしたんですが、その時のドライバーは明らかに酒臭かった。それなのに、警察はアルコールの検査を４時間も後にやって、……（中略）……。軽すぎる処分に納得いかなかったんです」

　私が「それ、書きなさいよ」といった時、心なしかＳ君の表情が明るくなったように見えた。その後の彼がＡＯ入試に挑んでどうなったのかは知らないが、志望理由書としてはそこそこ読み応えのあるものが、これによって書けたのではないかと思う。

　ポイントは「なぜ」
　以上のエピソードの中で、私がなかなか興味深いと思うのは、はじめはただ「法律を学びたい」としか言えなかったＳ君が、友人の事故の様子と、その時の自分の感情とを言語化して行くプロセスである。

　ここでのポイントは、私（他者）から絶えず「なぜ？」と訊かれ、Ｓ君（自分）がそれに答えて行くところにあるのだと思う。志望理由書を評価する側の視点で考えれば、知りたいのは「法律を学びたい」といった当たり前の理由ではなく、他の誰でもないＳ君だけの、Ｓ君にしか語れない理

由だと分かるはずだ。個人的な経験や感情は、その最も有力な候補である。

　それに、先の会話から分かってくるのは、決して法学部や法律についての（おそらくS君が知りたい、知らなくてはいけないと思っていた）ことではなく、S君がその道に興味をひかれ、進もうとする訳、すなわちS君自身のことである。若い人たちにとって、自分自身について知ること以上に価値のあることも、他に無いのではないだろうか。

　一般に「他の誰でもないあなたの意見を」という要求は、入試の小論文や志望理由書にとどまらず、大学入学後のレポートやゼミにおける討論まで一貫したものである。ところが、私の目には、多くの学生がそのことの意味をつかみあぐねているように見える。

　ここから先は、まったくの想像である。おそらく彼らの意識の中には、自分の経験など取るに足りないものだという考えが強固に巣食っている。そのために、教科書にあるような専門知識や、誤りのない言説によって武装しよう・しなければならないと思って頑張るわけだ。どこかのホームページの記事を切り貼りしてレポートに仕立て上げるなどという姑息な行為が蔓延するのも、そうした考えと無縁ではないような気がする。

　しかし、獲得した知識は、頭の中で時間をかけて整理され、体系づけられて初めて真に自分のものとなる。そのような知識の量は、第一には生きている時間の関数だから、若者に少ないのは当然である。しかも、相手は大学教授。知識ばかりは不要なほどに持っているのだから、十代の若者がいくら背伸びをしようとも、たいして見栄えは良くならない。

　私とて、知識を集積しようとする努力を無意味だと考えているわけではない。しかし、特に大学教授のような物知りの大人と対峙したとき、若者が持てる究極の武器はそこには無い。では何が頼りになるのかといえば、それは、少なくとも確かに自分のものである経験と、それにまつわる素朴でみずみずしい感情だけではないだろうか。そうしたものを引き出す上で、他人の視点からの「なぜ？」は欠かせないように私は思う。

知識不足でためらうなかれ

　以上、授業中に寝ている学生に大学教師はどう対処するかという問題か

表4　講演を聴いた高校生の感想

		2005年 H高2年 242人	2006年 H高2年 295人	2007年 K高1年 355人
1. 講演の内容を理解 できた	つよく同意	22.7	12.5	13.2
	やや同意	50.0	59.3	61.4
	どちらともえいえない	23.6	24.1	19.2
	やや不同意	1.7	4.1	4.2
	つよく不同意	1.2	0.0	0.0
	不明	0.8	0.0	2.0
	計	100.0	100.0	100.0
2. 講演は今後のため になるものだった	つよく同意	28.5	29.8	28.5
	やや同意	49.2	47.1	49.6
	どちらともえいえない	16.9	19.3	18.3
	やや不同意	2.9	3.4	1.7
	つよく不同意	1.7	0.3	0.0
	不明	0.8	0.0	2.0
	計	100.0	100.0	100.0

ら始まる一連の話を、私はこれまで大学生だけではなく、高校生をも相手に幾度か披露してきた。その彼らにどの程度わかってもらえているのか、平成17・18年にH高校の2年生計537人、平成19年にK高校の1年生355人を対象に実施したアンケートの結果を見てみよう（表4）。

「講演の内容を理解できた」か、「講演は今後のためになるものだった」かを尋ねたところ、いずれも7割以上が「強く同意」または「やや同意」と答えた。つまり、全体として理解可能かつ有益なものと受け止められているのが分かる。

H高校とK高校とは、どちらもそれぞれの県でトップクラスの進学校であり、私のいる九州大学とは入学者の母校としても縁が深い。大学1年生の授業でも手応えのある話は少々難しいかと思ったが、彼らの反応をみる限り、特に問題は無さそうである。

ところで、アンケートの中には自由なコメントを書く欄もあって、そこには必ず、少数ながら次のような意見がある。

「知識がなければ議論や表現はできない。自分たちはまだ十分な知識を持っていないのだから、高校ではまず知識を学ぶべきだ。大学に入ってから考えを表現すればよいのであって、今からそれをする必要はない」

これは、なかなか力のこもった反論であって、答えるのにいくらかの時間を要する。そうしてよくよく考えた結果、少なくとも今の私は「それは違うと思います」と回答することにしている。主な理由は、次の2つである。

第一に、表現できることこそが、本当に分かっていることの証拠になると思うからだ。他人の説明を聞いてふむふむ分かったという気になっても、それをまた別の人に伝えようとしたとたん、行き詰まることはよくある。それでは、真に分かっている、身についているとはいえない。ならば逆に、表現してみることによって知識の定着度を自ら確かめ、高めて行こうとする方が賢いではないかと思う。

また第二に、これ以上あれば表現してよいとされる知識の量など、誰にも絶対に分かるものではないと考えているからだ。世間から真の知識人あるいは有識者と認められるような人たちは、私の見るところ、単に多くのことを知っているだけではなく、自分が知っていることの限界を（逆に言えば、自分が何を知らないのかを）きちんとわきまえて表現できる人のことだ。どんなに優れた知性を持った人でも、この世界について人類がもっている知識のすべてを持つことはできない。むしろ、知らないことの方がはるかに多いという点で、有識者も高校生も、大した違いは無いのである。

それならば、若い人たちが、持っている知識が少ないからといって、表現をためらう必要は全然ない。むしろ、若いうちにこそ稚拙な意見でもどんどん他人に聴いて・読んでもらい、受けた反応の中に課題を見つけ、それを克服しながら賢くなって行けばよいのだ。

とはいえ、大学進学を目指す高校生にとっては受験勉強こそが目下の大事であって、入学後に必要なことは入学後に教えてくれ、というのが現実的なところかもしれない。それでも、もし本当に1年生の初めから大学生らしく学び、大きな成果を挙げたいと望むならば、ちょっと私の言うことにも耳を傾けてほしいと思う今日この頃である。

第17章　ＡＯ入試のこころ

ＡＯ入試を評価する視点

ＡＯ入試のドライビングフォース

　大学ＡＯ入試は、近年の大学入試改革の中でも、１つの象徴的な存在である。最も早い導入は平成２（1990）年の慶應義塾大学湘南藤沢キャンパスによるものだが、平成12年に国公立４大学が初めて参入してから急速に普及が進んで、主要な入試の１つとなった。そして今や、大学受験生全体の学習行動にも変化を起こしつつある。

　ＡＯ入試が急拡大する上で最も大きな力となったのは、ズバリ経営的な理由だろう。すなわち、他の入試に比べてその実施時期や定員比に制約が少なく、早期にまとまった数の入学者を確保できるというメリットだ。国公立大学にも法人として自律的運営が求められ、18歳人口がますます減って行く今日、各大学にとってこれほど魅力的なことも無い。

　その一方、経営と直接の関係は無いものの、ＡＯ入試を後押しするような社会的潮流が、もう１つあった。それは、「ゆとり教育」という語も生んだ教育界全体の改革トレンドである。より具体的には、小中高における「総合的な学習の時間」に象徴されるような学力観、すなわち、これからの世は従来型の知識の詰め込みで身につくような学力ではダメであり、多様な知識を総合し、創造的に応用し、行動する力を養うべきだ、といった考えの広まりである。

　その考えが、高校までの教科の枠にとらわれない試験を課し、将来的な目標・課題などまでも評価してみようというＡＯ入試のコンセプトに、見事なほどマッチしていたのだと私は思っている。

教育にウェイトを置いた評価の意義

　ＡＯ入試の拡大を促した２つの大きな力、すなわち経営的メリットと教育改革の流れとは、当然ながら、実施されたＡＯ入試の成果を全入試システムの中で位置づけ、評価する際の視点としてもそのまま適用され得るものだ。２つの視点は、互いに同じ程度に重要であり、どちらか一方が疎かになっても具合が悪い。

　しかし、現実を有り体に評するならば、私立大を中心に、もっぱら経営的な方にやや重心が偏っていることは否めないだろう。その点については、大学側から「まず経営（学生数の確保）が成り立った上での教育だ」という堂々たる反論があり得る。たしかにそれは一理ある。

　しかし、よく考えると、やはりそれだけで納得してはいけないのだと私は思う。なぜなら、そうした反論が意味をもち得るのは、その大学で働く人々の内輪でしかないからだ。同じ大学の中でさえ、支払った学費に見合うだけの教育サービスが受けられればよい学生たちにとって、経営うんぬんの話は二の次なのだ。

　その一方、教育的視点からの評価は、その大学の学生にとって第一の関心事というばかりでなく、その大学の受験を考えている高校生やその指導者たちにとっても重要であり、さらには大学界全体、世の中一般からも関心をひく可能性がある。その証拠に、仮に教育に力を入れすぎて経営が傾いてしまった大学には、世間から同情も集まるだろうが、逆に経営面に力を注ぐあまり教育が疎かになった大学には、代わりに厳しい非難が人々から浴びせられるはずだ（あくまでも仮の話である）。

　つまり、経営的視点からの評価はもっぱら各大学内にとどまる問題であるのに対し、教育的視点からの評価には、当該大学や大学界の枠をも超えた意味がある。私がこれから試みるのも、そうした教育的視点からＡＯ入試一般を評価し、位置づけようという企てに他ならない。

巷に流布するネガティブな言説

　ＡＯ入試の理念や選抜方法には、あるていど定型的なものがある。すなわち、受験生の能力・適性や学習意欲、目的意識などを重視するといった

理念はどの大学も掲げており、面接のほか志望理由書や調査書などの書類を頻繁に使うという方法は、どの大学にも共通する。

一方、入試全体の中におけるAO入試の位置づけや評価は、歴史が浅いこともあって、未だ定まっているとはいえない。とりわけ、評価のモノサシ（基準）から考え始めなければならない教育面については、ほとんど白紙に近いといってもよいだろう。

ただし、巷に流通するうわさ話や評判には事欠かない。評する人の立場や見方の違いによって、ポジティブ（肯定的）なものもネガティブ（否定的）なものもあるが、どちらかといえば、ネガティブな言説の方が多いように感じる。それは、ある意味では、もっぱら現状の不都合に議論が集中しやすい教育問題の宿命を、そのまま背負ったものである。

ネガティブな言説が最も多く聞かれるのは、受験生を送り出す高校の周辺のようだ。「単なる青田買い（刈り）」「評価基準があいまい」「高3の学習や生活を邪魔する」などは、大学にとって耳の痛いものだが、それなりに当たっている。しかも、高校教師たちの多くは、教育者としてAO入試の理念そのものには賛成してくれたりするのだから、大学側は、とりわけ注意深く彼らの声を聴かねばならないだろう。

また、同時に一方では、どういうわけか、AO入試を実施する大学の中からもネガティブな言説がしばしば聞こえてくる。私の見るところ、そのうち妥当なものは半分、残りはセンセイたちの理解不足や心得ちがいを反映したものにすぎない。この点については後で詳しく述べるつもりだが、なんにせよ内輪もめのような状態は恥ずかしく、早急になんとかすべきだと思っている。

　　証拠に基づく評価に挑む

大学の外からはともかく、中からもAO入試に対するネガティブな言説が出てくるのはなぜか。それは、つまるところ、AO入試を実施した結果については（出願者数や合格者数を除けば）断片的な情報があるばかりで、幅広い情報に基づく総合的な評価がなされていないためだと思われる。

私は、AO入試ととりわけ深い関わりをもつ大学教員の1人である。特

に、ＡＯ入試による入学者の追跡調査・観察には、ひとかたならぬ時間と労力とをこれまでに費やしてきた。理念は常に実績による裏付けを求めるものだとすれば、入試を教育的に評価する上で、入学者の追跡調査データほど力強い実績も他に無いのではないか。

そして、それらの調査・観察によって、ただ理念を熱く語るのとは少し違う、ＡＯ入試の教育的な機能や意義が、見えてきたような気もするのである。追跡調査データは、実績を表す１つの証拠といえる。私はこれから、入手できる限りの証拠を挙げ、それに基づく前例の無いＡＯ入試論を展開しようと思う。

ＡＯ入試の発想と理念

理念のルーツは教室にある

ＡＯ入試の理念について、各大学の語り口は多様かもしれないが、その核心部分は、文部科学省による次のような記述によって、うまく抜粋されているように思う。

「詳細な書類審査と時間を掛けた丁寧な面接等を組み合わせることによって、受験生の能力・適性や学習に対する意欲、目的意識等を総合的に判定する」

なぜ適性や意欲、目的意識なのかといえば、要するに、それらが大学教育の現場で問題となっているからだ。

授業の欠席・遅刻や授業中のおしゃべり、居眠り、Ｅメールなどは珍しくもないが、まあ可愛いものである。授業の終わりに「質問は？」と訊いて、なしのつぶてに遭うのはなかなか辛い。入学早々まったく勉強する気配も無く、訳を訊けば「望んで来たところではない」などとのたまう学生がいたりすることは、かなり深刻だ。大学ごとにそうした問題の種類や深刻さは異なるが、いわゆる良い大学でも決して無縁ということはない。どこでもそれなりに、過去何年間にもわたって教員たちは悩み、対応に苦慮してきたのである。

ここでデータを見てみよう。紹介するのは、学力低下を主なテーマに、

全国の大学教員1万1千人余りの意識を調査した、大学入試センター（当時）の石井氏らによる平成17年の報告である。それによると、まず学生たちの学習に対する関心・意欲は全般的に低下しており、特に自主的・主体的に課題に取り組む意欲の低下が顕著だと認識されているようだ。

また、同じく大学入試センターの鈴木氏らが、全国500以上の大学のアドミッションポリシー（入学者受入方針）に登場する語を調べた、平成17年の報告を見てみよう。アドミッションポリシーには、「求める学生像」が必ず含まれていることから、現在の学生たちが抱える問題や、それに対する教員たちの思いが、色濃く反映されているはずだ。

その結果、最も頻繁に現れる語の第2位は「目的意識」、3位は「興味関心」だったそうである。ちなみに1位は「基礎学力」で4位は「教科学力」。これらの語は、直接的には大学側が受験生に「身につけて来てくださいよ」とお願いする事柄を意味するわけだが、裏を返せば、今日の学生たちに欠けている資質・能力の表れとも受け取れる。

つまり、適性、意欲、目的意識などを掲げるＡＯ入試の理念のルーツは、大学教員たちが今日の学生に不足を感じている事柄、つまり大学の教室における日々の悩みにある、というのが私の解釈なのである。

入試に出ないものは身につかない

ここで私は、2つの点に注目したい。その第一は、適性や意欲、目的意識、興味関心などが、おしなべて従来型のペーパーテストでは測り難い資質であるという点。また第二は、それらの資質を測ろうとする意図が、面接や志望理由書、活動歴などを評価するＡＯ入試の選抜手続きに、よく表れているように見える点である。これらの2点は、ＡＯ入試の教育的評価について論じる上で、まず押さえておくべきだと思う。

大学での学習に必要な資質・能力は多岐にわたるため、通常の入試という手段によって測れない部分は、必ずや出てくるものと予想できる。その測れない部分の具体的な内容や重要さは、これまでも（十分だったかはともかく）いろいろなところでアピールされてきたのではないかと思う。したがって、受験生が自らそれらを身につけよう、高めようと思えば、ある

程度はできたはずだ。

　しかし、現状から推測するに、それが実際に達せられることはほとんど無かったようだ。その最大の理由は、おそらく、入試で問われないものには目もくれないという受験生（受験界）の習性にある。

　その習性の存在は、もはや経験的にも明らかである。大学入試センター（当時）の荒井氏らによる詳細な調査（平成12年）によって、科目履修の選択制が進んだ今日の高校では、いわゆる受験シフト（入試に無い科目を切り捨てること）が当たり前のものだということが実証された。いまだ記憶に新しい平成18年の『世界史』未履修"事件"は、それがいかに一般的かつ深刻であるかを、世間に広く知らしめた。

　また、入試で問われないために不足するのは、教科・科目の枠に収まるものばかりではない。先にも紹介した、大学入試センター石井氏らの調査（全国の大学教員たちの意識に関するもの）によれば、探究心、論理的思考力、文章表現力、発想力などについては、学生の現有レベルが必要レベルに比べて特に低いと認識されているようだ。それらの資質・能力は、通常の○×式テストにはなじまず、入試に盛り込まれることがほとんど無かったため、受験生がその向上に努めることもなかった。まして、適性、意欲、興味関心など何をかいわんやである。

欠点を入試で補うという発想

　以上のような現実を受けて、「それならば、不足した資質・能力を問う入試をやってみよう」というのが、ＡＯ入試にとって真の、根本的な発想だったと私は読んでいる（公式に議論・記録されたかどうかは知らないが、潜在的なレベルではそうだったと思う）。すなわち、ＡＯ入試の誕生には、教育現場の問題に悩む教員たちの切なる願いと、未来の学生に向けたメッセージとが込められている。このことは、同じ教育者である高校教師などには、あまり深く考えずとも伝わっているだろうと推察される。

　ただし、元来の発想がそうであったがために生じる懸念というのも、また一方にある。それは、もっぱら現状の不足・欠点を補うことに注意が向けられていたために、従来型の入試がもっていた良い部分や、それによっ

て担保されていた資質・能力への配慮が、十分になされなかった恐れがあることだ。その辺りのことこそ、入学者の特性から確かめることができるのであり、追跡調査報告を分析する際にもつべき重要な視点の1つだと私は考えている。

ＡＯ入試のプロダクト＝入学者

追跡調査報告レビューの条件

　ＡＯ入試による入学者について各大学が行なった追跡調査のうち、公表されている（内部の人の手を借りなくてもなんとか入手できる）データだけを、できる限り集めてみたところ、いくつかの限界があることに気がついた。それらは、結果を解釈する上でも重要な前提となるため、やや面倒ではあるが、次に挙げる5つの事柄をあらかじめ提示しておく。

　第一に、調査地は国公立大が圧倒的に多く、私立大はきわめて少ない。これは主に、調査に必要なインフラ（特に人員）の差、研究発表の場の有無などによるのだろう。

　第二に、各大学の初期（導入から間もない頃）のＡＯ入試に関する情報が大多数を占める。これは、調査活動の盛んな国公立大のＡＯ入試導入が平成12年以降であることからも、やむを得ない。

　第三に、情報は入学時付近のものが多く、卒業時付近のものは少ない。学業成績や卒後進路などの追跡に一定の時間を要するなど、方法論的な理由が大きいと考えられる。

　第四に、ＡＯ入試の入学者は少数である場合が多く、集団的・一般的性質を捉えにくい。これは、丁寧な選抜をうたうＡＯ入試にとって宿命的な問題である。

　第五に、調査データの提示方法が多様で、かつ難点のある場合が多い。具体的には、対象者の人数・属性、調査時期などの記述があいまいな例、適切な統計処理が行われない例などがよく見られ、中には数値データなどがまったく示されない例もある。それらは、第三者による批判的検討や大学間の比較などを困難にする。

以上５つの留意点を念頭に置いたら、次は、テーマも方法も多様な報告をレビューするための観点を定めなければならない。私は、それを大きく２つに集約した。すなわち、１つ目は、学生の意識や行動に関すること、また２つ目は、入学後の学業成績に関することである。１つ目の点は、素朴に考えて最もＡＯ入試らしいということから考えた。また２つ目の点は、大学教員や世間の人の関心を最もよく集めるらしいということから設定した。

　以上で、ようやくレビューの準備は整った。

意識や行動に関すること
　ＡＯ入試による入学者の意識や行動に関して比較的よく報告されているのは、受験期の「大学調べ」活動の熱心さである。

　例えば、国立Ｋｓ大の全新入生を対象とした調査によると、ＡＯ入試による入学者は、ホームページ閲覧、オープンキャンパス参加、体験授業などの経験率が、一般入試による入学者よりも明らかに高かった。他にも国立Ｈｋ大、Ｙｍ大、Ｔｈ大から同種の報告がある。

　また、大学入試センターの鴫野・鈴木両氏の調査によると、全国の高校（進学率40％以上の学校）の中でも、ＡＯ・推薦入試による進学者が多いところほど、大学のアドミッションポリシーを知っている生徒が多かったという。先述のように、アドミッションポリシーとは「求める学生像」などを含む入学者受入方針のことである。受験生が志望大学を選ぶ上ではとても重要であり、ぜひ参考にすべきだと大学側は考えている。

　また、ＡＯ入試による入学者は特に高い学習意欲をもって入学してくる、ということを示唆する報告もいくつかある。国立Ｋｓ大、Ｈｋ大、Ｆｋ大からの報告など、その多くは、入学時点のアンケートによって、学業への取り組みや当面の課題の有無などを尋ねた結果である。他にも国立Ｔｔ大、Ｋｔ大、Ｆｋ大からは、ＡＯ入試の合格から入学まで数ヶ月間の学習課題への取り組みやイベントへの参加が、必修ではないにも関わらず、きわめて熱心だったことが報告されている。

　さらに、入学から数ヶ月ないし２年ほど経った時点で、入学したことや

学生生活への満足度、所属する学部への適合度などを、アンケートやインタビューによって尋ねた報告がいくつかある。私立Ｋｏ大、Ｄｓ大、国立Ｈｒ大、Ｆｋ大、Ｋｓ大、Ｔｔ大から、調査時期や内容はまちまちだが、いずれもＡＯ入試による入学者では高いことが報告されている。

以上の結果を簡単に考察してみよう。

受験期に大学のことをよく調べ、高い学習意欲をもって入学し、入学後も高い満足度などを示すというのは、いずれもＡＯ入試の理念に合致するような事柄である。もともと入試でそれらのことを評価しているのだから当然だ、という解釈もできる。しかし、だからといって、それらが教育的に望ましいことであるのは変わりないだろう。

ただし、その先にはまだ、解くべき疑問がいくつか残っているように思う。例えば、受験期の「大学調べ」行動や入学時の学習意欲が、本当に入学後の学習に貢献するかどうかという問題には、未だ答えがほとんど無い。

この点について、私の手元にあるデータベースを試しに分析したところ、入学後成績（科目成績、４年卒業率）に対して、小さいもののプラスの効果があるという結果が得られた。現段階では、それと対立するようなデータは他に無く、逆にいくらか整合的なデータが少し有る。よって、「大学調べ」行動や学習意欲は確かに有意義なように思えるが、わずか一大学における結果からその一般性を主張するほどの勇気を、私は持たない。

入学後の学習に役立つという仮定に基づいて入試に盛り込み、測定・評価しているつもりの資質・能力が、本当に意味のあるものかどうかを確かめ、裏付ける作業は、今後の重要な課題ではないかと思う。

学業成績に関すること

ＡＯ入試による入学者の学業成績に関しては、多数科目や複数学年の総合点でみた場合、科目成績（いわゆるＧＰＡなど）は周囲の学生と同等か、それ以上であるという報告が比較的多い。その根拠となるデータは、私立Ｋｏ大、公立Ｉｗ大、国立Ｋｓ大、Ｔｋ大、Ｈｋ大、Ｋｔ大、Ｎｇ大などから得られている。

その一方、理系学部における基礎科目の成績は、一般入試による入学者

を下回ることがあるようだ。そうした報告は、国立Ｆｋ大、Ｔｋ大、私立Ｔｈ大からなされている。理系学部の基礎科目とは、高校における数学、理科と直接的な関連をもつ科目であり、理系学部の学生にとっては、入学直後の必修科目群として重要である。

その他はどれも単発的・孤立的なテーマであり、例えば、卒業研究の指導教員からみた学業面での優秀さや熱心さ（国立Ｋｓ大とＴｋ大との共同調査）、学内顕彰や競争的奨学金を受ける人の割合（私立Ｋｏ大）などについて、ＡＯ入試入学者にとって肯定的な報告がいくつかある。

その中で、国立Ｔｋ大（工学系）からのとりわけ興味深いデータを１つ、紹介する。いわく、必修の基礎科目群のうちでも、座学中心かつ○×のつく試験によって評価されるような科目においては、ＡＯ入試による入学者の成績はあまり良くない。しかし、意見表明や制作課題を伴い、正解の無い試験で評価される科目においては、むしろやや優位を示すのだという。すなわち、同じ理系基礎科目のうちでも、授業内容や評価方法によって、周囲と比べた優劣のパターンは異なる。しかも、そのパターンが、ＡＯ入試の中身とよく対応しているように見えるのである。

以上を総括すると、公表されたデータを見る限り、世間の人々が懸念するような事態、すなわちＡＯ入試による入学者の成績不振という事態は、あまり報告されていない。もっとも、それは主に、調査データの多くが世間でいうところの「いい大学」で得られたものであるせいかもしれない。ただし、そうではない大学のデータがほぼ皆無である以上、否定的な意見を支持する根拠も無い。

そんな中で、いくらかネガティブな関心を集めそうなのは、理系基礎科目の成績不振の問題である。公表データは少ないが、関係者の内輪ばなしや市中の評判まで考慮すると、それがより一般的な現象である可能性は高いようだ。

実際、ＡＯ入試に対する大学内外の批判は、この点にかなり集中しているように見える。時として、それを理由に「だからＡＯ入試はダメだ、やめろ」という声が、大学内部からも挙がる。しかし、それはいささか短絡、乱暴すぎるというのが私の見解である。その詳しい説明は、後のセクショ

ンでするつもりだ。

妥当な成果は挙がっている

　以上、ＡＯ入試による入学者の追跡調査データをひとわたり眺めてきて、ひとつ分かることがある。それは、入学者が示す美点も欠点も、ともにＡＯ入試の理念や方法と、かなり関連しているらしいということだ。

　すなわち、高い学習意欲や適性などの美点は、入試において重要視されたポイントでもある。一方、理科・数学に関連した科目の成績不振がみられるというのも、それは入試において理科や数学の学力検査が行われなかったことに対応している。つまり、入学者の性質は、現行ＡＯ入試の理念や方法を、かなり忠実に反映しているように見えるのだ。

　繰り返しになるが、入学後の学習に必要なすべての資質・能力を測れる入試というのは、現実的なものではない。そうである以上、どのような入試でも、資質・能力のいわば取捨選択を迫られる。そんな中、追跡調査データに基づく限り、現行ＡＯ入試は「取」ったものに長じ「捨」てたものに欠ける学生を、たしかに選抜しているように見える。そうした意味では、導入時点の計画（理念というより、現実の設計）に照らして妥当な成果は挙がっているのだといえよう。

ＡＯ入試現場の悩み

センセイたちの困惑

　ＡＯ入試に対して前向きであるとないとに関わらず、ＡＯ入試の実施に携わる大学教員たちが等しく現場で困ったり、憤慨したりしていることが、いくつかある。

　細かいことは置くとして、ＡＯ入試の教育的評価という観点から重要なものを２つ挙げるならば、その第一は、面接において（または志望理由書によって）真に受験生自身の意思や考えを感知するのが難しくなりつつあるらしいこと。また第二は、高校で作成される調査書にいまひとつ信用できないところがあり、選抜材料として扱いにくいことだろう。

どちらも、ＡＯ入試の教育的理念に深く関わる問題である。しかも、そこに受験生を指導する大人たち、特に高校教師の手が関わっているように見えるところが悩ましい。なぜなら、その教師たちこそが、ペーパーテストだけの一発勝負はよくない、わが生徒たちを多面的に評価せよ、と過去において要求し続けてきた人たちだと思うからだ。それが、ＡＯ入試が始まった途端に自ら（同一人とは限らないが、同じ集団に属する人という意味で）の手でその骨抜きにかかっているのだとしたら、いかにも皮肉な話ではないか。

　きっと、そのようなことをする教師たちの言い分は、「生徒（やその親）に頼まれるから仕方ない」というものだろう。塾・予備校の教師ならば、同じことをより強調しながら、そもそも対策が可能な入試をやる大学の方が悪いなどというかもしれない。一方で、生徒の方は「先生がやれというからやった」などとのたまう。そして大学は、それらすべてのことを「けしからない」と糾弾する。

　こうしてみると、結局はいわゆる学歴社会の中で、皆が「自分のせいではない」と主張しながら、入試をめぐってせめぎ合っているのが分かる。実のところ、ＡＯ入試が始まるずっと前からそうした構図は全然変わっていないわけだから、それはそういうものだ、仕方ないのだと割り切ることも、ある意味では必要だろう。

　しかし、すべてそうやって割り切るべきかというと、それはそれで意気地が無い。どこまで割り切るか、どの線まで突っ張るかというのも超のつく難問だが、志のある挑戦で簡単に白旗をあげないためにも、センセイたちの困惑とその原因の在り処について、あえて私見を述べようと思う。

やるせない面接

　ＡＯ入試を導入したばかりのころ、大学のセンセイたちは、意欲あふれる受験生たちの姿にほとんど感激しっぱなしで、中には「全員合格させたい！」などと言い出す人さえいる有り様だった。それは余りにウブすぎたと思うが、それまで彼らがどんなに長い年月、どんよりと鬱屈した教室での日々に耐えてきたかを思えば、致し方ないのかもしれない。

しかし、ＡＯ入試の実施経験を積むにつれて、だんだんと様子は変わってきた。そこで、センセイたちの口から代わってよく聞かれるようになったのが、受験生が何を考えているのか分からないという嘆き節だ。すなわち、事前にきわめてよく訓練され、仕立て上げられた受験生たちに対する困惑と不満である。

　具体的には、例えば面接において、まさに立て板に水のごとく、また録音テープを再生するかのように応答する受験生が増えたのではないか、と指摘されている。「再生」中はほぼ完全に一方向のコミュニケーションとなり、途中で質疑をさしはさむ暇もない。そういう状況では、受験生の考えや個性を深く吟味することなど、ほとんど望めない。短い面接時間（できるだけ多くの受験生に機会を与えるため、やむを得ない）の中でそれをやられると、たいへん困るのだ。

　ここで１つの考えどころは、そうした、面接官にほぼ100％マイナスの印象しか与えない行動を、なぜ受験生は自ら進んでとるのかということだ。そして、そこに大人たちの手が仄見えるわけである。

　なお、この点については、大学教員の面接技術が未熟であると批判する声も、高校などの側からしばしば聞かれる。中には、技術以前にモラルが問われるような振る舞いをするセンセイも本当にいるようなので、そこは改めなければいけない。また、企業の人事担当者ばりにとはいわないまでも、ある程度は教員たちも面接の腕を磨くことが必要だろう。

　しかし、それが本質的に望ましい解決策であるとは、やはり私には思えない。最も大事なのは、受験生を送り出す側の大人たちが、教育者の自覚を持って、ＡＯ入試の理念（の良いところ）を尊重し、少なくともそれをこわすような行為だけは慎むことではないだろうか。具体的に、生徒の素顔を隠す厚化粧のようなことは、やめるべきだ（それはたいてい、かえって醜く見える）。もし、その訴えを理想論だ、きれい事だと言い捨てる人がいるならば、その人は、教育者が手放してはならない何かを既に手放してしまっているのだと私は思う。

扱いにくい調査書

　調査書が信用できない、選抜の役に立たないとは、どういうことか。最も性質の悪い例としては、未履修の科目を履修したかのように装う、評定に下駄を履かせるといった不正疑惑の存在が挙げられる。先述のように、入試で調査書を利用することの背景には、高校生活全体をみて生徒を評価してほしいという高校側からの切なる願いに応える意味合いもあった。よって、その手の不正はまったくの愚挙・愚行というほかない。

　それとは別に、高校側にさしたる責任は無いものの、大学のセンセイたちの頭を悩ませていることが1つある。それは、評定のいわゆる高校間較差という問題だ。

　センセイたちの理解もまだまだ十分ではないようだが、調査書の評定は、同一の水準に達した人なら皆が同じという、いわゆる絶対評価でつけるよう定められている。よって、理論的に学校間較差は存在しないはずだが、現実感覚としては確かに存在する。

　それは、各高校が限られた学力層の生徒集団から構成され、高校のカベを越えて各科目の評定を標準化する動きも無い以上、避けられないことである。それに応じて大学側は、各高校の進学実績などを参考に、いくらか「さじ加減」する程度はできるものの、進学実績＝評定・学力と言い切れるわけでは到底なく、根本的で妥当な対策は立てられないのが現状だ。

　つまり、調査書の評定を選抜材料とすることについては、理念的な問題は無いものの、方法的にかなり悩ましいところがある。ＡＯ入試の中で調査書が無視されることは決して無いと思うが、実質的には「チラ見」程度の扱いが、今後も多くのところで続く可能性はある。

　なお、調査書に関するちょっと面白いエピソードを最後に紹介したい。それは、調査書の『所見』欄に記入された事柄を、大学教員がどのように受け止めるかということだ。

　ある研究者から内々に聞いた話によれば、所見欄の記述と、大学によるＡＯ入試のアドミッションポリシー(「求める学生像」など) とを比べたところ、前者によく現れる「穏やかさ」「優しさ」「寛容さ」「信頼感」「責任感」などの語が、後者にはまったく登場しなかったのだという。

それらの語が世間的に好ましい意味をもっていることは明らかで、高校教師たちも、わが生徒に魅力を添える「推薦の辞」として使用したのではないだろうか。しかし、意外なことに、それらの語が大学教員の心を打つことは、たぶん無い。よって、入試の合格可能性を高めることにもならない。それは一体どういうわけか。

　何も、大学教員たちが反世間的だというのではない。真の理由は、彼らが研究職というやや特殊な仕事に従事していることにある。詳しい説明は本筋から外れるため省略するが、要するに「穏やかさ」以下の語は、研究を行う上で直接的に役立つ資質・能力を表すものに見えないわけだ。

　それはともかく、望ましい生徒・学生像が高・大の間でいくらか異なっているらしいことは、教育的に重要ではないだろうか。個人的にも、このデータによって、以前から漠然と感じていたギャップの中身が少し解明されたような気がする。そこで、高・大のいずれが正しいなどという議論をするのは無益である。その一方、両者の相互理解を進めることが大切だという主張は、月並みではあるが、たしかに有意義ではないかと私も思う。

センセイたちの心得ちがい

教員の認識に問題あり

　1つ前のセクションでは、ＡＯ入試に携わる大学教員たちが現場で困り、悩んでいることをとり上げた。それらはもっぱら入試以前に原因のある問題だというわけで、大学側の責任は問わず、代わりに高校教師などを責めるところが多くあった。

　しかし、大学はいつも正しいとか、常に被害者であるなどということは、まったくない。実のところ、大学外の人々のせいで生ずる問題と同じぐらい、大学のセンセイたちの心得ちがいによって起こる問題もある、と私は考えている。

　ここでも細かいことは脇へ置いて、ＡＯ入試の根幹に関わる問題だけを二つとり上げる。それは、第一に、ＡＯ入試によって従来より優れた学生をとれるという甘い期待であり、第二に、「入試は雑務」という誤った考

えである。

ＡＯ入試で優れた学生がとれる、とは限らない

いきなり身も蓋もない話をするようだが、ＡＯ入試によって従来よりも優れた学生がとれるというのは、ちょっと行き過ぎた期待だと私は思う。より正しくは、そのようになれば幸運、ならなくてもそれなりに納得、といったところだろう。

これまで述べてきたように、ＡＯ入試とは、従来型入試による入学者の欠点（意欲や適性の低さなど）を特に補強するようにデザインされた入試である。それは、裏を返すと、従来型入試で担保されていた部分（いわゆる学力）へのウェイトを相対的に軽くした、ということにもなる。必ずしも従来型の学力を軽視したわけではないが、全体の中で占める比重は軽くなったはずだ。と同時に、人間の習性として、それまで当たり前に確保されてきたものや、表面化していなかった問題に対する注意は、つい希薄となりがちだったのではないかと思う。

ところが、入試に出ることしか勉強しない習性（あるいは、させない教育）は、わが国の受験界において、大学教員の想像以上に強固なものであった。そのため、入試の設計段階で無意識のうちに軽く扱われてしまった資質・能力は、受験生によっておざなりにされ、入学後に欠点として表面化する可能性を、必然的にはらむこととなった。

それが現実化した例が、理系学部・学科における基礎科目（高校の理科・数学に関連）の成績不振だとはいえないだろうか。特に、物理や数学など「積み上げ」的な（何かを学ぶには、その前に別の何かを学んでおく必要があるという）性格が強いといわれる科目ほど、それは顕著なようだ。一方で、文系学部において同種の問題があまり見られないのは、たまたま文系科目の（どこから手を着けてもよいという、幸運な）性質によるものであって、文系学部のＡＯ入試だけが特に素晴らしく設計されていたことを示すのではないはずだ。

いずれにしても、現行ＡＯ入試の設計は、必ずしも入学後パフォーマンスの決定因子と各因子の重みとの十分な吟味の上になされたものではない。

したがって、ＡＯ入試によって（他の入試による場合と同様に）いくらか欠点のある学生が入ってきたとしても、ひとまず正当な結果として率直に受け止めるべきである。そして、入学者や入試の評価は、欠点にばかり目を向けるのでなく、他にある美点との兼ね合いで、総合的になされるべきだと思う。

入試は雑務、ではない

大学でいう雑務とは、本来やるべきではないが、組織の一員としてせざるを得ない、面倒くさい業務のことをいう。その対照語は「本務」である。大学教員の間には、入試を雑務と呼んで忌み嫌う傾向が、明らかにある。心の内で思っているならまだしも、露骨に表現する人も時にはいる。その行為は決して周囲の人を幸せな気分にしない上、基本的に誤った態度だと私は思っている。

周知のように、大学教員たちが一般に自らの本務と考えているのは、研究である。研究とは、ものごとの理（ことわり）を明らかにすることを目指した独立性の高い営みであり、特に先端的になればなるほど、学生の指導などとは直接の関係が無い。

しかし、大学とはどういうところかを世の中の視点から考えると、やはり学生がいるからこそ大学なのだといわざるを得ない（その点で、研究所とは異なる）。よって、学生に対する教育こそが第一の本務だという素朴な論理の前には、いかなる抗弁も無力だろう。

それでもなお研究第一だと強弁できるとすれば、それは、自分の研究のおかげで大学に多くの学生が集まっていると自他ともに認め得る先生が、個人的に主張する場合だけだろう。そして、そんな人は実際にほとんどいないわけだから、実質的にすべての大学教員は、研究を教育よりも優先してはいけないのである。

入試が雑務ではないというのは、教育こそ本務だということから派生する考えだ。入学後教育への円滑な移行を目指して行われる入試は、明らかに教育の一環である。その辺りの事情をよく理解している賢明な教員は、入試でちょっとした不都合な点を見つけるたびに廃止だ、縮小だと言い出

すようなことを決してしない。それは、入試関係者の間ではつとに知られる常識だ。

ただし、いわば私にとって身内であるセンセイたちのために、最後に1つだけ弁護をしておきたい。

近年の学生募集競争の激化、入試の多様化・多数回化（大学院、社会人向けなどを含む）は著しく、それによる業務の増加は、入試を雑務などとは呼ばない賢い教員たちをも困惑させるほどの水準に達しつつある。その結果、とてもまずいことに、最も大切な在学生への教育サービスまでが、じわじわ蝕まれているのではないかという懸念がある。

そうしたことが目に見えてくるようになれば、いくら本務の一部だとはいっても、現行の入試制度を死守する道理は必ずしも無く、代わりに入試の簡素化や統廃合といった選択肢を採るのも理に適う。実際、国立大の一般入試のうち後期日程を廃止する動きが広がっているのも、ある程度はそのことと関連している。単にセンセイたちが楽をしたいためばかりではないのだ。

そんな中で、ＡＯ入試の未来はどうだろうか。ＡＯ入試には、意欲ある学生の早期確保という大きな魅力がある一方、1人の学生を選ぶのにかかる手間が際立って大きいという弱点もある。大学の事情や考え方によっては、決してＡＯ入試だけが整理統合の埒外ではあり得ないと私も思っている。では、その「事情や考え方」とは何かということを、次のセクションでは考えてみたい。

ゴールは教育の改善

高くぶ厚い学部のカベ

ＡＯ入試に対しては、人それぞれの意見や立場がある。その中で現在の私は、どちらかといえばＡＯ入試を支持する側に立っている（なにも、自分のクビがかかっているためだけではない）。ただし、そこには1つ重要な前提条件がある。それは、要するに、入学直後の教育のあり様が現状のまま抜本的に改善されない限りは、というものだ。

入学直後の教育（初年次教育、導入教育ともいう）の問題は、過去10年ほどの間に多くの先達によって十分に語られたように思うため、ここで改めて論じることはしない。ただし、そのうちＡＯ入試との関係で特に重要なのは、学生にとって依然として高くぶ厚い、大学・学部・学科のカベという問題ではないだろうか。

　大学の教育改革はかなりの勢いで進んでいるが、この点については、未だほとんど手が着けられていないようだ。私は、若者の心身の発達に強い興味・関心をもっている。そういう発達学的な視点から見ると、現行の学部・学科制度、特に学部・学科選びと進級のしくみが、明らかに不合理なものに思えて仕方ないのである。

入学直後の革命と受難
　今日の大学生のほとんどは、特定の大学・学部・学科を選んで受験・入学する。その後は、さながら一本のパイプラインの中を運ばれるように、ますます細い管へと枝分かれしながら卒業へと向かって行く。

　ここで注目したいのは、すでに受験の時点で、ある大学のある学部という一本のかなり細いパイプを選び取らねばならないこと、そして、いったんそれを選び取ったら、後から別のラインへ移る仕組みがほとんど無いことだ。学生の知的・心理的発達からみて、それで本当に良いのかという議論は以前からある。しかし、その議論が具体的な改善につながることがほとんど無いうちに、近年はその不合理がいっそう顕著になりつつあるように見える。

　今日の大学生にとって、大学入学というのはとりわけ画期的なイベントだ。ようやく親や教師のくびきを離れ、入試のプレッシャーからも解放され、生い立ちの多様な人々の中で、初めて自由にものごとを考える。校則や法律によって禁じられていたこと、受験のために我慢していたことに、堂々と挑戦することもできる。

　そして、そんな彼らに大学がまず授ける教育は、高校までの教科・科目の枠にはとらわれず、知的世界の広がりや新しいものの見方、考え方の大切さを強調する「教養教育」である。そこでは、どんな授業を取るか、そ

もそも授業に出席するかしないかまでもが、いくらかの責任と引き換えに、学生自身の手にゆだねられるのだ。

一方で、彼らの大学・学部・学科選びがどのようなものだったかを振り返ると、つくづく大人任せ、他人任せで、ほとんど「手とり足とり」といってもよいほどの状況が見える。模擬試験の点数や偏差値（これも、煎じ詰めれば他人による評価）ぐらいはまだ良いとして、入学後に「高校の先生に決められた」などという恨み言を（「世話になった」という感謝とない交ぜにして）口にする学生が少なからずいることには、いささか驚かされる。

学問分野を選ぶにしても、迫り来る入試を前に、もっぱら得意・不得意科目（と入試科目との対応関係）を基準にしただけであり、真の興味・関心を探り当てた上での決定とはいえない。「それではいけない、よく考えなさい」といって情報をふんだんに与える親切な大人もいるが、それもよほど注意してやらないと、受験生を情報洪水の中に落とすだけの始末となる。あらゆる職業や学問分野を等しく検討することなど、現代ではもはや不可能になっている。結局、ある時たまたま目にとまった「わかりやすい」もの、大人が良いというものを選び、あとは入試に向けて一直線というわけだ。

そのようにして大学へやってきた20歳まえの人たちにとって、入学直後の状況はほとんど革命的といってもよい。そして、そこで困った事態が起こり得る。すなわち、刷新された目で見直すと、いちおう自分で選び取ったことになっている道が、なんだか怪しい。組み換えの起きた頭脳でよく考えると、自分の真の興味・関心が実は別の分野に向いていたことに、気付いたりするのだ。

ここで大切なのは、それらが、成長ざかりの人々にとってごく自然な変化であり、しかも大学自身がそのきっかけを作り、ある意味ではそれを促進しているということだ。にもかかわらず、今の大学には、その事態をやわらかに受け止め、さらなる成長を後押しするほどの器量があまり無い。その不合理性を最もよく象徴するのが、大学・学部・学科間の高いカベ、あるいはきわめて低い移動性（受験からやり直すしかないこと）だろうと

私は思っているのだ。

ＡＯ入試はカベに対抗する手段

なぜそこが変えられないのかという理由をよく考えてみるのだが、学生の発達に即した理由はどうしても見つからず、究極的にはいつも、大学という組織の成り立ちや運営上の理由に行き着いてしまう。したがって、それを大学外の人に理解してもらうのは困難であり、またその必要があるのかさえ疑問である。

ただし、ここまで述べてきたことによって、私がＡＯ入試への支持と引き換えにしてもよいという条件が何であるかは、分かると思う。すなわち、発達的な見地から入学直後の教育を抜本的に刷新することを要求しているのであり、それを端的に表すのが、学生の自然な成長・心変わりと摩擦を起こすような大学・学部・学科のカベをより低く、薄くせよという主張であるわけだ。

そして、その主張が厳しく達成困難なものであるからこそ、私はＡＯ入試を支持するのである。なぜなら、ＡＯ入試の中には、学生が自己の適性をよく考え、より適した進学先を選ぶことを可能にするプロセスが組み込まれているからだ。本当ならば、入試の一度きりではなく、入学後も同様のプロセスがごく自然にあるべきだと思うのだが、現状でそれが無いことの代償、あるいは次善の策として、ＡＯ入試がもつ教育的機能・効用は捨てがたいのである。

資料

大学に行こうとするキミに

　教育という言葉は、「教える」という言葉と、「育む」という言葉から作られています。学問の内容を理解するためには基礎的な用語を知ることが必要ですので、基礎教育では「教える」という作業も重要ですが、大学での専門教育では学生の個性を伸ばす「育む」教育が重要性を増します。
　「育む」教育を行うためには、学生が自ら学ぶ姿勢を持つことが前提になります。学生が学ぶ準備を整えていない場合、「教える」ことが中心となり、大学教育が単なる知識伝達の場になってしまいます。その結果、学問に対する希望を持っている学生程、「教える」教育が大学でも行われていることに失望することになります。
　大学教育の問題点は、学生の多くが大学に入学することを目的として受験勉強を行ってきた結果、大学入学時点で「何のために大学に行くのか」、「大学で何を学ぶのか」を考えていないことです。また、大学教員の多くは自分自身を研究者と考えており、そのような学生たちに勉学の目的を考えさせる努力を行うことを教員の職務と考えていないことも問題です。
　その結果、入学後に自分の行くべき道を見いだせない学生が数多く存在することになり、他の進路を求めて受験勉強を再開する学生、勉学の目的を見つけることができずに怠惰に過ごす学生、環境に溶け込むことができずに休学、引きこもり、退学などに至る学生などが現れてきます。
　このような状況を改善するためには、一日も早く勉学の目的を学生に伝える必要があります。そこで、大学入学から博士号取得に至る大学生活の過ごし方について解説するとともに、勉学の目的を考えさせるための本を出版しました。これが『大学でどう学ぶのか』で、2005年8月に福岡市の地元出版社「海鳥社」より出版しました。ここでは、入学時に知っておきたい情報にしぼって本書の内容を紹介します。

1）大学の学びの基本

多くの高校生は、偏差値の高い大学に入学し、いい会社に就職することを目指して勉学に励んでいることと思います。しかし、偏差値の高い大学に入学できても、必ずしも満足できる就職先を確保できないことが現実です。

企業等の採用試験では、記憶力だけでなく、判断力、表現力、実行力、創造力、社会性などの総合的能力が評価されますので、大学の正課活動を通じて付与される専門的能力だけでは高い評価を受けることができません。

大学では、どのような進路を目指して自分自身を教育して行くかが重要であり、自分の個性や好みを明らかにし、目的を持って勉学することが重要になります。すなわち、教えられることを吸収するだけでなく、自ら学ぶ姿勢を持つことが必要です。

上記の総合的能力を磨くためには、講義や演習を活用することはもちろん、クラブ活動、ボランティア活動、アルバイト等を通じて、社会的に必要とされる能力を積極的に身につけることが重要です。いい大学に入学することを目的にするのではなく、大学入学後に自分の将来のために勉学を開始し、生涯学習を続けることが人間として重要なことと考えています。

大学では、研究を通じて総合的能力の向上を図ることができます。研究という作業では、問題を発見し、それを解決し、得られた成果を第三者に適確に伝えることが必要になります。同じ作業は、企業でプロジェクトを立案し、それを採択して貰う過程で必要となります。すなわち、研究者教育は社会人教育およびリーダー教育につながるものでもあります。

大学に入学した学生の多くが修士課程に進学し、その一部は博士課程に進学して研究者としての能力を高めていきます。修士課程を修了した学生の多くは企業、官庁等に就職し、必ずしも研究職に就くとは限りません。したがって、大学院教育は研究者育成のみではなく、社会人教育の場でもあり、大学で得られた知識を活用する方法を学ぶことも必要です。大学における研究は、学生の総合力を向上させるための題材であることを理解していただきたいと考えています。

これが理解できれば、専門的能力は優れているが、その知識を具体化す

る能力に欠ける博士号取得者は少なくなるでしょう。九州大学では、キャリア支援センターを設立し、博士号取得者や博士課程の学生の総合力を向上させるための支援を行っています。また、大学院共通科目を立上げ、修士および博士課程の学生に学際的な知識や社会的な知識を付与するための講義を行っています。これらの講義や学生支援活動を通じて、幅広い視野と深い専門的知識を有する大学院生を輩出することがわれわれの役目であると考えています。

2) 講義・授業を活用し、実りあるものにするには

大学の講義は、必修科目と選択科目に大別されます。必修科目は、十分な専門的能力を付与するために必要ですし、進級や卒業に必須ですので、確実に単位を取得する必要があります。選択できる科目の単位数は大学や学部により異なりますが、選択科目の選び方は学生の個性の伸長に大きな影響を及ぼします。

自分の将来について考えていなければ、楽に取れる単位に偏った科目選択を行ってしまい、大学教育の価値を自ら下げることになります。入学後1～2年間の教育を低年次教育と呼んでいますが、この時期は幅広い教養を身につけることが求められています。新入生の多くは、専門的知識の獲得を重要視する傾向があり、低年次教育で実施される教養教育を軽視しがちです。しかし、社会に出てから幅広い教養が専門的知識の活用に必要であることを痛感することになります。

低年次教育で優秀な成績を得た学生は大学院に入学する比率が高くなりますし、いい会社に就職する確率が高くなります。これは、低年次で勉学の目的を見いだすことができ、自分の将来を見据えて積極的に勉学に励んだ学生が卒業時に勝利者となることを意味しています。

講義のコマ数と時間は限られているので、与えられた時間を有効に利用しなければなりません。講義の時間を有効に活用するためには、予習が最も効果的です。次回の講義内容を事前に目を通し、疑問点を明らかにし、講義中の説明では理解できなかった点をその場で質問することが大事です。疑問点を速やかに解決すること、質問に答えて貰うことにより知識の定着

をはかることができます。

　講義で学び、期末試験で復習し、単位を獲得しただけでは、講義内容を速やかに忘れてしまいますし、実際に得られた知識をそのまま活用する機会はほとんど無いものです。知識を活用する時には、状況に応じて必要な知識を選び出し、形を変えて利用することが必要であり、聞いただけの知識では応用が効きません。予習や講義の過程で生じた疑問点を質問することは、応用可能な形で知識を定着させるので、学生の能力を大きく向上させることになります。

　講義は、実践的な能力を獲得するために聞くものではありません。実践的な能力は、実際に作業をして初めて身につくものです。社会に出て実務に就いた時、作業の現場で生じた疑問を解決するための思考の出発点が講義受講経験にあると考えて下さい。講義を受けた経験は勉強の開始を容易にしますし、教科書を使用しておれば社会対応型の再学習の出発点になります。

　　3）時間を有効に活用する

　上述した総合的能力、すなわち人間力の向上を達成する過程でやりたいことがいろいろと現れ、忙しい毎日を送ることになります。やりたいことを実現するための忙しさは良いのですが、勉学に追われて心を亡くしてはいけません。そのためには、有効な時間の使い方を覚える必要があります。これは、受験勉強を効率的に行うためにも重要ですので良く考えて下さい。

　人間の集中力はそれ程長く続くものではありません。勉強する場合は1時間程度を目安に休憩を取り、気分転換を行うことが効果的です。集中力が失われると勉強の効率が低下するので、無駄な時間を使うことになります。一つの勉強に疲れても、別の科目の勉強に切替えると頭の別の部分を使うことになり、新たな勉強に集中することができます。

　勉学や作業の単位を分割することも時間の有効活用につながります。たとえば、英文和訳を行う場合、まず節単位で音読して全体をつかみます。良く解らない所は音読では続けて読むことができないので、問題点を正確に把握できます。つぎに、単語を引いて文章の意味をつかみます。できれ

ば、和訳をノートに書いて、正確に英文の意味を把握していることを音読して確かめます。音読と書くことを日常的に行うことにより、英語力だけでなく、日本語での表現力が大幅に向上します。

　勉強を終える際には、作業の結果を記録することが重要です。教科書や参考書を読んだ場合、重要と思える事項にマークを入れること、覚えて置くべき項目についてはノートに書き出すことなどが必要です。作業の終り方が適切でなければ、何度勉強しても身につきません。

　時間を有効に使うことにより、明日のことを考える余裕が生まれます。与えられた課題をこなすことに汲々とし、時間に追われる生活は楽しくないものです。大学では、講義や研究で解決すべき課題を与えられることが多くなります。〆切以前に課題を終了させ、やりたいことをやることができる生活、すなわち時間を追いかける立場に立つことが楽しい学生生活を送る秘訣です。どちらも忙しいことには変わりはありませんが、後者は楽しい忙しさになります。

4）クラブ・課外活動に参加する

　課外活動は、本人の意思で参加しますので、得ることも多くなります。正規の授業と課外活動の両立は大変ではありますが、時間の使い方が上手になれば両方で高い評価を得ることが可能になります。

　技術を競う課外活動では常に勝敗がつきまとってきます。負けたくない、勝ちたいという欲求が自ずと工夫を産み、考える習慣をつけてくれます。自ら考え、工夫をすることは大学での勉学全般について必要なことであり、総合的能力の向上に大きく寄与します。正課授業の評価を高めることにもつながりますので、課外活動への積極的な参加をお薦めします。

　企業採用試験においても、課外活動で実績を残した学生は合格の確率が高くなっています。ただし、課外活動に参加しただけでは十分ではなく、それを通じて人間力が向上した学生が希望の職に就くことができると考えて下さい。企業の採用基準は甘いものではありません。

5）読書する

　読書は、人間力の向上に大きく貢献します。他人の経験や思想を自分の考えに合せて取り入れることが可能になるからです。できる限り質の高い書物に親しむことが必要です。人間生活に必要な技能は時代によってそれ程変わるものではありません。話題の新刊書に飛びつくより、永年にわたる評価に耐えてきた書物を座右の書とすることをお薦めします。

　読書は、さまざまな知識の伝達に役立つだけでなく、楽しみながら読解力や表現力を向上させてくれます。ガリ勉タイプではないのに、勉学も運動も優れた人がいますが、そのような人は読書を通じて効果的に多くのことを学んでいるようです。幼少時からの読書習慣が人間力の向上に大きな役割を果たしています。

　読書が情報の収集のみで終わると、もったいないことになります。読書を通じて自分の意見を持てるようにすることが大事です。書物は極力自分のお金で購入すること、自由に書き込みを行い書物を自分のものにすること、書物を読んで得た知識、感想、アイデアを日記などに書きとめる習慣をつけることが読書の効能を最大限に発揮する道です。沢山の書物を読むことも大事ですが、1冊1冊を味読することがより効果的に書物を利用する方法です。

6）パソコンを使いこなす

　大学および大学院での教育研究にはパソコンの活用が不可欠です。パソコン活用力は、英語力とともに表現力の向上に重要ですので、社会人としての必須の能力になっています。ワープロ、表計算、作図、通信ソフトなどの利用法を積極的かつ実践的に学んで下さい。

　パソコンを利用する際には、画面上で全ての問題を解決しようとすると無駄な時間を費やすことが多くなります。文章やデータを画面上で修正しようとすると作業は完璧なものになり難いこと、視力の低下をもたらすことも多いことから、長時間の作業は避けるべきです。入力した文書を印刷して紙面上で修正する方法は、より短時間で完全原稿を作成することを可能にし、より効率的に文書を仕上げることができます。

データの入力、印刷、紙面上での修正、修正事項の入力、印刷、最終チェック、最終修正といった文書作成のステップは上述した作業の分割のいい実施例になります。各作業の完遂に全力を尽くし、作業終了時に印刷などの必須の作業を行うことにより、作業効率を向上させ、所要時間を大幅に短縮することができます。受験勉強でもしっかりした計画を立て、効率的に時間とパソコンを使って下さい。

　ゲームのやり過ぎで目を悪くすると後で後悔します。パソコン、ゲーム機などの連続使用による視力低下に注意して下さい。

7）教員との関係

　大学では、教員との関係を円滑に保つことが学生の能力向上に大きな意味を持ちます。講義に際しては、講義中や講義終了後に担当教員に質問し、その場で知識の定着を図って下さい。聞いただけの知識は速やかに忘れますし、質問することで教員は学生を覚えてくれるので、その後の支援を受けやすくなります。

　研究室に配属されると研究指導を受けることになります。学生は、研究テーマを与えられたものと考えがちで、このような学生は実験がうまく行かなかった場合、得られた結果の問題点から話を始める傾向があります。研究は予定通りに進まないことが多いもので、そのような結果がでた時こそ世間の常識をくつがえす新発見のチャンスと考えるべきです。

　一方、研究テーマを学生自身が成長するための題材と考える学生は、得られた結果の長所から先に教員に伝え、前向きの議論に時間を使っています。何事も明るい面を見る習慣をつけることが科学者や社会的リーダーとして成長するために必要です。周囲の人の長所を先に見る習慣は、円滑な人間関係の確立に役立ちます。

　教員は、研究分野全体に関する幅広い知識と研究対象に関する深い知識を有しています。したがって、問題解決能力については学生よりはるかに優れています。しかし、これらの知識が新分野への挑戦を妨げる場合が多々あります。すなわち、新事実発見能力は知識の無い学生の方がかえって優れている場合があるものです。教員が期待した通りの結果がでない時こ

そ研究の面白さが出てくる局面です。優れた教員・研究者程、うまくいかない結果がでることを首を長くして待っているものです。

8) **食事と運動の重要性**

現代は飽食の時代といわれ、栄養の過剰摂取および偏り、運動を含めた生活習慣の不適切が問題となっています。食生活の健全化と適度な運動の実施は生活習慣病の発症を予防することができます。食生活が最も乱れているのは、20～30代の若者で、大学生はその最たるものです。

健全な食生活の基本は過食と偏食を避けることです。食事を抜くことは摂取したカロリーの多くを内臓脂肪の蓄積に利用しますし、過食をもたらすことも多いので、食事の間隔を開け過ぎないようにします。偏食を避けるためには、極力学生食堂を利用することとし、定食類を中心に食べる様にして下さい。一品料理では使用する材料が限られるので栄養のバランスが悪くなります。一品料理を利用する場合は毎日同じものを食べないように心がけます。

自宅でインスタントラーメンなどを利用することもいいのですが、その場合は卵、肉類、野菜類を補充して栄養バランスの良い形で利用して下さい。栄養バランスの悪い食事は満足感を得られるまでに時間がかかるので、過食をもたらします。

脳が使うことのできるエネルギー源はグルコースのみですが、朝起きた時には血中グルコース濃度はかなり低下しています。朝食を抜くとさらに低下し、頭のはたらきが悪くなるので、勉強しても覚えることができません。早寝早起きの習慣をつけ、朝食を必ず摂ることが学生生活を有効に送る秘訣です。

健康の維持には、運動習慣をつけることが必要です。学部時代はサークル活動などを通じて定期的な運動を行うことが可能ですが、大学院では時間の確保が困難になります。時間の使い方を工夫し、運動を通じて頭と体のリフレッシュを図ることが実りある大学生活を送る秘訣です。私の業務上のアイデアは早朝のジョギングの最中に得られたものが多いことを付記しておきます。

9）大学の教育システム

　大学教育の基本は講義と演習です。上述したように、大学教育では自ら学ぶ姿勢が重要視されるので、目的をもって受講しなければ得られることは少なくなります。

　大学入学後、1～2年間は低年次教育が行われ、主として教養教育を受けることになります。九州大学では、低年次専攻教育科目として入門的な専門教育を受けることができますが、幅広い教養の付与を目的とした教養教育を飽き足らないものと考える新入生が多いようです。教養教育の真価は、社会に出て指導的な立場に立った時に発揮されるもので、社会経験に乏しい学生には理解できないでしょう。教養教育では将来に必要になる知識を得ることができるので、前向きに取組んで下さい。

　これらの教養教育および専門教育の意義を講義の開始時点で学生に伝えてもらえると良いのですが、大学教員の全てが講義担当教員として十分なトレーニングを受けている訳ではなく、十分な情報を開示しないまま講義が行われることがしばしばです。また、学生の勉学目的が多岐にわたるため、すべての学生に十分な情報を与えることが困難な状況もあります。大学教育の中味を理解し、自らの目的に応じて受講計画を立てることができる様、情報の取得に努めて下さい。

　九州大学では、学生の修学活動を支援するため、クラス担任制、学生なんでも相談室、学生生活・修学相談室、就職相談室、健康科学センターなどの制度および組織を動かしています。これらの制度を有効に利用するためには、学生諸君の意志がはっきりしていることが不可欠です。自分の特性、希望を明らかにし、大学の組織を活用し、充実した学生生活を送っていただけることを祈念しています。

（旺文社「蛍雪時代」2007年3月号より転載）

山田耕路（やまだ・こうじ）現職：九州大学大学院農学研究院生物機能科学部門生物機能化学講座食糧化学研究室教授。1951年生。1970年4月九州大学農学部入学、1974年3月九州大学農学部食糧化学工学科卒業（食糧化学研究室）、1976年3月九州大学農学研究院食糧化学工学専攻修士課程修了、1979年3月九州大学農学研究院食糧化学工学専攻博士後期課程修了・農学博士号取得、同年11月アメリカ国立環境健康研究所ポストドクトラルフェローとして渡米、1982年3月九州大学医学部癌研究施設助手に採用（同年4月生体防御医学研究所に改組）、1985年4月九州大学農学部食糧化学工学科助手に配置転換、1989年10月同助教授昇任、1997年4月同教授昇任、現在に至る。この間、1997年4月から翌年3月まで総長補佐、2000年4月から2004年3月まで農学部教務委員長（全学教務委員）、2001年4月から硬式野球部長（九州六大学野球連盟理事）、2004年4月から総長特別補佐（大学改革担当）、2005年11月から教育担当理事副学長。

渡辺哲司（わたなべ・てつじ）現職：九州大学高等教育開発推進センター専任講師。1970年生。1990年4月東京大学教養学部入学、1994年東京大学教育学部体育学健康教育学科卒業、1996年東京大学大学院教育学研究科体育学専攻修士課程修了、1999年東京大学大学院教育学研究科総合教育科学専攻博士後期課程単位取得退学、2000年博士（教育学）取得、2000年1月九州大学アドミッションセンター専任講師に採用(2003年4月高等教育総合開発研究センターに改組、2006年4月高等教育開発推進センターに改組)、現在に至る。この間、1996年4月から1997年3月まで私立開成高等学校非常勤講師(保健体育)。

大学歳時記
■
2007年8月8日発行
■
著　者　山田耕路　渡辺哲司
発行者　西　俊明
発行所　有限会社海鳥社
〒810-0074　福岡市中央区大手門3丁目6番13号
電話092(771)0132　FAX092(771)2546
http://www.kaichosha-f.co.jp
印刷・製本　九州コンピュータ印刷
［定価は表紙カバーに表示］
ISBN978-4-87415-645-2